U0635037

文化选择论

基于军队思想政治教育视角的探索

李书吾 著

天津出版传媒集团

天津人民出版社

图书在版编目（CIP）数据

文化选择论：基于军队思想政治教育视角的探索 /
李书吾著. -- 天津：天津人民出版社，2023.10
ISBN 978-7-201-18500-2

Ⅰ. ①文… Ⅱ. ①李… Ⅲ. ①军队－思想政治教育－
研究－中国 Ⅳ. ①E221

中国国家版本馆 CIP 数据核字（2023）第 192520 号

文化选择论：基于军队思想政治教育视角的探索
WENHUA XUANZE LUN JIYU JUNDUI SIXIANG ZHENGZHI JIAOYU SHIJIAO DE TANSUO

出　　版	天津人民出版社
出 版 人	刘　庆
地　　址	天津市和平区西康路 35 号康岳大厦
邮政编码	300051
邮购电话	（022）23332469
电子信箱	reader@tjrmcbs.com
策划编辑	王　康
责任编辑	王佳欢
封面设计	汤　磊
印　　刷	天津海顺印业包装有限公司
经　　销	新华书店
开　　本	710 毫米×1000 毫米　1/16
印　　张	23
插　　页	2
字　　数	280 千字
版次印次	2023 年 10 月第 1 版　2023 年 10 月第 1 次印刷
定　　价	98.00 元

序

在词语学中,恐怕很难找到像"文化"这样不容易下定义的词语;在社会科学领域,恐怕很难找到像"文化"这样难以在内涵与外延上达成统一解释的范畴。

从词语学上说,将"文化"一词拆开定义,好像没有多少异议。可是将"文"和"化"合成一个词,其内涵与外延就被拓展了、丰富了。这种拓展和丰富,让古今中外不同语言、不同学科、不同人文背景的无数学者、理论大家绞尽脑汁、费尽心思,希图找到一个统一的、权威的诠释。人类学家、社会学家从人类起源、进化和群族生活、社会生活等视角来界定文化;历史学家从社会文明的发生、发展和社会形态的历史更替等视角来界定文化;语言学家从词源演进、古籍典章等视角来界定文化;哲学家则从超然于自然、社会、思维的思辨的、形而上的视角来界定文化,等等,不一而足。文化内涵与外延界定的"百花齐放",更给"文化"一词蒙上了某种神秘的色彩。尤其是进入当代,随着社会科学有关学科的不断分化、细化,对文化的内涵与外延甚至呈现出某种无限叠加的态势,给文化研究带来更大的挑战性,也进一步激发了众多学科、更多学者参与探究、阐发和争鸣。

然而在文化内涵与外延纷繁多样界定的格局下,有一种认识基本上达为共识,即文化离不开人的活动,是人类社会特有的现象,由人所创造,为人所特有。据此,我国有学者将文化的词源追溯到《易经》。《易经·贲卦》云:

1

"刚柔交错,天文也;文明以止,人文也。观乎天文,以察时变,观乎人文,以化成天下。"由此结论,"文化"就是"人文化成"一语的缩写。

的确,文化是人类智慧和创造力的体现,文化的核心是人,有人才有文化,才能创造文化。并且人创造了文化,也享受文化,同时又受约束于文化,最终还要不断地改造文化。人在文化中永远是能动的存在。没有人的能动性和创造性,文化不仅会失去应有的光彩,而且会失去活力和生命力。正因为文化的产生、发展离不开人的活动,离不开人的能动性,文化选择问题也就成为文化研究中的应有之义。

进入新时代,党和国家领导人反复强调文化自信。所谓文化自信,从哲学意义上说,就是人们对自身文化的认同、肯定、坚守和热爱。其间,引申出了一个"文化自觉"的概念。辩证地说,文化自觉是文化自信的前提,没有对文化的自我觉醒、自我反思、理性审视和理性选择,就不可能有坚定的文化自信。但是历史和实践告诉我们,人们的文化自觉不是自然而然实现的,必须通过学习、教育。我国古人讲的"人文化成",就内含教育的意蕴。由此可知,教育与文化自觉、文化选择息息相关、相互渗透、互为作用,教育的内容、教育的范式等,既是文化选择的结果,又是文化选择的方式。在某种意义上,教育与文化选择有着天然的联系。

严格地说,文化选择研究也是一个极为宽泛的视角。检视现有公开发表的研究成果,大都是从某一具体领域、具体事件切入。李书吾的这本专著,其切入点就是军队思想政治教育。应该说,在这个领域,他是有较为厚实的知识储备和较为扎实的研究积累的。李书吾是我带教的第一个博士生,有着部队和院校、机关和基层的丰富阅历,这也为他的理论探究和实践总结奠定了坚实的基础。难能可贵的是,他有着超乎寻常的勤奋、坚守。正是这种执着,他读博期间,在发表多篇相关研究论文基础上撰写的博士学位论文《军队思想政治教育文化选择与创新》,获评全军优秀博士论文。博士毕业后,李书吾在坚持军队思想政治教育研究的同时,在广义文化的研究中,也有不少建树,形成了一系列研究成果,出版了专著。尽管其本人称这本专著是博士学位论文的2.0版。其实,在我看来,这本专著不仅仅是他博士学位论文的简单升级,其中还融合了他毕业后在文化研究方面的新收获,特别是融入了对习近平新时代中国特色社会主义思想的学习领会和对新时代人民军队思想政治教育实践探讨思考的成果。因此,可以说,这本专著是他对文化选择研究,尤其是对军队思想政治教育文化选择研究的飞跃。李书吾是一个执着的人,只要是他认定的课题、确定的目标、坚守的专业,就会刻苦钻研,奋发作为,废寝忘食,夜以继日地坚定做下去。正是这种执着、这种付出,成就了他在学术上的累累硕果。弟子的点滴进步,总是堪慰我心。

不可否认,学术研究需要执着精神、需要探索勇气、需要刻苦奋进,但也必须看到,学术研究是一个日积月累、循序渐进的过程,学术思想的成熟更是需要长期的磨砺。学术的海洋宽广无垠,对于文化这个在内涵与外延界定上都异彩纷呈的领域的研究,乃至对于文化选择及军队思想政治教育文化选择的研究,更是无有止境。当然,我坚信,《文化选择论》的面世,必将为文化研究的大海增添一朵绚丽的浪花。同时,我也期待一花引来百花开,学界在文化选择及军队思想政治教育文化选择的研究上,成果辈出,灿烂辉煌。

朱士华

2023年5月于江湾五角场

目　录

导　论

在当代社会,文化已成为一个国家、一个民族、一个政党、一支军队凝聚力和创造力的重要源泉。习近平强调:"中华民族生生不息绵延发展、饱受挫折又不断浴火重生,都离不开中华文化的有力支撑。中华文化独一无二的理念、智慧、气度、神韵,增添了中国人民和中华民族内心深处的自信和自豪。"①古今中外的历史也反复告诉我们,一个没有精神力量的民族难以自立自强,一项没有文化支撑的事业难以长久。文化与教育有着不解之缘。无论是有意还是无意,一切文化都是"教育的";而社会上的一切教育都是文化的选择过程,是有意识的文化活动。"一定社会的文化环境,对生活其中的人们产生着同化作用,进而化作维系社会、民族的生生不息的巨大力量。"②德国著名哲学人类学家兰德曼认为,文化与教育虽然不是一件事,但却无法分割,在人的发展上,二者是同义的。因此,教育与文化是相互影响、相互制约、相互促进的。

就教育对文化的作用而言,教育具有保存、传递、传播、选择、更新文化的功能。作为一种文化现象的军队思想政治教育,其过程也是一种文化选择过程。在核心要义上,军队思想政治教育,是中国共产党在军队铸魂育人

---

① 中共中央文献研究室:《习近平关于社会主义文化建设论述摘编》,中央文献出版社,2017年,第15页。

② 习近平:《之江新语》,浙江人民出版社,2007年,第149页。

的工作,是党对军队实施思想政治领导的基本途径,是军队政治工作的重要内容,是增强部队凝聚力、向心力、创造力、战斗力,团结动员官兵投身强军实践、履行新时代军队使命任务的中心环节。作为一种特殊的教育,军队思想政治教育不但对军事文化发挥着作用,而且对整个社会文化也具有广泛的引领和辐射功能。当前,我国文化建设在全球化、信息化、智能化等时代背景下进行,这既给军队思想政治教育带来了机遇,也提出了巨大挑战。从思想政治教育文化选择视角研究和探讨军队思想政治教育,不仅关乎教育的组织实施和实际效果,对人民军队举旗铸魂、育人胜战具有重大理论和实践意义,而且对我们增强文化自觉,进而坚定道路自信、理论自信、制度自信、文化自信,具有更为深远的历史意义。

第一节　研究的缘起

选择是生命活动的基本特性。古希腊哲学家亚里士多德就曾提出"行为的本原是选择"的命题。选择是推进社会发展最富有决定性意义的一种活动,人们的一切社会活动都离不开选择。而选择正确与否"常常会直接影响到一个国家的强盛与兴衰,一个民族的荣辱与存亡"[①]。需要指出的是,在人类社会,无论哪一种选择,都是依据一定的价值标准作出的。这种依价值标准而进行的取舍,就是一种文化选择。一般认为,文化选择是人们对文化冲突作出的一系列的心理和行为反应,表现为在文化批判基础上对交流交融交锋的各种文化的拒斥、撷取、整合、创新或重构。这一过程,从客观上说,是社会主体根据生存发展需要不断地在多样文化资源、多层文化需求、多变文化路向、多种文化模式中选择和建立新的文化体系的过程。

---

① 张卓民、宋曙:《一般选择学》,辽宁人民出版社,1991 年,第 1～2 页。

一、教育的文化选择功能

概念是了解一门学科体系的前提和基础,想要搞清楚教育的文化选择功能,应当从概念入手。

(一)对文化和教育的认识

文化是一个相当丰富、广泛、多层次的复杂系统,对其概念的界定历来说法不一。"没有一个权威的作家给我们界定一个大家共同接受的文化概念,现实生活中人们使用的文化概念又如此不统一,这就难怪有些人一提到'文化'研究就摇头了。"①钱钟书先生在回答庞朴先生关于文化定义问题时曾说:"文化这个东西,你不问嘛,我倒还清楚;你这一问,我倒糊涂起来了。"②国外学者也认为文化难以界定,"我们不能分析它,因为它的成分无穷无尽;我们不能叙述它,因为它没有固定形状。我们想用文字来界定它的意义,这正像要把空气抓在手里似的。当我们去寻找文化时,除了不在我们手里之外,它无所不在"③。有关"文化"的概念,据不完全统计,仅正式的文化定义就近四百种。文化在定义上的困难及作为学科存在的困惑,并没有影响文化的多学科和多途径研究。在历史上,当西方把文化作为某种价值性存在逐出科学殿堂时,我国则把科学纳入文化范畴。《易·贲卦》就提出"观乎人文,以化成天下",认为"文化的本质就是人的自我的生命存在及其活动,文化世界的本体就是人的自为的生命存在"④。这一表述,将文化与人的认识自身联系起来,更能体现文化的本质特性,也隐含着文化与教育的关系。

---

① 司马云杰:《文化社会学》,中国社会科学出版社,2001年,第6页。
② 庞朴:《东西文化与中国现代化讲演集》,浙江人民出版社,1986年,第8页。
③ 张忠利、宗文举:《中西文化概念》,天津大学出版社,2002年,第1页。
④ 李鹏程:《当代文化哲学沉思》,人民出版社,1994年,第224页。

那么教育是什么？这看上去是一个非常简单的问题，却令人难以作出回答。尽管教育活动在人类社会已经存在了几千年，但迄今为止就教育的定义而言，仍未达成一致的认识。教育作为培养人的一种社会现象，是传递生产经验和社会生活经验的必要手段。正如德国教育家斯普朗格所指出的，教育是为选择社会文化中有价值的内容而进行的一种文化活动，是一个从客观文化价值到个人的主观精神生活的转化过程，也即是个人在接受文化、创新文化的同时，内在地创造了掌握文化的新人。① 应该说这种界定抓住了教育的本质，表明了教育的社会文化意义。由此我们可以看出，学术界对文化与教育的理解尽管有些纷杂，但正如当代法国著名思想家埃德加·莫兰所说的："如果说'文化'是语言中最为复杂最难以把握的一个词汇，那'教育'或许就是另两三个为数不多的最为复杂的词汇之一。如果'文化'在不同的情形下可以将其分别理解为某种'生活方式'、某种精神的教化或某种学得的行为，那么很明显'文化'及'教育'这两个词在语义内核上就有诸多共享之处。"②

教育与文化有着千丝万缕的联系。教育是指"以影响人的身心发展为直接目的的社会活动"③。"文化即'人化'，文化事业即养人心志、育人情操的事业。"④一方面，教育"承担着选择文化、传递文化、塑造人格的功能，除了知识的传授之外，在本质上体现为一种价值与规范的接受与认同"⑤。文化的内在本质天生就具有教育的意义和功能。⑥ 一方面，任何社会的教育总是

① 参见邹进：《现代德国文化教育学》，山西教育出版社，1992年，第4页。
② 转引自冯青来、耿红卫：《论埃德加·莫兰复杂性理论中的文化教育观》，《外国教育研究》，2006年第11期。
③ 《辞海》（第六版·彩图本），上海辞书出版社，2009年，第1102页。
④ 习近平：《之江新语》，浙江人民出版社，2007年，第150页。
⑤ 刘涛：《思想政治教育文化选择的原则及实现途径》，《理论界》，2007年第1期。
⑥ See Soetaert. Ronald, Andre. Mottart, Culture and Pedagogy in Teacher Education, *The Review of Education*, *Pedagogy*, *and cultural Studies*, 2004, (26):155.

在一定的文化环境中发生发展的,教育目的、教育内容、教育方法等都是一定社会文化的表现,任何一个国家的教育无不体现该国的文化精神;另一方面,文化总是通过教育的传承作用,促使个体参与文化实践、实现文化创新来得以保存发展的。没有教育,文化就不可能发展。任何文化都要而且必然会建立相应的教育作用机制,教育作用机制影响着文化的发展。正因为如此,党中央鲜明提出:"要坚持用习近平新时代中国特色社会主义思想教育人,用党的理想信念凝聚人,用社会主义核心价值观培育人,用中华民族伟大复兴历史命命激励人,培养造就大批堪当时代重任的接班人。"①

（二）教育的文化功能

从教育主导的视角上分析教育的文化功能,主要有以下几点:

其一,对文化的传递、传播功能。文化只能被学而知之,不是通过遗传方式获得。文化既是人们社会生产与生活的产物,同时又是新生一代进行社会生产与生活的必要条件。这就决定了人类文化从它产生的那天起,就与人类教育有着不可分割的关系。"吾人生来一无所能,一切都靠后天学习而后能之。于是一切教育设施,遂不可少;而文化之传播与不断进步,亦即在此。"②通过教育,文化得以在各代间纵向传递,在同辈群体和不同类群之间横向传播,并借此得以保存、延续并展现其价值和生命力。正是这样,教育"在人类自身发展的历史长河中,具有十分重要的文化意义"③。当然,教育所进行的人类精神活动成果的传承,绝非罔顾时空转换、物易人非的全盘照搬照抄,也不是割断历史的凭空臆造,而是一种文化选择、文化创新乃至文化创造。

其二,是对文化的选择整合功能。人类文化呈现加速度发展趋势,不仅

---

① 《中共中央关于党的百年奋斗重大成就和历史经验的决议》,人民出版社,2021 年,第 74 页。
② 梁漱溟:《中国文化要义》,上海人民出版社,2005 年,第 6 页。
③ 杨威:《思想政治教育发生论》,中国社会科学出版社,2009 年,第 39 页。

一个文化体内的亚文化增多,而且各种文化之间的交流愈加频繁。复杂多变的文化现实,要求教育分清主次轻重,区分精华与糟粕,正确对待教育的文化选择,即有目的地对某种或某部分文化进行撷取与吸收或排斥与舍弃。教育对文化的选择是按照一定的社会需求及教育本身的特性进行的,所以教育在文化选择的基础上,使一定群体成员在保持各自立场、看法的前提下,树立社会或群体成员对社会或组织的基本思想与价值认同,以增强社会的凝聚力和有序性,这就是教育的文化整合功能。

其三,是对文化的更新创造功能。不断地更新和创造,是文化生命力的体现。任何文化,只有不断推陈出新,才能源远流长、生生不息,才能充满活力、历久弥新、发展壮大。"教育是个意义结构,也就是说教育负荷着意义和价值……教育就是通过解释,把人类的历史经验与现实同学生的生活结合起来"[①],呈现为主体以文化环境为意义语境进行的交往互动,并传递和生成新的价值、意义;同时,主动进行文化选择和创新,从而生成新的文化环境。当下,经济全球化、社会信息化智能化、价值多元化所致各种文化交流交融交锋已经成为常态,发挥教育的文化创新功能尤为重要。要着眼于思想观念的转变和理论的创造,不在故纸堆里找答案,不唯"洋教头"马首是瞻,而是坚持马克思主义指导地位,立足中华民族丰厚的优秀文化土壤,融合世界一切优秀的文明成果,以独立之精神,不断增强中华民族文化创新能力。历史和现实也反复证明,"没有中华文化繁荣兴盛,就没有中华民族伟大复兴。一个民族的复兴需要强大的物质力量,也需要强大的精神力量。没有先进文化的积极引领,没有人民精神世界的极大丰富,没有民族精神力量的不断增强,一个国家、一个民族不可能屹立于世界民族之林"[②]。

---

① 金太钰:《理解与教育意义的生成》,《高等师范教育研究》,1993 年第 4 期。
② 中共中央文献研究室:《习近平关于社会主义文化建设论述摘编》,中央文献出版社,2017 年,第 7 页。

总之,教育作为一种文化,既在一定的文化背景下进行,又对文化进行传承与创新。教育的过程,实质上就是文化的价值判断、选择、传承与创新的过程。当然,在这一过程中,文化的能动作用始终存在。

文化对教育的影响是多方面的,其中最突出的是,文化的形态及水平制约着教育的形态和水平。由于文化的发展,特别是科学技术水平的提高,可以促进社会生产力的发展,从而增加教育发展的特质资源,提高社会成员的受教育水平。同时社会文化还会通过教育内容与其他教育手段等文化负荷体直接影响教育的水平与质量。文化的繁荣还推动着教育的发展。文化处于繁荣状态时,自身表现出强大的生命力,爆发出一种内质张力。在这种传递、传播过程中,文化要求教育与自身的繁荣相适应,能在文化传递、传播过程中,高质量地发挥自己的作用。教育在这种情况下,必然会调整内部结构,更新各种观念,实现自身的嬗变以便与繁荣的文化保持步调一致。

需要指出的是,尽管教育作为与文化最密切和最直接的一种表现形式,作为文化传播的途径和手段,与文化融为一体,但教育的发展逻辑与文化的发展逻辑并非一致。文化的发生、发展与传播是一个发散系统,而教育在自身不断发展和丰富时,却往往体现出聚类功能。在文化发展变迁的潮流中,从内容上看,进入教育中的并非全部是文化,而是经过筛选和加工过的优秀文化成果。从对象上看,文化活动的对象是事物,体现着人与物的关系,无论显性或隐性文化都是一种精神力量物化的过程,即人类文明的创造物;而教育活动的对象则是人。从功能上看,教育在本质上是一种对人性的陶冶,是一种价值观念的散播,是一种“润物细无声”的熏染;如果说文化也是以对人性的影响和滋养作为本质特征的话,那么这种影响是零散的、偶然的、不系统的和难以预测的。教育在本质上是有目的有计划地培养人,优化人生,陶冶人格,全面提高人的素质,培养更多适应社会需要的高素质人才。教育对文化的分类、筛选、化约,是一种有目的的选择。因此,不能只把教育当作准备和适应生活需求的手段,而忽视教育通过培养人以推动文化进步的最终目的。正是教育对文化的选择的目的性,决定并反映了思想政治教育文化选择的特点、规律的深刻意义。

二、军队思想政治教育文化选择的内涵

教育与文化的辩证关系、教育对文化选择的客观规律告诉我们,思想政治教育必然"按照一定的社会的、政治的需求以及思想政治教育本身的特性,对某种或某部分文化进行撷取与吸收或者排斥与舍弃"①。军队思想政治教育作为社会教育的重要形式,必然与文化同样存在着相互制约、相互依存的关系,同样具有选择、传递、传播、更新创造文化等功能,尤其表现在文化的选择上,即按照一定的社会的、政治的要求及军队思想政治教育本身的特性,在对某种或某部分文化进行的撷取与吸收或者排斥与舍弃的基础上,进行不断创新。

(一)军队思想政治教育文化选择的缘由

军队思想政治教育对文化的选择,是其文化功能最具能动性的体现。之所以这样讲,原因有三:

其一,军队思想政治教育所传播的是文化的核心部分。文化从其广义的存在形态上,一般分为三类,即物质文化、制度文化、精神文化。这三类文化融合在人的行为中,形成了人们的行为文化。而精神文化的核心和本质是价值观念问题。价值观念既是价值评价、价值选择的概括,又是价值评价、价值选择的依据,有着鲜明的阶级性。马克思和恩格斯指出:"统治阶级的思想在每一个时代都是占统治地位的思想。这就是说,一个阶级是社会上占统治地位的物质力量,同时也是社会上占统治地位的精神力量。支配

---

① 孙晓华:《浅谈思想政治教育的文化选择》,《兰州学刊》,2005 年第 4 期。

着物质生产资料的阶级,同时也支配着精神生产资料。因此,那些没有精神生产资料的人的思想,一般地是隶属于这个阶级的。"①也就是说,意识形态作为占统治地位的阶级、政党的精神文化体系,对整个社会文化具有支配作用。在这种背景下,特定意识形态就逐渐成为该社会的主流意识形态,逐渐成为该社会聚合的基础之一,逐渐成为该社会文化的核心和灵魂。文化有了意识形态性的内核,意识形态就是这种文化的核心价值,它制约、规范着文化的表现形式,即物质文化的生产目的与方法、制度文化的制定与实施、精神文化发展的方向与途径等。作为"第一暴力工具"的军队,是国家政权的重要组成部分,军队思想政治教育必然而且必须承载、宣传和传播着它所浸润其间的意识形态,必然以所处的时代文化为教育内容,以所处时代的精神文化价值观念为主导。

其二,军队思想政治教育本身是一个文化演进过程。军队思想政治教育不同于一般意义上的教育,具有鲜明的政治性、思想性和"军味""战味""兵味",尽管它也必须遵从教育发展的一般规律。军队思想政治教育坚持以马克思主义理论为指导,培养有灵魂、有本事、有血性、有品德的新时代革命军人,锻造具有铁一般信仰、铁一般信念、铁一般纪律、铁一般担当的过硬部队,为实现党在新时代的强军目标、把人民军队全面建成世界一流军队提供坚强思想政治保证。在这一实践活动中,军队思想政治教育采用一定的文化传承演进方式,提高广大官兵对不同层次、不同风格文化的分辨力、鉴赏力和创造力。显而易见的是,军队思想政治教育在选择社会文化的同时,传承和延续着具有中国特点、人民军队特色的军事文化。

其三,军队思想政治教育具有特殊的文化张力。文化,从广义上是人类在社会实践过程中所创造的物质精神财富的总和,以及所获得的物质精神

---

① 《马克思恩格斯文集》(第一卷),人民出版社,2009年,第550页。

生产能力。从动态角度来认识,这种"力",是人类能力的凝聚与体现,反过来,又通过人的文化生活而实现对人的"以文而化",即塑造人的社会性。思想政治教育所体现的文化张力,是思想政治教育作为一种文化品类所具有及发挥的作用力,是思想政治教育立足人的本质与整体在教育者与受教育者之间双向互动过程中所表现出来的主观能动之力,它是教育者启发受教育者对生活意义追问与反思所形成的精神生产之力,它是思想政治教育整合文化场力对人们的影响而激发出来的意志创造之力。由于军队思想政治教育文化张力兼备了"思想政治教育"和"文化力"两个方面,因而比一般文化力和军队思想政治教育的"教育力"具有更大的优势。因为这种文化张力是在有组织、有计划、有目的的基础上形成的,比一般文化力更为明确、集中与高效,它不但能促进文化的传播与转化,还能激发和创造新的文化力,从一定意义上说,它可以构成社会文化力的核心组成部分,对一般文化力具有激发、引导和凝聚的作用。①

(二)军队思想政治教育文化选择的内涵

教育对文化的选择,通常包含三个最基本的命题:"为什么要选择""选择什么""怎样选择"。就军队思想政治教育而言,从文化选择主体与实践的关系角度看,军队思想政治教育文化选择是指军队思想政治教育的主体,依据教育的目标设定,按照教育的原则,对教育中所涉及的精神文化现象及其成果,进行归纳整理、筛选吸收并推陈出新的活动过程。主要包括三个层面的内涵。一是军队思想政治教育的主体依据一定的指导思想,遵循或采取一定的思维方式,来解答传统文化与现代文化、本土文化与外来文化之间的关系问题。二是军队思想政治教育文化选择以什么思想或内容为核心、沿

---

① 参见李焕明:《论思想政治教育文化力》,《山东师范大学学报》(人文社会科学版),2005 年第 5 期。

着什么方向前进,简要地说,就是举什么旗、走什么路、朝什么方向前进的创造性活动。三是军队思想政治教育对文化的扬弃,包括文化吸收,即对古今中外文化合理因素的认可、接纳,并加以传播,输送给受教育者;文化排斥,即把陈旧的、过时的、有害的、对立的文化抵制清除、淘汰;文化改造,即对传统文化及外域文化进行必要的加工改造,使其符合军队职能使命的要求和军队文化发展的需要。由于军队思想政治教育既面对着特有的军事文化,又面对广泛的社会文化,因此在理解其内涵上,我们必须有更为广阔的视野。

(三)军队思想政治教育文化选择的特征

军队思想政治教育不仅根据军队建设的需要去进行文化选择,同时又利用被选定的文化对军队思想政治建设和军队整体建设等作出选择。正是由于这种双向选择的关系,使军队思想政治教育对文化的选择显得更为重要,并呈现出如下特征。

其一,是政治性与人文性的统一。军队思想政治教育是中国共产党在军队铸魂育人的工作,是党对军队实施思想政治领导的基本途径,是军队政治工作的基本内容。"思想政治教育作为我党我军的独特优势,具有鲜明的政治性时代性。能否牢牢把握党对教育的根本政治要求,关系教育的方向和成败。"[①]党对军队思想政治教育的根本政治要求,就是在坚持党对军队绝对领导这个重大原则问题上,头脑要特别清醒、态度要特别鲜明、行动要特别坚决。这"三个特别",既是增强坚持党对军队绝对领导的政治自觉和行动自觉的根本遵循,也是军队思想政治教育文化选择的政治性要求。军队思想政治教育的相关规定明确:军队思想政治教育,是党在军队铸魂育人的

---

① 中央军委政治工作部宣传局:《新时代部队政治工作专题研究》,解放军出版社,2020年,第40页。

工作,是党对军队实施思想政治领导的基本途径,是军队政治工作的重要内容,是增强部队凝聚力向心力创造力战斗力,团结动员官兵投身强军实践、履行新时代军队使命任务的中心环节。显而易见,军队思想政治教育文化选择,首要的原则便是坚持政治性,讲政治。因此,军队思想政治教育文化选择,要一以贯之地强调政治性和意识形态性,发挥军队思想政治教育的"中心环节"作用,打牢广大官兵建功强军伟业的思想政治根基。与此同时,也必须认识到,思想政治教育是以人,尤其是以人的思想、精神世界为工作对象的社会实践活动。这就要求军队思想政治教育必须以官兵的现实存在为出发点,瞄着官兵现实问题和活思想,培育官兵的主体性,加强官兵的自我教育,培养官兵的人格力量。承认人的差异性、个别性,发展官兵的个性,促进官兵的全面发展,彰显军队思想政治教育的"属人"特性,即人文性特征。要像习近平主席要求的那样,用信任的、欣赏的、发展的眼光看待官兵。①

其二,是规律性与目的性的统一。军队思想政治教育是从有文化价值的文化中选择"合乎一定社会需求的文化"。一定的文化固然有自身的价值,但一旦涉及真善美与假丑恶、有用与无用的辨别,就同文化所依据的社会条件有关,尤其同反映一定阶级利益的经济关系和政治关系有关。在一定社会的教育体制中所汲取的文化不仅是反映统治阶级根本利益的文化,还总是与社会发展现状和历史传统有关。那种能够使国民产生真实的"力量感"、帮助民众更好地认识自己所面临的问题,更好地解决这些问题,能够增强自力更生能力的文化,总能得到认同。因此,文化选择一定要符合社会政治、经济和文化传统的特点和需要,这样才能实现教育的目的。正因为如

---

① 参见国防大学习近平新时代中国特色社会主义思想研究中心:《坚持用信任欣赏发展的眼光看待基层官兵》,《解放军报》,2020 年 3 月 6 日。

此,军队思想政治教育要从适合于特定社会需求的有价值的文化中挑选"适合教育过程的文化"。只有被受教育者体验了文化创造过程并纳入其人格的文化,即真正被他们内化了的文化,才堪称有教育价值的文化;而只有经过教育者依照一定社会的需求,对有价值的文化进行特殊的选择、提炼和整理了的文化,才可能使受教育者内化。于是,符合广大官兵身心发展规律、有利于广大官兵内化吸收,是选择适合教育过程的文化的原则。

其三,是民族性与时代性的统一。所谓文化的民族性,是特定民族文化类型中的民族精神、民族特性、价值观念、伦理情趣等思想文化历史积淀的特性,是文化的民族风格、民族气派的理论表征;所谓文化的时代性,是指被人类社会发展的一般规律所决定的,反映各民族于同一时代在思想文化方面所表现出来的共同特征和共同要求。因此具有鲜明的民族性或民族特色;文化又是在不同时期,作为对社会发展主题的反映而具体被创造并存在的,因此文化的民族性和时代性构成了文化的重要基本属性,共存于特定历史阶段的民族文化形态中。文化的民族性决定了文化的个性或民族特色,文化的时代性则反映了同时代文化的共性或人类对文化的普遍需求。由于特定的民族文化系统总有不同于其他文化系统的民族性特质,而且这种特质总是随着历史的变迁而处于发展演进之中,民族性与时代性的统一就成为文化选择的一条基本规律。军队思想政治教育不仅将我们经得起历史考验的最优秀文化,包括优秀军事文化传输给广大官兵,培育良知,教化人类,而且结合时代特点不断输入新的文化因子,使其吐故纳新,在生成新的文化机制的同时不断扩充和增加张力,为军队现代化乃至社会现代化建设提供一种精神气质。

其四,是继承性与创造性的统一。文化发展的继承性、延续性,使其无法离开已有的文化传统。通常情况下,每一代人在创造自己文化的时候,首先遇到的就是延续下来的文化传统,他们不能脱离前人所创造的文化成果而凭空重建自己的文化,只有在先人留下的文化遗产基础上继续开拓,才可能创造自己时代的文化,才不至于中断民族文化发展的历史。列宁曾经指出:"马克思主义这一革命无产阶级的思想体系赢得了世界历史性的意义,是因为它并没有抛弃资产阶级时代最宝贵的成就,相反地却吸收和改造了两千多年来人类思想和文化发展中一切有价值的东西。"①任何积极的有价值的文化选择都是一种创造。而任何创造性的文化选择又总是以继承已有的文化成果为前提的,具有继承性的一面。创造首先要有选择,但选择本身也具有创造的意义;继承从来是有选择的,但选择又必然以继承为前提。中国人民解放军思想政治教育的文化选择也不是白手起家、从零开始,而是坚持马克思主义为指导,注重用社会主义先进文化、革命文化、中华优秀传统文化培根铸的。就中华优秀传统文化而言,主要表现在两个方面:一方面,军队思想政治教育的理论、内容以及官兵所达到的思想政治素质,是传统文化的重要组成部分,思想政治教育的发展,必将把传统文化的发展推向新的水平,而精神是文化的积淀和内化的结果和产物;另一方面,民族传统文化精神又为军队思想政治教育的发展创造条件,离开了传统文化,军队思想政治教育就会失去一定的历史根脉的支撑。

三、提升军队思想政治教育文化选择水平是时代的要求

马克思说:"一切都取决于它所处的历史环境。"②作为一项特殊的教育,军队思想政治教育同样具有一般教育所具有的功能属性。随着经济全球化、社会信息化、文化多元化和价值取向多样化的不断加深,人们生活方式、思维方式的差异不断加大,由此产生了价值观冲突、意识形态碰撞甚至是

---

① 《列宁专题文集》(论社会主义),人民出版社,2009年,第167页。
② 《马克思恩格斯全集》(第19卷),人民出版社,1963年,第451页。

"非利益矛盾"。与此同时,作为社会有机体组成部分的军队和军人群体,也出现了官兵信息来源的多渠道、信息需求的多样性、信息处理的多变性等新情况新变化新特点,迫切需要军队思想政治教育在官兵原有观念的适应与调整、利益重构中的认知等方面切实发挥教育引导与精神激励作用。随着"00后"官兵逐渐成为部队建设的主体,尤其是一批批高学历官兵(大学生士兵)的渐次补入,军队思想政治教育在意识形态的强化、民族精神的传承与创新、个人发展与部队建设、文化的国际交流与本土适应等方面应发挥更大的功能与作用,军队思想政治教育所具备的传统意义上的复制、传递、传播功能已远不能满足现代社会发展和官兵对文化追求的需要。这就迫切需要加强和提升军队思想政治教育文化选择及其水平,以顺应这一潮流、回应这一期盼。

(一)发挥军队思想政治教育的文化选择功能,是推进包括军事文化在内的文化发展进步的客观要求

"文化的本质是创造的,没有创造也不会有文化。"①每一个民族、社会的文化进步,都离不开特定文化背景下的文化选择和创新。文化选择就其特质而言,是在旧有文化与新文化、本土文化与外来文化,乃至先进文化与落后文化、腐朽文化的矛盾冲突中形成的一种调节和适应。20世纪以来文化选择的主题不仅意味着传统文化向现代的转型,而且还包括了许多更新的问题。随着知识化、信息化、网络化在全球扩展,打破了以往各个国家、地区、人群乃至个人比较封闭的状态,整个地球正在形成一个相对开放的"世界体系"。这种情况有助于我们以更开阔的视野,更客观地认识我们自身文化,也更有利于正确吸收外界文化,实现文化的新整合、新跃升。但也应该看到,全球化也给我国军队文化带来冲击。西方发达国家不仅是经济全球

---

①　鲁洁:《试论文化选择与教育》,《华东师范大学学报》(教育科学版),1991年第1期。

化的发源地,而且是经济全球化进程的主要推动力量和决策者,它们决定着全球化进程中的基本游戏规则。弱势民族文化的主体意识的加强,文化认同与文化主权面临的诸多压力乃至危机,各国对于文化模式的选择都处于一定的困惑和争论之中。基于这样一种现实,中国当前的选择应该是,在保持自己优秀文化传统模式独特性的前提下,站在一个更高的水平上,充分考虑国际经济政治文化等领域中的发展趋势,寻找适合自己发展理论、路径和方法。

为此,军队思想政治教育首先必须认识中国当代既有文化模式的特征和现状。选择是人的自由意志的表现,人在社会所许可的范围内,具有多种或是无数种组合的文化选择的可能,但选择的前提是对自身文化模式的特征和时代发展需求的清醒认识。其次,军队思想政治教育必须牢牢坚持主导文化和主旋律的导向性和凝聚力。最后,军队思想政治教育既要从传统文化的现代化中寻找合理成分,还要借鉴吸收其他国家现代化、军队现代化的经验,把文化的时代性和世界性作为发展创新我军军事文化的坚实基础。

(二)发挥军队思想政治教育的文化选择功能,是多元文化背景下促进文化健康发展的内在要求

文化的主体是人,世界各民族在延续的过程中创造了各具特色的文化。如果把一个民族文化称为一个文化或者文化的一个"元"的话,那么现今世界各国都面临一个文化多元化的问题,因为"人,无论他属于什么样的种族,生活在哪一个地理空间中,他们的地理空间都有着共同的、可以互通的文化内容"①。文化的多元化在给文化发展带来生机与活力的同时,也给一个民族的生存与发展带来挑战和危机。"正确的、合理的文化选择必将大大加速

---

① 李鹏程:《当代文化哲学沉思》,人民出版社,1994 年,第 477 页。

社会的发展。"①当前,我国基本形成了以马克思列宁主义、毛泽东思想、邓小平理论、"三个代表"重要思想、科学发展观、习近平新时代中国特色社会主义思想为主导,其他多种意识形态思潮共存的社会意识形态格局。毛泽东思想、邓小平理论、"三个代表"重要思想、科学发展观、习近平新时代中国特色社会主义思想,是马克思主义中国化的伟大成果,具有鲜明的时代特色、民族特色、科学特色和实践特色。与此同时,随着改革开放渗透进来的历史虚无主义、新自由主义、消费主义、民主社会主义、低欲望、民粹主义、民族主义、新儒家、新左派等思潮,不同程度地影响着社会意识形态,加之封建思想残余等,共同构成当前我国意识形态的"一主多样"格局。

非主流意识形态尤其是资产阶级和民主社会主义意识形态,极易给广大官兵的精神世界造成混乱,带来危害。在经济全球化、社会信息化、文化多元化、世界多极化时代大潮不断发展的推动下,我们的主流意识形态与非主流意识形态,尤其是敌对性的非主流意识形态之间展开激烈交锋是不可避免的。

通过发挥军队思想政治教育的文化选择功能,回应文化多元化,具有其他手段不可比拟的效力:大力弘扬主流文化,营造良好的文化环境;为广大官兵提供丰富多彩的文化内容与形态,促使他们在讨论、争鸣、消化、吸收的过程中融入自己的价值观念和价值判断;提高广大官兵的主体选择能力,促进军队思想政治教育文化选择的健康发展。

(三)发挥军队思想政治教育的文化选择功能,是帮助广大官兵树立正确文化价值取向的需要

"人对客观的文化世界,无疑是主体。这种主体性不仅表现在文化世界

---

① 鲁洁:《教育社会学》,人民教育出版社,1990年,第159页。

的创造上,也表现在人对文化世界价值、意义的判断和选择上。"①也就是说,作为精神形态存在的现实的文化世界是一个意义和价值的世界。文化选择不是随心所欲的,它通常表现为对一种文化传统和文化模式的理性反思与批判,其结果展现的是文化的价值取向。文化的价值取向要求文化对社会主体的需要和利益的满足,进步的、合理的、合乎社会发展规律和潮流的文化价值取向对社会的发展进步具有重大的意义。进步的文化价值取向为人们预设文化发展的目标,激励人们在精神领域里不断追求和创新,并以此推动人类社会实践向前发展。文化的价值取向规定着人的实践活动的准则、方式和方向,进步的文化价值取向正确地导引、支持和促进着人的解放的历史进程。在实现第二个百年奋斗目标的新征程上,社会主义文化更加繁荣,同时人民精神文化需求日趋旺盛,人们思想活动的独立性、选择性、多变性、差异性明显增强,对发展社会主义先进文化提出了更高要求。这既是发挥思想政治教育文化功能的客观的、实践的要求,也为现阶段发挥文化功能、发挥思想政治教育的文化选择功能提供了现实可能性。

发挥军队思想政治教育的文化选择功能,有助于校正广大官兵文化价值取向,坚持先进文化的主导地位,在批判、扬弃西方文化的实践中,保持社会主义文化的性质;有助于广大官兵坚持优秀传统文化的基础地位,在继承扬弃的实践中创新和丰富积极向上的军事文化、军营文化;有助于坚持人民军队文化的先进地位,在与时俱进中推动军事文化、军营文化健康发展。

第二节 研究现状分析

思想政治教育领域关于思想政治教育与文化之间关系的研究,几乎与

---

① 司马云杰:《文化悖论——关于文化价值悖谬的认识论研究》,山东人民出版社,1992 年,第 9 页。

思想政治教育这一学科体系的确立同步。相关论著大都是从文化的视角看思想政治教育即文化对思想政治教育的影响或功效,阐述思想政治教育对文化的影响或作用的不多。笔者在中国知网上键入篇名"思想政治教育"且"文化",从1990年至2020年可检索到5527篇相关论文,其中论述思想政治教育对文化的功能的有22篇,论述思想政治教育对文化的价值的有30篇,专门讨论军队思想政治教育文化研究的只有8篇。键入篇名"思想政治教育"且"文化选择",检索到的文章仅有13篇,具体是:王璐颖的《试析军队思想政治教育文化选择的哲学基础》(《科学大众》2019年第5期),王璐颖的《军队思想政治教育文化选择》(《佳木斯职业学院学报》2018年第1期),张哲的《论高校思想政治教育的文化困惑与文化选择》(《江苏高教》2016年第5期),郭梦晴的《思想政治教育对传统文化选择功能》(《农村经济与科技》2016年第8期),林振东的《思想政治教育的文化本性与文化选择》(《中国高等教育》2015年第22期),王璐颖、于莉茉的《文化选择与思想政治教育文化选择研究综述》(《社科纵横》2015年第4期),刘浩的《思想政治教育的文化选择功能》(《统计与管理》2014年第5期),李书吾的《新中国成立以来我军思想政治教育的文化选择》(《军事历史研究》2010年第4期),谈建成的《网络环境下思想政治教育的文化选择》(《长江师范学院学报》2010年第5期),李书吾的《民主革命时期我军思想政治教育的文化选择》(《军事历史研究》2010年第2期),刘涛的《思想政治教育文化选择的原则及实现途径》(《理论界》2007年第1期),孙晓华的《浅谈思想政治教育的文化选择》(《兰州学刊》2005年第4期)和陈建斌的《思想政治教育的文化本性与文化选择》(《湘潭大学社会科学学报》2002年第2期)。关于军队思想政治教育与文化关系的研究,在中国知网上键入篇名"军队思想政治教育"且"文化"可检索到31篇,其中笔者本人就有6篇。可见,对思想政治教育的文化功能的研究虽取得一定成果,但只能算是才刚刚起步;至于思想政治教育乃至军队思想政治教育的文化选择研究,更是一块值得开垦的"处女地"。

一、研究取得的主要成果

基于上述文献,总结归纳思想政治教育领域对文化选择的研究成果,主要体现在以下四个方面:

(一)关于思想政治教育的文化选择内涵的研究

思想政治教育,作为一定阶级和政治集团为实现一定政治目标,有目的地对人们施加意识形态方面的影响,以转变人们的思想意识,进而指导人们行动的社会行为,"对其对象乃至整个社会所发生的积极独特的作用或影响"①。就思想政治教育的文化功能而言,思想政治教育呈现为主体以文化环境为意义语境进行的交往互动,并传递和生成新的价值、意义;同时,主动进行文化选择,从而生成新的文化环境。有学者认为,思想政治教育的文化选择,是指按照一定的社会的、政治的需求,以及思想政治教育本身的特性,对某种或某部分文化进行的撷取与吸收或者排斥与舍弃。

它大致包括两个方面:一方面,肯定性选择,即吸收与思想政治教育同向的文化因子。在肯定性判断的基础上,吸收积极的文化因子,并将其纳入思想政治教育的轨道,使之成为思想政治教育系统的有机组成部分。另一方面,是否定性选择,即对与思想政治教育异向的文化因子的排斥,抵制与清除劣性文化对受教育者的侵害,借以使思想政治教育获得反推力。② 所谓文化创新,是对现有文化局限性的突破,是对新的文化模式的探索,它不是一个固定的文化形态,而是从旧文化形态向新文化形态的转换。因此,不能把它作为一个定型的文化形态来界说,只能为它朝什么方向转变提出一些基

---

① 仓道来:《思想政治教育学》,北京大学出版社,2004 年,第 49 页。
② 参见罗保华:《试论思想政治工作对文化发展的价值显现》,《唯实》,2003 年第 3 期。

本特征的假定,为文化创新活动提供基本的价值参照。因此,有学者认为,思想政治教育的文化创新功能,主要是指思想政治教育在传播社会主义主流文化、引领主流文化发展的同时,还要积极汲取各种非主流文化的积极内容,不断超越自身而进行发展。诚然,选择意味着创新,创新以选择为基础。

(二)关于强化思想政治教育文化选择功能的原因研究

研究主要集中在三个方面:一是思想政治教育本身就是一个文化过程,其有文化特质。一般教育主要是知识的传授,思想政治教育虽然也有知识传授的功能,但本质上是价值与规范的接受与认同,更具有文化原理的运作。同时,思想政治教育是文化传播的一种特殊形式。历史上占统治地位阶级的阶级利益总是以全社会甚至全人类的面目出现的。他们把维护这一利益的文化确定为占统治地位的意识形态,认为意识形态是文化建设的根本指导思想,决定着社会文化的性质和发展方向。一个社会有什么样的意识形态,就会有什么样的社会文化体系。具体到每一个国家和社会,思想政治教育传播的是意识形态,倡导适合本国社会发展的主流文化。无产阶级意识形态的教育和灌输就是以马克思主义意识形态为指导的社会主义文化的传播。

二是多元文化并存的客观需要。改革开放以来,多元文化并存已成为我国社会不争的事实。多种文化并存且纵横交错,构成了一幅古今中外交织的经纬图,色彩斑斓、庞杂变幻、良莠不齐,加之西方国家用强大的技术手段和文化载体向外输出文化,这就迫切需要我们发挥思想政治教育的文化选择功能,引领我国文化建设,推进社会主义文化大发展大繁荣。

三是社会转型的内在要求。社会的转型必然伴随着文化的变迁。中国正经历着从传统的农耕经济、半工业化向工业化、信息化的历史性转变,这种剧烈的社会变革,一度导致物质文明与精神文明的失衡。因此,思想政治教育既要促进经济发展,又要服务社会思想文化建设,对多元文化进行正确的鉴别和筛选,推动中国特色社会主义先进文化前进。

（三）关于发挥思想政治教育文化选择功能应坚持的原则研究

发挥思想政治教育文化选择功能必须遵循相应的原则,学者们对此提出了各自不同的主张。有学者提出了三个原则:

一要坚持马克思主义的指导地位。在我国思想政治教育首要的任务就是宣讲、传播社会主义政治文化、伦理文化,巩固马克思主义的指导地位,确保社会主义意识形态的安全。因此,在选择什么样的文化内容进行教育时,必须以马克思主义为衡量标准。

二要聚力实现中华民族伟大复兴的中国梦。思想政治教育在为政治服务的同时,还"必须遵循一定社会发展的方向,体现一定社会发展的目标并为实现社会发展目标服务"[①]。实现中华民族伟大复兴的中国梦,是近代以来中华民族最伟大的梦想,是全体炎黄子孙最大的价值公约数。思想政治教育要立足实现中国梦强军梦,并为之提供健康、积极的价值引导。

三要坚持人的全面发展。思想政治教育是一项有意识、有目的、有计划的教育人、培养和提升人、促进人的全面发展的实践活动,对人的全面发展具有导向价值、开发价值、塑造价值、激励价值、规范价值。在多样化发展的时代趋势下,思想政治教育就要在社会观念、思想、知识、习惯、风俗等文化内容之中作出肯定性或否定性或中立性的选择,为人们的全面发展营造一种健康、和谐、积极向上的氛围。

还有学者认为应坚持以下四个尺度:一是民族的尺度,即我们要选择浓缩的中华民族优秀传统文化,加以继承和发扬。二是科学的尺度,即从一般文化中选择"有文化价值的文化"。三是社会发展的尺度,即从有文化价值的文化中选择"合乎一定社会需求的文化"。四是教育的尺度,即从适合于

---

① 张耀灿、郑永廷等:《现代思想政治教育学》,人民出版社,2001年,第56页。

特定社会需求的有价值的文化中挑选"适合教育过程的文化"①。

（四）关于发挥思想政治教育文化选择功能的路径研究

有学者认为应从四个方面入手：

一是倡导符合社会发展潮流的主流文化。

二是按照思想政治教育的目的进行文化选择。思想政治教育的根本目的是培养担当民族复兴大任的时代新人，因此思想政治教育文化选择就应撷取能使受教育者树立并形成科学的世界观、人生观的文化，选择能使受教育者形成良好思维方式的文化，选择有利于健全体魄和养成良好习惯的文化，从而达到把启真、从善、求美三者和谐一致的境界。

三是通过提高教育者的文化素质来强化文化选择。这就要求教育者对教育内容进行过滤、更组、变通，并对教育者的文化素质提出一定的要求，保证教育者在文化选择中的作用得到有效发挥，必须努力提高其文化素质，促使广大教育者形成合理的文化价值观，从而提高其文化统摄力，切实调动其文化选择的积极性。

四是以人为本积极引导受教育者的文化选择。思想政治教育并不是对人、对人性的消极的约束，而是积极的启迪和推动。作为一种人文力量，不只是对人的思想行为的规范力、调节力，更重要的是行为的推动力。因此，思想政治教育必须坚持以人为本，以人的全面而自由的发展为指导，引导受教育者进行文化选择。还有学者从弘扬中国传统文化精华，抵御西方文化中的消极因素，加强社会主义意识形态建设，引领文化发展等角度加以论述。

二、研究的不足之处

在看到思想政治教育学界上述研究成果的同时，还应关注其存在的诸

---

①　孙晓华：《浅谈思想政治教育的文化选择》，《兰州学刊》，2005 年第 4 期。

多不足之处。主要表现在以下四个方面。

第一，涉及加强思想政治教育文化选择原因研究的多，专题深入分析研究的少。比如，大家都看到了经济全球化及文化全球化趋势对我国文化发展带来的机遇与挑战，西方大国推行文化霸权主义给我国文化发展带来的威胁，以及我国经济体制改革和信息技术发展给我国文化健康发展带来的困境等方面，阐述了加强思想政治教育文化选择的必要性。可是具体到思想政治教育文化选择应具备哪些条件、遵循哪些原则、为什么遵循这些原则，当前思想政治教育对文化进行选择面临的难题是什么、如何破解等，都缺乏深入研究。

第二，横向研究思想政治教育文化选择的多，纵向研究的少。研究者大都从我国面临的文化发展现实来研究思想政治教育文化选择功能，但从我党百年文化选择历程中阐述思想政治教育在其中的地位和作用的并不多。中国共产党从酝酿到成立，不仅凸显了划时代的政治意义，其文化意蕴也是标志性的：是文化的碰撞、文化的比较和先进知识分子对先进文化历史性的选择催生了中国共产党，而中国共产党的成立，进一步引领和提升了中国社会的文化自觉。中国共产党的历史，可以说是一部自觉选择、自觉坚持和自觉发展先进文化的历史。从中国共产党成立前后对马克思主义的自觉追寻和选择，到历届领导人对马克思主义及其社会文化问题一脉相承、与时俱进的思考和论述，大量事实已经证明和继续证明着这一点。但学界对思想政治教育在我党文化选择中的作用研究显得十分欠缺。

第三，探讨思想政治教育文化选择内涵、途径的多，深度揭示思想政治教育与文化之间内在关系的少。研究者大都从不同角度对思想政治教育文化选择进行界定，对如何选择进行探索，但对思想政治教育与文化之间的特殊关系缺乏较为深入的理论研究，虽有少数研究者从意识形态与文化关系的角度加以阐述，但论述大都是浅层的，影响了文化选择的路径理论基础。

第四,从思想政治教育研究文化选择的多,从军队思想政治教育角度研究文化选择的少。军队思想政治教育不仅对军事文化进行选择,也必然对社会文化进行选择,并对社会文化发展起着示范、引领、辐射作用。因为我军作为中国共产党绝对领导下的人民军队,自建立伊始就形成了始终坚持以党的意志为意志、党的旗帜为旗帜的优良传统和政治优势,在革命战争年代成为民族优秀文化的传人,在社会主义时期一直走在社会主义精神文明建设乃至社会主义先进文化建设的最前列。如何看待军队思想政治教育的文化选择在社会文化发展中的作用,是一个值得广泛关注、深入研究的重要课题。目前这方面的研究不多,上面列举的13篇论文,虽然涉及军队思想政治教育与社会文化的关系,但主要也是从社会文化对军队思想政治教育影响与作用来阐述的。这充分说明,当前对军队思想政治教育文化研究尤其是军队思想政治教育文化选择研究,尚处于起步阶段,还有待进一步深化。

第三节　研究思路、研究方法及创新点

本书力图通过对军队思想政治教育文化选择在理论上的空白点、实践中的薄弱点、学科建设上的交叉点的找寻与剖析,从理论与实践、从历史与现实、从宏观与微观的结合上进行探索与思考。

一、研究思路

在对军队思想政治教育文化选择进行科学界定的基础上,探讨军队思想政治教育文化选择的学理架构、历史依据和现实际遇,并对当前军队思想政治教育文化选择的基本条件、原则、方法和战略构想进行阐述。具体思路如下:

导论,探讨了军队思想政治教育文化选择的内涵。首先从教育与文化

的关系谈起,通过对军队思想政治教育文化选择的语义分析,阐释军队思想政治教育文化选择的内涵及特点,初步建构军队思想政治教育文化选择的学理架构,进而提出加强军队思想政治教育的文化选择是时代的要求,也是军队思想政治教育创新发展的推动力。据此,对军队思想政治教育文化选择研究现状进行了较为全面、客观的分析,充分肯定了学界在这一学科领域已取得的研究进展,并探讨了需要进一步深入研究的问题。

第一章,军队思想政治教育文化选择的溯源。旨在通过对新民主主义革命时期、社会主义革命和建设时期、改革开放和社会主义现代化建设新时期、中国特色社会主义新时代等我军建设发展各个时期军队思想政治教育文化选择的梳理回顾,从中凝练军队思想政治教育文化选择的发展脉络、历史经验及其启示。

第二章,军队思想政治教育文化选择的环境条件。突出了军队思想政治教育文化选择的根本遵循;从本体性主体、实践性主体、自我教育主体三个方面,阐述了军队思想政治教育主体在文化选择中的职责与能力;从全球化、市场化、信息化三个方面为军队思想政治教育进行文化选择梳理现实依据。

第三章,军队思想政治教育文化选择的基本原则。通过对先进性原则、目的性原则、批判继承原则等的提炼与阐释,提出军队思想政治教育文化选择应遵循的基本原则。

第四章,军队思想政治教育文化选择的方法。主要包括坚持一元指导与"美美与共"的有机统一、坚持精英文化与大众文化的紧密融合、坚持本土文化与外域文化的和谐融合三个方面,为军队思想政治教育文化选择提供了理论借鉴和实践指导。

第五章,军队思想政治教育文化选择的宏观构想。主要从文化主导、文化整合、文化建构、文化安全、文化发展等方面对军队思想政治教育文化选择的发展目标、发展路径、检验尺度、功能实现、保障条件进行论述,展现一幅新时代人民军队思想政治教育文化选择的壮美图景。

第六章,军队思想政治教育文化选择的时代际遇。从中国梦的时代价值切入,直面国防和军队改革这场回避不了的大考,主动确立与"四个全面"战略布局相适应的思维方式。

第七章,军队思想政治教育文化选择的实践认知。畅想了新时代基层思想政治教育的理想境界,阐述了构建新时代思想政治教育体系的三重维度,增强军队思想政治教育实效性的四个向度,突出强调大力提升基层思想政治教育的获得感。

余论,探究了基层政治教育改革在推动马克思主义大众化进程中的地位作用。

二、研究方法

本书立足军队政治工作学、文化学的基本理论,力图从军队政治工作学、文化学、思想政治教育学、社会学、历史学、政治学等多学科的研究视角,立足军队思想政治教育文化选择的实践及其发展,较为充分地将历史、实证、比较等方法贯穿全书。作为一部军队政治工作学的学术专著,辩证唯物主义和历史唯物主义的研究方法,理所当然是上述研究方法的统摄和基点。

三、创新之处

本书力图在以下三个方面提出自己的一些认识和思考。

第一,对军队思想政治教育文化选择的内涵及功用进行系统分析和阐述。在比较、鉴别的基础上,从军队政治工作学、思想政治教育学、文化学、心理学等独特视角来审视军队思想政治教育文化选择,提出了一些原创性的见解。

第二,从军队思想政治教育文化选择的角度,对中国人民解放军九十多年的发展史进行梳理回顾,从中得出文化选择是军队思想政治教育创新发展的推动力的结论,这在学界尚属首次。也为军队政治工作学,包括军队思想政治教育学科领域的史、论研究,提供了一种视野和方法借鉴。

第三,较为详尽地论述了军队思想政治教育文化选择的原则、方法及其战略构想。不仅在理论上、实践上,而且在学科建设上,都提出了一些释疑解惑、推陈出新的观点。

必须说明的是,作为一个全新的研究领域,本书所做的一切,仅仅是初步尝试。加之笔者学识、阅历所限,难免有"摸象"之嫌。面对新时代广大官兵对军队思想政治教育尤其是军队思想政治教育文化选择的期待,我愿本书成为"引玉之砖"。

第一章
军队思想政治教育文化选择的溯源

一个民族、一个国家、一个政党、一支军队的任何文化选择,都可以在其历史文化中找到根源和痕迹。军队思想政治教育文化选择也不例外。军队思想政治教育的组织实施,无论以何种途径、方法、渠道和资源,都要通过一定的文化形式,都要转化为一定的文化判断、文化选择、文化变革和文化创新,即"依据一定的思想观念、价值尺度,通过一定的思维方式去对事物进行判断、分析、选择和取舍"①。习近平强调:"思想教育要突出重点,加强党性和道德教育,引导党员、干部坚定理想信念,坚守共产党人精神追求。"②然而这一切离不开思想政治教育文化选择。我军自诞生以来,思想政治教育对文化的选择,始终与时代发展同行、与使命任务呼应、与官兵期待相合,在我军从小到大、由弱变强的辉煌历程中,有效地为履行军队使命提供了坚强的思想政治保证。回顾、总结和梳理分析我军思想政治教育文化选择的历程,对于从历史的深度把握军队思想政治教育文化选择的客观规律,积极构建新时代人民军队思想政治教育体系,具有重要的现实意义和深远的战略意义。

---

① 姜健:《当代中国基本政治遵循与主导价值取向研究》,人民出版社,2009年,第1页。
② 习近平:《在党的群众路线教育实践活动总结大会上的讲话》,人民出版社,2014年,第17页。

第一节　新民主主义革命时期

作为中国共产党缔造和绝对领导下的人民武装,我军建立之初就强调"党的组织是一切组织的根源""党的作用高于一切"。① 在确立红军成分一部分是工人、农民,一部分是游民无产者时,就已经认识到军队思想政治教育的重要地位和强大作用,提出建设新型人民军队"只有加紧政治训练的一法"②,把军队思想政治教育指导思想和发展的方向选择为马克思主义。"马克思主义及其在中国的发展,为党和人民事业发展提供了既一脉相承又与时俱进的科学理论指导,为增进全党全国各族人民团结统一提供了坚实思想基础。"③在此后的发展历程中,更是始终坚持以党的旗帜为旗帜、以党的意志为意志、以党的指导思想为指导思想,始终听党话、跟党走,铸牢了"党对军队的绝对领导"这一神圣军魂和"全心全意为人民服务"的这一唯一的根本宗旨,使之成为军队思想政治教育的核心理念和文化内核。

一、初创期的可贵探索——"以进步的精神贯注其中"

文化即人化,或者说文化的本质就是培养社会的人的一切属性。我们党历来注重用先进文化武装自己、武装军队,并在人民军队发展壮大的历史过程中逐渐形成了独具特色的先进军事文化。在这一历史进程中,军队思想政治教育文化选择居功甚伟。可以说,军队思想政治教育文化选择推进了党的理论、党的意志在军事领域的落实,同时又进一步丰富和发展了党的理论。

---

① 黄小蕙、郭景辉、李玉堂:《思想政治工作 70 年》,国防大学出版社,1991 年,第 119 页。
② 《毛泽东选集》(第一卷),人民出版社,1991 年,第 63 页。
③ 习近平:《论中国共产党历史》,中央文献出版社,2021 年,第 122 页。

（一）我军创建之初的社会历史文化背景

军队思想政治教育作为一种文化现象，必然受到社会历史环境等因素的影响。我军初创时期，正值新旧社会更替、新旧文化交锋、新旧革命力量转换的历史转折点。从黄埔军校、国民革命军中的思想政治工作，到工农红军中的思想政治工作，我军这一历史阶段的思想政治教育充分体现了对文化的选择。

20 世纪初，中国革命正在由旧民主主义革命向新民主主义革命转变，封建势力与人民群众、封建文化与新民主主义文化、封建思想与社会主义思潮之间的矛盾与冲突，是旧有的主流文化与新文化之间的冲突。辛亥革命、五四运动，一次次冲击着禁锢了国民数千年的封建思想，科学、民主的思想开始深入人心。同时，随着近代中国工业的发展，中国社会出现了一个最先进、最革命的阶级——工人阶级，中国无产阶级开始作为一个独立的阶级登上历史舞台。"十月革命一声炮响，给中国送来了马克思列宁主义。"[①]俄国十月革命的胜利，"帮助了全世界的也带动了中国的先进分子，用无产阶级的宇宙观作为观察国家命运的工具，重新考虑自己的问题。走俄国人的道路——这就是结论"[②]。于是，信仰马克思主义，以马克思主义来指导中国革命和包括文化建设在内的社会建设，便成为 20 世纪 20 年代以来中国先进分子义无反顾的政治追求和文化选择。马克思主义在中国开始广泛传播，在中国思想界逐渐占据一席之地。一些中国先进分子开始用马克思主义思考中国革命的道路，开始在工农群众和学生中广泛宣传马克思主义。马克思主义的传播为无产阶级政党确立斗争纲领和目标，为人民军队定位政治工作的目标、内容和任务，提供了科学理论依据。

---

① 习近平：《在庆祝中国共产党成立 100 周年大会上的讲话》，人民出版社，2021 年，第 3 页。

② 《毛泽东选集》（第四卷），人民出版社，1991 年，第 1471 页。

1921 年 7 月,中国共产党正式成立,揭开了中国革命的新篇章。党的一大通过的党的纲领和决议,确定了党的思想政治工作的性质、原则、方针和任务。党的二大正确分析了中国半殖民地半封建社会的性质,确定了党的最高纲领和最低纲领,第一次明确提出了反帝反封建的民主革命纲领,开始了领导工农阶级开展革命运动的革命征程,为中国革命道路、也为党的思想政治工作指明了方向。自从有了中国共产党,中国革命的面貌就焕然一新了。从此,出现了在中国共产党的领导下,以马克思列宁主义为指导思想,以提高工人阶级的思想政治觉悟为重要任务,为实现党的奋斗目标为方向的新的思想政治工作。习近平曾指出:"中国产生了共产党,这是开天辟地的大事变。这一开天辟地的大事变,深刻改变了近代以后中华民族发展的方向和进程,深刻改变了中国人民和中华民族的前途和命运,深刻改变了世界发展的趋势和格局。"①中国工农阶级的觉醒、马克思主义的传播、中国共产党的成立,这些都体现着一种鲜明的历史趋势,一种全新的、先进的文化正在成为主流,一种新生的革命力量正在影响和改变着中国的命运和前途。

(二)我军创建之初思想政治教育的境况

人民军队成立初期,军队建设遇到的最大困难,不是敌人的围追堵截,不是艰苦恶劣的环境条件,而是如何建设一支新型人民军队的问题。"红军成分是老的国民革命军、浏平湘南的农军和迭次战役的俘虏兵。"②为了建设一支新型人民军队,一方面,要把农民组织成游击队、正规军,帮助官兵克服非无产阶级意识以及散漫性、缺乏组织性和纪律性,使其提高觉悟,与旧的文化观念决裂,选择以马克思主义为主导的新文化;另一方面,要把红军中的旧军队成分改造为新型的人民军队成分,使其不仅选择当红军,更重要的

---

① 习近平:《论中国共产党历史》,中央文献出版社,2021 年,第 117 页。
② 《毛泽东文集》(第一卷),人民出版社,1993 年,第 55 页。

是融入新文化。然而当时的实际情况是,红军内部存在有"单纯军事观点"
"极端民主化""非组织观点""绝对平均主义""主观主义""个人主义""流
寇思想"和"自动主义残余",加上"党的领导机关对于这些不正确的思想缺
乏一致的坚决的斗争,缺乏对党员作正确路线的教育"①。毛泽东认为,种种
不正确思想,是由于党的组织基础的最大部分是由农民和小资产阶级出身
的成分所构成导致的。在中国共产党红军第四军第九次代表大会决议案
中,毛泽东指出,"红军第四军的共产党内存在着各种非无产阶级的思想,这
对于执行党的正确路线,妨碍极大。若不彻底纠正,则中国伟大革命斗争给
予红军第四军的任务,是必然担负不起来的"②。他还强调,"红军党内最迫
切的问题,要算是教育的问题。为了红军的健全与扩大,为了斗争任务之能
够负荷,都要从党内教育做起"③。军队思想政治教育的目标、任务,被郑重
地提上议事日程。

（三）我军创建之初思想政治教育文化选择的实现

"人们的社会存在,决定人们的思想。而代表先进阶级的正确思想,一
旦被群众掌握,就会变成改造社会、改造世界的物质力量。"④创建之初,我军
思想政治教育文化选择是以马克思主义的指导思想展开的。

南昌起义和湘赣边秋收起义后,红军在建立健全党的组织领导和军队
政治工作制度等同时,军队思想政治教育工作也蓬勃发展。这一时期,原总
政治部要求干部深入部队,注意做好行军作战中的宣传鼓动工作。部队主
要领导干部也很重视部队的政治工作,经常到基层军官和士兵中去耐心地
进行说服教育。"经过这一段时间的工作,部队逐渐活跃起来,人们不再愁
眉苦脸了,议论声,谈笑声,常常在部队中回响,初步显示了政治工作的强大

---

①②　《毛泽东文集》(第一卷),人民出版社,1993 年,第 78 页。
③　同上,第 94 页。
④　《毛泽东文集》(第八卷),人民出版社,1999 年,第 320 页。

威力。"①红军还利用各种形式,如贴标语、教唱革命歌曲、举办小型文娱晚会等,来激励官兵的革命热情。许多干部战士很快学会了《国际歌》《国民革命歌》和《工农兵联合起来》等革命歌曲,起到了鼓舞部队士气的作用,也是一种虽为启蒙、但效果极好的马克思主义熏陶。

1927年9月29日,毛泽东主持了我军建军史上著名的三湾改编。除进行了组织调整、思想整顿、把原来的一个师缩编为一个团、重新任命干部外,更重要的是在军事实践活动中,确立了我军政治工作的两项根本制度:一是党对军队的领导制度,二是军队内部的民主制度。朱德曾指出:"共产党是无产阶级的先锋队,工农红军只有在共产党正确领导之下才能够完成它的历史的伟大任务。"②三湾改编,从政治上、思想上、组织上奠定了新型人民军队的基础,从根本上确立了党对军队绝对领导的原则并使之成为全体官兵的共识。三湾改编所确立的军队政治工作两项根本制度,成为我军政治工作的崭新内容和重要原则,在事实上也成为我军军事文化建设的核心内容,为军队思想政治教育文化选择奠定了坚实基础。

三湾改编后,红军进入井冈山斗争时期。这一时期,毛泽东提出了把武装斗争、土地革命和根据地建设三者紧密结合,而以武装斗争为中心的方针。"加强纪律性,革命无不胜。"这一时期的军队思想政治教育文化选择,最突出的亮点就是极大地提高官兵的无产阶级思想觉悟,强化官兵的纪律性。一个显著的标志就是形成了"三大纪律、八项注意"。"三大纪律、八项注意",在军事纪律、政治纪律、群众纪律上直接指导着每个官兵的行动,是我军性质宗旨的具体体现,是区别于一切旧式军队的重要标志,也是我军思想政治建设乃至军事文化建设的一项重大成果。这一时期的军队思想政治

---

① 肖裕声:《中国共产党军队政治工作史》(上卷),军事科学出版社,2015年,第132页。
② 《朱德选集》,人民出版社,1983年,第2页。

教育,还培养了以身作则、艰苦奋斗的优良作风。身教甚于言传。井冈山时期广泛流传的毛泽东的"一根灯芯""朱德的扁担"等故事,以及官兵同甘共苦的实际行动,无不论释着红军的文化价值取向,那就是红军是共产党领导下的一支有觉悟、有纪律、能打仗、会做群众工作的人民军队。这支军队自建立起就从未放松过对马克思主义、对无产阶级思想的追求和坚持,而且马克思主义日渐成为这支军队的魂,或者说是这支军队思想文化的核心。正如毛泽东在《井冈山的斗争》中所指出的那样:"我们感觉无产阶级思想领导问题,是一个非常重要的问题。"①

在我党领导全国各地武装起义、创建人民军队和创立我军包括思想政治教育在内的军队政治工作过程中,1929 年 12 月,中国工农红军第四军在福建上杭古田村召开的党的第九次代表大会(即古田会议),是我党我军历史上一个重大事件。古田会议决议(即《中国共产党红军第四军第九次代表大会决议案》),总结了工农红军创建两年多来建党建军的基本经验,批判了各种错误思想,奠定了我军政治工作的基础,是军队思想政治教育文化选择的一个重大成果。如规定了红军的性质、宗旨和任务,"红军决不是单纯地打仗的,它除了打仗消灭敌人军事力量之外,还要负担宣传群众、组织群众、武装群众、帮助群众建立革命政权以至于建立共产党的组织等项重大的任务",指出"离了对群众的宣传、组织、武装和建设革命政权等项目标,就是失去了打仗的意义,也就是失去了红军存在的意义"②。提出了加强党对红军领导的根本原则,明确规定"党对于军事工作要有积极的注意和讨论。一切工作,在党的讨论和决议之后,再经过群众去执行",提出"加紧官兵的政治训练"③,强调要从教育上提高党内的政治水平,肃清单纯军事观点的理论根

---

① 《毛泽东选集》(第一卷),人民出版社,1991 年,第 77 页。
② 《毛泽东文集》(第一卷),人民出版社,1993 年,第 79 页。
③ 同上,第 80 页。

源,帮助干部战士认清红军和白军的根本区别,并把编制法规和思想批评纳入红军的教育范围。规定了对党和部队进行马克思主义和党的路线教育的原则和方法,包括教育材料的来源、进行思想政治教育的方法以及上政治课的教授法。阐明了政治与军事、政治机关与军事机关的关系,指出"军事只是完成政治任务的工具之一"①,应提高军队中政治领导的作用,"红军的军事机关与政治机关,在前委指导之下,平行地执行工作"②;规定了正确处理红军内部、外部关系的原则和瓦解敌军的政策,规定了红军政治工作应有的作风,要求党员的思想和党内的生活都要政治化、科学化。

古田会议后,在全军上下形成了一种反对不良倾向的热潮,"每个战士都开始觉得自己是共同事业的一部分"③,部队面貌焕然一新。各地红军在政治上、思想上逐步提高,在组织上日益巩固并得到迅速发展,到了1930年夏,全国红军发展到十多个军,十余万人,红军进入全盛时期。这一时期,红军各级政治机关得到了建立健全,中共中央制定颁布了《中国工农红军政治工作暂行条例草案》。后来,毛泽东在总结建军以来的经验时说,军队的基础在士兵,要以"进步的政治精神贯注于军队之中",要用"进步的政治工作去执行这种贯注"④,才能激发官兵的热忱,才能为有效履行军队历史使命提供强大的理论指导和精神动力。

二、曲折发展中的斗争——"反对本本主义"

在全国红军和土地革命战争蓬勃发展的有利形势下,1931年1月7日,党的六届四中全会在上海召开。会上,王明等在共产国际代表米夫的支持

---

① 《毛泽东文集》(第一卷),人民出版社,1993年,第79页。
② 同上,第113页。
③ [美]罗斯·特里尔:《毛泽东传》,何宇光、刘加英译,中国人民大学出版社,2010年,第125页。
④ 《毛泽东选集》(第二卷),人民出版社,1991年,第511页。

下,以"反对立三路线"为口号,取得了中央领导地位。此后一直到 1935 年 1 月的遵义会议,王明"左"倾路线统治党中央达四年之久。教条主义是王明"左"倾路线的一个主要特征。以王明为代表的"左"倾教条主义者打着马克思主义的旗号,以马列词句、共产国际指示和苏联经验,吓唬只有实践经验而缺乏理论知识的干部,他们不了解中国社会和中国革命的实际情况,完全脱离中国革命实际,照抄照搬苏联经验,受共产国际遥控来指导中国革命。这种把马克思主义教条化、把共产国际决议和苏联经验神圣化的错误倾向,使中国革命陷入困境,给中国革命造成了巨大损失。1934 年 10 月,第五次反"围剿"失败,红军进行长征。1935 年 1 月,中共中央政治局在遵义召开会议,集中批判了以博古、李德为代表的"左"倾错误,结束了王明"左"倾教条主义在党中央的统治,确立了以毛泽东为代表的正确路线在党和红军的领导地位。

(一)王明"左"倾路线对军队政治工作的干扰

以王明为首的"左"倾教条主义者在中央取得领导权后,极力推行其"左"倾路线,使党和红军受到严重损失,给军队政治工作造成了很大的损害,也给军队思想政治教育带来一定程度的混乱和危害。一是损害了红军行之有效的建军原则和政治工作原则。包括取消党对红军根本领导制度的党委制,用政治委员的个人领导代替了党委集体领导;把红军三大任务缩小为单纯的打仗一项;缩小了部队民主权利的范围,改变了"三大纪律、八项注意",影响了军政军民团结;破坏了政治工作的优良作风,使政治工作出现依靠少数脱离多数的倾向,并在部分干部尤其是部分机关干部中造成了一种教条主义的坏作风。二是执行了宗派主义的干部政策,开展过火的党内斗争。王明"左"倾路线的代表者,在党内通过乱扣"立三路线""富农路线""罗明路线""右倾机会主义"等大帽子,对凡是不同意、不拥护、不执行"左"倾路线的同志,予以残酷斗争、无情打击,发展了党内盲目服从和随声附和的倾向以及"顺我者昌,逆我者亡"的宗派主义的干部政策。三是错捕、错杀了大批党和红军的优秀干部。红军的肃反扩大化,首先是从中央根据地开始的。1930年下半年,中央苏区在党政军各级组织中普遍掀起了以肃清"AB团"为主要对象的肃反斗争高潮,中央苏区发生"富田事件"、鄂豫皖发生"白雀园大肃反事件"、湘鄂西也先后发生四次大规模"肃反运动",造成党内极其痛心的损失。四是鼓吹唯成分论,排斥和打击革命知识分子。否定毛泽东关于充分发挥知识分子在革命斗争中的作用的正确主张,在一些部队中造成这样一种不好风气,即只要是有文化水平的,就被认为是成分不好,而成分不好的,就不应被提拔重用;并在"肃反"中对本来不多的知识分子给予了打击,严重影响部队建设。五是破坏了俘虏政策,影响了瓦解敌军工作的开展。

(二)与"左"倾路线作斗争中思想政治教育的文化选择

需要说明的是,王明"左"倾路线的影响和干扰,从一开始就受到了以毛泽东为代表的正确路线的坚决抵制,军队思想政治教育也在与"左"倾错误路线斗争中得以发展。由于以毛泽东为代表的正确路线在红军中有着广泛而又深厚的群众基础,各根据地红军指战员都以不同方式对"左"倾错误路线进行了不同程度的抵制和斗争,正确的方针政策仍在大多数部队得以贯彻执行,红军政治工作依然在总结经验、坚持和继承中发展。

这一时期的军队思想政治教育文化选择,集中反映在提倡反对"本本主义",这是后来毛泽东首次提出的"马克思主义中国化"重大命题的前提条件和最初表达。1930年5月,针对我党我军泛滥的"左"倾教条主义错误,毛泽东在《反对本本主义》一文中明确指出,"我们的斗争需要马克思主义","马克思主义的'本本'是要学习的","但是必须同我国的实际情况相结合。我们需要'本本',但是一定要纠正脱离实际情况的本本主义"。① 文章中阐述了三个重要观点:一是提出了"没有调查,就没有发言权"的著名论断;二是提出了一切依靠群众,从群众中来,到群众中去的群众路线;三是提出了"中国革命斗争的胜利要靠中国同志了解中国情况"的科学论断,从而揭示了从中国实际出发,独立自主,自力更生,依靠群众进行革命和建设的结论。此后,毛泽东在总结教训时,强调对苏联革命战争的经验不能照搬,必须把重点放在研究中国革命的特点和规律上,倡导主观与客观的统一、理论与实践相结合,从而为分析和解决中国革命的实践问题提供了辩证唯物论的科学世界观和方法论。1938 年,毛泽东在党的六届六中全会上对党内两条路线进行总结时,再一次重申了反对教条主义倾向,在提倡全党加强学习时更加明确地提出了"马克思主义中国化"的任务,指出"离开中国特点来谈马克思主义,只是抽象的空洞的马克思主义。因此,使马克思主义在中国具体化,使之在其每一表现中带着必须有的中国的特性,即是说,按照中国的特点去应用它,成为全党亟待了解并亟须解决的问题"②。"反对本本主义""马克思主义中国化"这些重大命题的提出,就是共产党人文化选择的重要成果,是在总结领导革命过程中积累的丰富经验和沉痛教训的基础上,对马克思主义认识的升华,是把马克思主义和中国文化乃至中国历史与现实相融合的卓越成果,是一次重要的思想解放,是一次文化选择上的创新和超越。

此外,这一时期军队思想政治教育还遵循了红军全国第一次政治工作会议所总结提出的一系列政治工作指导方针和原则,包括重申了"政治工作是红军的生命线"的科学论断,这是在实践中得出的正确结论,从根本上确立了政治工作在革命军队中的地位和作用;确立了"一切政治工作为着前线

---

① 《毛泽东选集》(第一卷),人民出版社,1991 年,第 111 ~ 112 页。
② 《毛泽东选集》(第二卷),人民出版社,1991 年,第 534 页。

的胜利,为着实现整个作战计划"的指导思想;强调政治工作必须保证提高部队的战术技术水平;提出了"加强与改善政治教育工作"的任务;系统总结了战时政治工作经验;提出了加强党的领导和加强党支部工作的重大意义;强调了加强游击队、赤卫队、少先队政治工作的重要性;要求政治工作必须改进工作方式等。所有这些成果,都为军队思想政治教育文化选择创造了条件、指明了方向。

三、战略转移中的思考——"民族利益高于一切"

在红军长征途中,中国革命形势发生了急剧变化。1935 年,日本制造了"华北事变",企图侵占我华北五省,加紧对中国的侵略。中华民族陷入空前深重的灾难之中,全国人民要求抗日的呼声日益高涨,中日两国间的民族矛盾急剧上升为主要矛盾,抗日救国成为革命的首要任务。

(一)国内革命形势的重大转变与党的革命政策调整

全国形势的新发展,迫切需要我党科学分析国内外形势,制定出正确的政治策略和军事战略方针,以便更加有效地领导全国抗日运动,发展革命力量。以毛泽东同志为主要代表的中国共产党人以维护民族利益和国家利益为己任,强调"抗战发动得早,是中国民族的大幸"[①],并审时度势,调整军队思想政治教育的内容,将教育的核心放在抗日上。事实上,抗日当时正在逐步成为中华民族的文化主题。1935 年 8 月 1 日,中共驻共产国际代表团以中共中央、中华苏维埃中央政府名义发表了《为抗日救国告全体同胞书》(即八一宣言),提出了全国人民团结起来,建立"反蒋抗日"的民族统一战线,组织国防政府和抗日联军的主张。1935 年 12 月,中国共产党在瓦窑堡举行为期近十天的会议,着重分析了由于日本帝国主义侵略引起的国内阶级关系

---

① 《毛泽东文集》(第一卷),人民出版社,1993 年,第 459 页。

的新变化和人民抗日运动高潮的新形势,着重批评了党内"左"倾关门主义的错误,系统阐述了抗日民族统一战线的理论和策略,确定了抗日民族统一战线的新策略,并确定全国红军军事行动的战略方针是:"把国内战争同民族战争结合起来","准备直接对日作战的力量","猛烈扩大红军"①。毛泽东适时提出"抗日反蒋并提是错误的","不要提出打倒中央军及任何中国军队的口号"②,从而为第二次国共合作提供了思想上、舆论上、文化上的准备。1936 年 12 月,西安事变的和平解决,对国共两党第二次合作起到了重大推动作用,成为国内战争走向抗日民族战争的转折点。以 1937 年 2 月国民党五届三中全会为标志,中国抗日民族统一战线初步形成。

(二)宣传教育方针的转变:由抗日反蒋到逼蒋抗日

九一八事变以后,由于国民党反动派坚持"攘外必先安内"的反动政策,对外妥协投降,对内镇压人民抗日救亡运动,我党提出了抗日反蒋的主张,并进行了深入的宣传教育。但是随着日本帝国主义的加紧侵略,特别是华北事变后,蒋介石依靠外交途径解决中日问题的幻想彻底破灭,他不得不调整其对日政策。根据国内阶级关系的变化和国民党政府的政策调整,中共作出了一个重大政策变动,由抗日反蒋调整为逼蒋抗日。1936 年 4 月,中共中央发出《为创立全国各党各派的抗日人民阵线宣言》,向包括蒋介石国民党在内的全国各党派和各界人士号召:"不管我们互相间有着怎样不同的主张信仰,不管我们相互间过去有着怎样的冲突和斗争,就因我们都是中华民族的子孙,我们都是中国人,抗日救国是我们的共同追求。"同年 5 月,发表《停战议和一致抗日的通电》,公开放弃反蒋口号,呼吁停战议和,一致抗日。8 月 15 日,党中央召开政治局扩大会议,适时决定把反蒋抗日方针改为逼蒋

---

① 肖裕声:《中国共产党军队政治工作史》(上卷),军事科学出版社,2015 年,第 473 页。

② 《毛泽东文集》(第一卷),人民出版社,1993 年,第 438 页。

抗日方针。1936年9月,中共中央向党内发出《关于逼蒋抗日问题的指示》,在全党全军开展"停止内战,一致抗日"政策的宣传教育,得到了广大指战员的认可和拥护,"停止内战,一致抗日"主张深入人心。西安事变爆发后,我党我军从抗战大局出发,向全党全军发出指示,坚持停止内战、一致抗日的立场,主张和平解决西安事变,推动南京国民政府走上抗日道路。红军各级组织及时传达党中央政治主张,为广大指战员分析国内国际形势,大力宣传和平解决西安事变的重大意义,帮助干部战士理解和掌握党的方针,实现由反蒋抗日到逼蒋抗日、联蒋抗日的思想转变。

(三)教育官兵实现从国内革命战争向抗日民族战争的思想大转弯

形势任务、方针政策的转变,决定了我军思想政治工作的新任务。中国革命形势和党的政策的重大转变,使我军政治工作的斗争环境、工作对象、工作目标、对外关系和方针政策等,都发生了重大转变。停止土地革命的政治纲领,由推翻国民党政权转变为实行国共合作,建立和发展抗日民族统一战线。

瓦窑堡会议后,用会议确定的抗日民族统一战线的理论和策略武装全党全军的思想,推动全国抗日民主运动的发展,成为政治宣传和思想教育工作的重要任务。1935年12月27日,在党的活动分子会议上,毛泽东作了《论反对日本帝国主义的策略》的报告,系统阐述了抗日民族统一战线的理论和政策,论述了统一战线的必要性和可能性,批判了狭隘的关门主义。这一报告有力武装了全党全军的思想。红军各部队根据瓦窑堡会议确定的党的政治路线,围绕抗日民族统一战线这一新政策,广泛开展思想教育工作。党中央同时要求"红军应利用时机,加强内部政治上的与军事上的训练,加强党在红军中的堡垒作用,重新教育干部,使他们能够负担起新形势下的新任务,严整军风纪,学习群众工作,争取成为抗日军队的模范"①。

　　1936 年 12 月,总政治部在《党的新任务面前红军政治工作的任务》(草案)中明确指出,为了坚决执行党的抗日民族统一战线政策,今后红军政治工作的中心任务,就是要"有计划的加强对于整个红军部队与干部的基本政治教育,和党的新政策的教育"②,保证红军的思想统一。为强化思想教育效果,1937 年 2 月 19 日,左权、聂荣臻、陈光、邓小平提出加强思想教育四条措施,其中最主要的内容包括要把民族教育和阶级传统教育相结合,"从阶级立场上说明红军努力于民族革命的事业";加紧干部的教育,必须使"每个干部都明了党的策略路线和实际运用党的策略"③等。各部队通过编印宣传教育材料、组织讨论会、张贴标语等形式,进行新的形势、任务教育,积极宣传统一战线政策,为广大指战员理解由内战向建立抗日民族统一战线、进行抗日战争的政策转变奠定了思想基础。

四、统一战线中的旗帜——"一定要争党的兵权"

　　抗日战争全面爆发后,国共两党实现第二次合作。"八路军、新四军既把为人民服务、保卫祖国作为宗旨,则是政治工作便成为这种军队的灵魂。"④抗日战争期间,我军加强和改善包括思想政治教育在内的军队政治工作,引导官兵既要维护和扩大抗日民族统一战线,又要保持清醒头脑和统一战线中的独立自主。以毛泽东同志为主要代表的中国共产党人着力解决了抗日游击战争的战略问题,提出了抗日战争需要打一场持久战,阐明了中国共产党人在抗日战争中的地位,回答了统一战线中的独立自主问题。毛泽

---

　　①　《毛泽东文集》(第一卷),人民出版社,1993 年,第 495～496 页。

　　②　总政治部办公厅:《中国人民解放军政治工作历史资料选编》(第三册),解放军出版社,2002 年,第 618 页。

　　③　同上,第 710～720 页。

　　④　《朱德选集》,人民出版社,1983 年,第 170 页。

东强调:"要争党的兵权,要争人民的兵权。"①要使每个共产党员都要懂得"枪杆子里面出政权"的道理,牢固确立"党指挥枪,而不是枪指挥党"的原则。

(一)国民党对红军领导权的争夺与王明右倾投降主义的影响

在统一战线旗帜下,国共两党在争夺军队领导权问题上斗争激烈。早在国共两党开始商谈建立抗日民族统一战线之初,国民党就要求红军放弃军队领导权,企图逼迫我党完全放弃对红军的领导,实行单一领导制,被我党严正拒绝。随后,国民党又在谈判中提出,向八路军三个师中派出参谋长及副师、旅、团、营、连长的要求。在被拒绝后,国民党又提出要按照国民革命军的编制,取消八路军的政治委员,改政治部为政训处,并且派人担任政训处主任的要求,企图动摇我党对军队实行绝对领导的组织体制。为打破谈判僵局,维护抗日民族统一战线大局,我党采取了原则性与灵活性相结合的态度,在某些地方作了一些让步;但在军队领导权问题上,我党始终坚持原则。在抗日民族统一战线条件下,国民党始终没有放弃争夺八路军、新四军领导权的企图,我党与国民党争夺军队领导权的斗争贯穿抗战始终。

1937年11月,王明从苏联回国,一反过去"左"的思想,公开反对党中央关于在抗日民族统一战线中坚持独立自主的观点和立场,否认统一战线中不同党派和政治集团的阶级差别,模糊国共两党不同的抗战路线界限。1937年12月,在中共中央政治局会议上,王明作了《如何继续全国抗战和争取抗战胜利呢》的报告,说"今天的中心问题是一切为了抗日,一切经过抗日民族统一战线,一切服从抗日民族统一战线"②。王明赞成国民党"只要一个军队"和"统一军令"的叫嚣,提出我军应服从国民党的"统一指挥""统一纪律""统一武装""统一供给""统一作战计划"。虽然王明的"右倾投降主义"

---

① 《毛泽东选集》(第二卷),人民出版社,1991年,第546页。
② 郭德宏:《王明年谱》,社会科学文献出版社,2014年,第351页。

观点遭到了党内坚决抵制,但在当时仍产生了一些恶劣的影响和消极的后果。在这种情况下,正确处理民族斗争和阶级斗争的关系,"中心的问题,就是无产阶级争取领导权的问题"①,充分认识在统一战线中坚持无产阶级领导权和独立自主原则的极端重要性,坚持党对军队的绝对领导,就成为贯穿抗日战争始终的我军政治工作的根本任务和军队思想政治教育的文化选择。

(二)强化官兵党对军队"绝对独立领导"的思想观念

坚持党对军队的绝对领导是抗日民族统一战线背景下,我党我军思想政治工作贯彻和坚持的根本原则。针对王明"右倾投降主义"的影响,中共中央多次以我军的决议、决定、指示、讲话等形式,反复强调和阐释党对军队领导的重要性、必要性,达到教育官兵、统一思想的目的。1937 年 9 月,《中共中央关于共产党参加政府问题的决定草案》明确,在原有红军及一切游击队中,共产党绝对独立领导之保持是完全必要的;共产党员不许可在这个问题上发生任何原则上的动摇。在抗日民族统一战线中,我军十分重视共产党员的先锋作用和模范作用,要求"共产党员在八路军和新四军中,应该成为英勇作战的模范,执行命令的模范、遵守纪律的模范、政治工作的模范和内部团结统一的模范"②。根据历史上张国焘反党的教训和新军阀主义倾向,毛泽东在 1938 年 11 月党的六届六中全会上进一步指出,"我们的原则是党指挥枪,而绝不是枪指挥党","共产党员不争个人的兵权(决不能争,再也不要学张国焘),但要争党的兵权,要争人民的兵权"③。毛泽东的这些论述,对统一全党对武装斗争的认识和在全党全军确立党对军队绝对领导的原则提供了强大的思想武器。根据党在统一战线中独立自主的方针,我军重申

①　《刘少奇选集》(上册),人民出版社,1985 年,第 47 页。
②　《毛泽东选集》(第二卷),人民出版社,1991 年,第 522 页。
③　同上,第 546 页。

了政治工作的党性原则。1940 年 5 月,总政治部在《关于新四军政治工作的指示》中进一步重申:改编后,"军队中政治工作,仍旧是共产党的党的工作,并不因统一战线的环境和战区的指挥关系而有所改变"①。

(三)在解决党对军队领导的组织、制度等问题基础上强化我军宗旨

如何保证改编后人民军队"白皮红心",是建立抗日民族统一战线后军队思想政治教育的重中之重。为此,主要强化了三个方面:一是在组织领导上,建立各级军政委员会。1937 年 8 月,中共中央组织部发出《关于改编后党及政治机关的组织的决定》,规定"师以上以及独立行动之部队,组织军政委员会","军政委员会是党的秘密组织,它指导全部的军事和政治及党的工作,并向上级军政委员会或中央负责"②。随着形势和任务的发展,1941 年 2 月,中共中央颁布《军政委员会条例》,将其扩大到旅团一级,同时对军政委员会主席人选、讨论决定的问题、命令的下达、情况的上报等作了规定,使这一制度完全确立并规范化。军政委员会作为党的集体领导体制,是我党在抗战这一特殊历史环境下的一种创造,对恢复我军的党委制传统,保证党对军队的绝对领导发挥了重要作用。

二是在政治工作制度上,恢复政治委员和政治机关。抗战之初,因国共合作而一度取消了政治委员制度和政治部名称,政治工作人员的公开地位和职级有所降低,影响了政工干部的工作积极性,政治工作也受到了一定的影响。1937 年 10 月,我军重新恢复政治委员制度和政治部名称。

三是在党政军关系上,实行党的一元化领导。1942 年 9 月,中共中央作出《关于统一抗日根据地党的领导及调整各组织间关系的决定》明确,党的中央代表机关及各级党委为各地区的最高领导机关,统一领导各地区的党

---

① 转引自何理:《抗日战争时期人民军队建设的历史经验》,《军事历史》,2002 年第 3 期。

② 总政治部办公厅:《中国人民解放军政治工作历史资料选编》(第四册),解放军出版社,2004 年,第 13 页。

政军民工作。军队军政委员会、政治部必须服从各地区最高领导机关。

全心全意为人民服务的宗旨,是人民军队生存的基础、力量的源泉。在这个宗旨的指引下,人民军队才能有一个很好的内部和外部的团结。在内部,我们的官兵能够懂得"为谁当兵、为谁打仗、为谁扛枪、为谁站岗",忠诚于党、忠诚于人民,形成无坚不摧的战斗集体。在外部,人民军队保持着与人民群众的血肉联系,"子弟兵"就是人民群众对这支军队最亲切的称呼、最真实的印象、最崇高的褒奖。军队打胜仗,人民是靠山。无论是父送子当兵,还是妻送郎上战场,都如"小推车推出了淮海战役的胜利""小舢板划出渡江战役的胜利"一样,是人民群众的支持、养育,才有我军的发展壮大,不断从胜利走向胜利。对此,朱德曾说过:"我们的军队是中国人民革命的产儿,它像儿子忠于母亲一样忠于人民,所以人民爱戴和拥护它,帮助它克服困难,在极端艰苦的条件下,不断巩固和壮大起来。"①毛泽东在《论联合政府》中指出:"是因为所有参加这个军队的人,都具有自觉的纪律;他们不是为着少数人的或狭隘集团的私利,而是为着广大人民群众的利益,为着全民族的利益,而结合,而战斗的。紧紧地和中国人民站在一起,全心全意地为中国人民服务,就是这个军队的唯一的宗旨。"②全心全意为人民服务这一唯一的根本的宗旨的凝练和宗旨教育的深入,使我军思想政治教育文化选择的方向更清晰明了。

五、两种前途命运的抉择——"解放全中国"

解放战争不同于土地革命战争和抗日战争,是两种命运、两种前途的大决战,是全国人民夺取民主革命胜利、建立全国革命政权的战略决战,作战

---

① 朱德:《中国共产党和军队——为中共十九周年而作》,《共产党人》,1940 年第 8 期。

② 《毛泽东选集》(第三卷),人民出版社,1991 年,第 1039 页。

对象是美国支持下的有现代化武器装备的国民党军队。根据战略形势的变化,全党全军的思想开始统一到以自卫战争粉碎国民党的进攻,以武装斗争推翻国民党、解放全中国的战略上来,"打倒蒋介石,解放全中国"成为我党我军的中心任务。

(一)革命形势教育中的战略视野

解放战争之初,敌我力量对比悬殊,国民党总兵力约430人,控制着全国76%的土地和3.39亿人口,占据所有大城市,控制主要工业,装备先进的美式武器。而我军只有127万人,其中野战军61万人且被分割在各个根据地里,解放区约1.36亿人口,土地面积只约占全国的24%,其中大部分地区的反动封建势力尚未肃清。在国民党军队的疯狂进攻面前,我军内部不少人产生了恐惧、悲观情绪。在这种情况下,1946年7月20日,毛泽东科学分析敌我双方的态势,起草了《以自卫战争粉碎蒋介石的进攻》的党内指示,该指示运用历史唯物主义原理,阐明"蒋必败、我必胜"的科学依据。同年8月6日,在会见美国记者安娜·路易斯·斯特朗时,他又提出了"一切反动派都是纸老虎"的著名论断。全军上下以毛泽东的指示为依据,深入进行思想教育,认真学习毛泽东"一切反动派都是纸老虎",以及战争中人和武器的关系等论述,使官兵认清蒋介石专制独裁的丑恶嘴脸和发动内战的目的;教育官兵坚决起来以革命战争对付反革命战争,积极投入解放战争这个洪流之中;讲清打败国民党反动派的必要性,从政治上提高官兵的认识水平,使官兵认识到决定战争的胜负是人心向背;帮助官兵克服悲观情绪,认清我党我军为捍卫人民利益被迫自卫、师出有名,而蒋介石发动内战屠杀人民、师出无名,从而使官兵树立必胜信心。为使部队始终保持旺盛的战斗意志和高昂士气,全军还采取各种形式进行不间断的宣传鼓动和战斗动员,及时传达学习党中央、中央军委和毛泽东的战略决策和方针政策,明确方向,坚定信心。针对作战形势复杂、战争规模大、持续时间长等情况,加强战役、战斗中的思想工作,跟进开展思想政治工作,确保了部队思想统一、意志坚定、步调一致。

(二)人民战争教育中的新战争观

文化的核心是价值。对于军队思想政治教育而言,"听谁指挥、归谁领导和为谁当兵、替谁打仗",是其文化内核和价值根基。毛泽东说:"战争的伟力之最深厚的根源,存在于民众之中。"①解放战争充分体现了人民战争的伟大作用。为适应解放战争的进行和胜利发展,充分调动各方面的力量支援战争,我党我军各级组织在人民群众中进行了大量的思想动员和组织工作。中央军委多次指示要做好作战所需的各种人力、物力供应,要求把支前工作放在头等地位,以坚定的信心和极大的热忱动员和组织人民全力支援前线。我党我军各级组织在广大解放区深入开展群众工作,教育和动员广大群众认清解放战争的伟大意义,提高人民群众的政治觉悟,自觉投身解放战争,参与和支援战争,用人民战争的汪洋大海彻底消灭国民党反动政权。在广大解放区,出现了人民群众踊跃参军的热烈景象。人民群众以空前的积极性进行生产,为人民解放战争提供了大量物资,为解放战争的进行和胜利奠定了物质基础。鲜活生动的现实,使广大官兵认识到"军队打胜仗,人民群众是靠山",体会到了人民战争的无穷威力,对全心全意为人民服务的根本宗旨有了进一步的深刻认识和行动自觉。

(三)将革命进行到底教育中的新中国意识

三大战役后,国民党政权已进入即将土崩瓦解的状态,解放战争即将取得全国性胜利。摆在中国人民面前的是将革命进行到底,建立人民民主专政的新中国。毛泽东在1949年新年献词《将革命进行到底》一文中讲道:"用革命的方法,坚决彻底干净全部地消灭一切反动势力,不动摇地坚持打

①　《毛泽东选集》(第二卷),人民出版社,1991年,第511页。

倒帝国主义,打倒封建主义,打倒官僚资本主义,在全国范围内推翻国民党的反动统治,在全国范围内建立无产阶级领导的以工农联盟为主体的人民民主专政的共和国。"①我党我军庄严声明,要把伟大的人民解放战争进行到底。1949 年 1 月,中共中央在《目前形势和党在一九四九年的任务》的党内指示中讲:"我们必须将革命进行到底,而不允许半途而废。我们必须在党内,在人民解放军内,在人民群众中,有说服力地进行教育工作。"全军各部队组织指战员学习中共中央指示精神,分析革命形势,牢固树立"将革命进行到底"的思想,向全国进军,解放全中国。在新民主主义革命即将取得全国胜利的同时,1949 年 3 月,党的七届二中全会召开,制定了党在全国革命胜利后的基本政策和基本任务;7 月 30 日,毛泽东发表《论人民民主专政》一文,对人民民主专政政权进行了系统阐述。全军各部队认真组织学习党的七届二中全会精神和人民民主专政的国家学说,使广大指战员了解"建立一个什么样的国家"的问题,进一步统一了全党全军对建立新中国的认识,为将革命进行到底、解放全中国打下了坚实的思想政治基础。

第二节　社会主义革命和建设时期

1949 年 10 月 1 日,中华人民共和国成立。"这标志着 100 多年来中国人民争取民族独立和人民解放运动取得了历史性的伟大胜利。"②中国人民从此站起来了,具有 5000 多年文明历史的中华民族从此进入了发展进步的历史新纪元。此后直到"文化大革命"结束,我们党领导全国各族人民有步骤地实现了从新民主主义革命到社会主义革命的转变,开始了社会主义全

①　《毛泽东选集》(第四卷),人民出版社,1991 年,第 1375 页。
②　习近平:《在庆祝中国人民政治协商会议成立 65 周年大会上的讲话》,人民出版社,2014 年,第 2 页。

面建设。其间虽然相继发生过抗美援朝战争、剿匪平叛、镇反抗袭、自卫还击等或大或小的军事活动，但就全局而言，我军从长期的战争环境转入和平环境，由过去的夺取政权转变为保卫和参加社会主义革命和建设，开始了建设一支现代化正规化革命军队的历程。军队思想政治教育适应任务的转换和要求，紧紧围绕继续完成民主革命任务，保障抗美援朝战争、自卫还击胜利和现代化正规化革命军队建设而展开，做了大量的工作，取得了丰硕的成果，积累了丰富的经验。军队思想政治教育文化选择在开拓创新中逐渐探索出具有中国特色的前进路向。

一、国际主义篇章——"抗美援朝，保家卫国"

1950 年 6 月，朝鲜战争爆发。美帝国主义的武装干涉使朝鲜人民为争取独立、统一的国内战争，演变成为反对帝国主义侵略的民族解放战争，且战火烧到了中朝边境鸭绿江边。党中央慎重考虑，作出了"抗美援朝，保家卫国"的战略决策。

抗美援朝战争与过去我军所进行的国内革命战争和抗日战争有很大不同：一是中国人民志愿军是第一次在国外作战，人地生疏，社会习惯不同。二是作战对象是拥有制空权、制海权和技术装备精良的美军，这就决定了战争的长期性、艰巨性和复杂性。在这种情况下，如何发挥我军的政治优势，保持部队高昂的战斗意志和必胜的信念，发扬革命英雄主义精神，战胜一切困难，比以往更加重要。三是作战形式是大兵团、多军兵种的协同作战。从思想上、组织上保持统一指挥和密切协同，成为重要任务。四是在长期作战中，军事斗争和政治、外交斗争尖锐复杂地交织在一起。在长达两年九个月的战争中，有两年时间是处在同敌人边谈判、边打仗的过程中，教育官兵树立"坚决打、争取和"的思想，正确认识军事斗争和外交斗争的关系，使之紧密配合、争取胜利，成为思想政治教育的重要任务。

（一）形势任务教育中的正义观确立

对于美帝国主义的侵略，我国志愿军官兵坚决反对，但由于解放战争和统一大陆的战斗尚未停歇，马上又要同世界上最现代化的军队作战，面对世界上头号帝国主义的挑战，许多官兵对"该不该出国打仗""能不能打胜"存在思想顾虑。为了解决这些思想顾虑，志愿军根据军委和原总政治部关于加强抗美援朝动员的指示，组织部队认真学习党中央关于"抗美援朝，保家卫国"的指示，深入开展形势任务教育，介绍美帝国主义的侵略野心和中朝人民的传统友谊及地理位置，讲清出国作战的必要性和正义性，说明中朝两国是唇齿相依、唇亡齿寒的关系。通过教育，极大地激发了官兵的斗志，增强了敢打必胜的信心和决心。奔赴朝鲜战场的各部队群情激昂、士气高涨，"雄赳赳，气昂昂，跨过鸭绿江！保和平，卫祖国，就是保家乡！"的《中国人民志愿军战歌》，就是当时官兵思想面貌精神状态的真实写照。

（二）革命英雄主义教育中的士气激励

在整个抗美援朝战争中，志愿军部队针对部分官兵对美帝国主义本质认识不清，存在恐美、崇美、羡美等思想情绪的状况，反复进行仇视、蔑视、鄙视美帝国主义的"三视"教育，让广大指战员认清美帝国主义的侵略本性，了解美帝国主义的侵略罪行，说明抗美援朝战争的必要性和正义性，激发官兵的斗志，树立敢打必胜的信念。同时，志愿军还注意对部队进行革命英雄主义教育，激发指战员的革命荣誉感，鼓舞他们的立功热情。各部队大力号召官兵"当最可爱的人，做最可爱的事"，把革命荣誉感与高度责任感结合起来，大力宣传志愿军英雄模范邱少云、黄继光、杨根思、罗盛教等的英雄事迹，组织指战员向英模学习；对部队进行光荣传统教育，通过回忆本部队的荣誉和战绩，展出本部队获得的奖章、奖品，达到激发勇气、鼓舞士气的目的。

（三）爱国主义和国际主义教育中的血肉情谊

入朝作战初期,志愿军各部队通过传达学习党中央、中央军委和毛泽东的声明、指示和讲话等,使广大指战员认清抗美援朝与保家卫国、爱国主义与国际主义的一致性,增进与朝鲜人民的战斗友谊。各部队通过各种渠道,进行朝鲜党和政府的政策教育,保证军队切实执行中朝两方作战方针和纪律规定。志愿军部队在出国前,普遍进行了"三大纪律、八项注意"和"爱护朝鲜的一山一水一草一木,不拿朝鲜人民的一针一线"的教育。各部队还制订了爱护朝鲜人民的守则和公约,要求指战员尊重朝鲜人民的风俗习惯,遵守朝鲜政府的政策法令,维护志愿军部队的良好形象。志愿军部队和朝鲜人民建立了深厚的友谊,为抗美援朝战争的胜利奠定了坚实的群众基础。"抗美援朝战争伟大胜利,是中国人民站起来后屹立于世界东方的宣言书,是中华民族走向伟大复兴的重要里程碑。"[1]

二、人民军队的新起点——"建设现代化正规化革命军队"

中华人民共和国成立以后,在党的领导下,经过几年艰苦奋斗,到1953年下半年,我国胜利完成了民主革命遗留的大量任务,迅速恢复和发展了国民经济,肃清了国民党反动派在大陆的残余武装和土匪,实现了西藏的和平解放,取得了抗美援朝战争的胜利,完成了土地制度改革,巩固了人民民主政权。我军由长期的战争环境转入相对和平的环境,由长期分散的农村环境转入相对复杂的城市环境,担负的任务也由以作战为主转入以战备训练为主。1953年12月召开的全国军事系统党的高级干部会议,对中华人民共和国成立四年来军队工作作了系统的检查和总结,明确了建设现代化正规化

---

① 习近平:《在纪念中国人民志愿军抗美援朝出国作战70周年大会上的讲话》,人民出版社,2020年,第5页。

革命军队的道路。这次会议标志着全面建设现代化正规化革命军队的开始。

（一）建设现代化正规化革命军队理念的确立

中华人民共和国成立后，特别是朝鲜战争结束后，军队建设的客观条件发生了根本变化，军队建设正处于"由低级阶段进到高级阶段的伟大转变时期"①，建设现代化正规化革命军队的任务摆在面前。毛泽东强调，在整个工作上、指挥上，首先在教育训练上要加强组织性、计划性、准确性和纪律性，指出这是建设正规化现代化革命军队"不可缺少的重要的条件"②。朱德也要求我军"在向现代化、正规化前进的过程中，不能丢掉过去的优良传统，也不能被过去的经验所束缚"③。全军各部队通过军事、政治课等深入学习传达毛泽东、朱德的重要指示，学习彭德怀1952年12月在各大军区、各特种兵参谋长和政治部主任联席会议上所作的题为"学习苏联先进经验，建设现代化的国防军"的报告，以及1952年8月《八一杂志》第16期的社论《向着现代化国防部队的目标前进》，持续不断地进行建设现代化正规化革命军队的宣传教育，让官兵明白军队现代化正规化革命化的主要内容和重大意义，充分调动了官兵参加建设的自觉性和积极性，为全军进行现代化正规化的各项改革和工作打牢思想根基。

（二）系统的马克思列宁主义学习和文化教育

在战争年代，缺乏系统学习理论的条件，部队的宣传教育主要是形势、任务和党的政策教育，以及临时性的宣传鼓动工作，基础的政治理论学习比较少，也不系统。中华人民共和国成立后，我军建设开始由低级阶段向高级阶段发展，这要求干部必须具有更高的理论水平。加强全军马克思列宁主

---

① 总政治部办公厅：《中国人民解放军政治工作历史资料选编》（第十二册），解放军出版社，2009年，第644页。

② 《毛泽东文集》（第六卷），人民出版社，1999年，第234页。

③ 《朱德选集》，人民出版社，1983年，第304页。

义、毛泽东思想的基本理论教育,是我军向更高阶段发展的需要,因此被提到我军政治工作的重要日程上来。1950年11月,时任总政治部主任罗荣桓首次提出要在全军范围内加强干部理论教育的问题。同年12月,总政治部在《关于一九五一年全军政治工作方针与任务的指示》中,把"加强干部理论教育,有计划地培养干部"作为全军政治工作的一项重要任务。在全军军事系统党的高级干部会议上,总政治部《关于军队政治工作建设的几个问题》的报告指出,提高干部的思想水平与理论水平是思想领导的重要环节。1955年底召开的全军第五次宣传工作会议,讨论了全军士兵政治文化教育的长远规划和1956年部队政治文化教育计划等问题。1956年1月,总政治部发出了《关于执行中央对干部政治理论教育的新制度的指示》,对军队各级干部政治理论学习的内容、时间等作出规定:从1956年开始,少校以上军官一般要在五年内学完中国共产党历史、苏联共产党历史、政治经济学及经济问题、辩证唯物论与历史唯物论、党的建设五门课程;一部分政治理论水平较高的少将以上军官,可主要学习政治经济学、辩证唯物论与历史唯物论两门课程;大尉以下军官,要求在三年内学完政治常识、理论常识、党的基本常识三门课程。此后,许多干部踊跃报名参加马列主义夜校学习,不少高级干部则申请到政治学院高干短训班学习或旁听,全军干部学习马克思列宁主义理论的高潮迅速兴起。

(三)军事训练中的政治教育与正规化

军事实践活动是军队思想政治教育的基本载体,也是检验军队思想政治教育成效的一个根本标准。战争年代,我军主要是在战争中学习战争,用战争教育官兵。相对和平时期,思想政治教育的形式发生变化。1952年,中央军委根据当时的国际国内形势,确定从1953年6月1日起,全军按照统一的要求、统一的训练计划,实施以军事为主的正规训练,并长期坚持下去。据此,总政治部于1953年5月发出《关于1953年下半年实施正规训练中的政治工作指示》。这是我军第一次专门为部队正规训练而发出的政治工作指示,是由战争间隙整训中的政治工作向正规训练政治工作转变的标志。《指示》规定:"为了保证这一正规训练任务的完成,必须动员全体指战员,用高度的政治热情和勤学苦练的精神,投入到这次训练中去。政治工作在领导和保证正规训练任务的实施中,应发挥巨大的动员和组织作用。"①各部队根据《指示》精神,深入开展正规训练中的思想工作,使广大官兵深刻认识到搞好正规训练是军队建设向更高阶段发展的重大步骤,号召官兵以高昂的政治热情投入到军事训练之中。各级党委加强了对正规训练的领导,将其放在党委议事日程的首位。在军事训练中实行群众路线,大力开展官教兵、兵教兵、兵教官的群众练兵运动,广泛组织了训练中的竞赛、互助、大比武等活动。强有力的政治工作保证了正规训练的正确方向,激发了官兵的练兵热情,保证了正规化训练的实际效果。

1954 年 4 月 15 日,中共中央和中央军委颁布《中国人民解放军政治工作条例(草案)》,这是人民军队发展史和政治工作史上的一件大事。毛泽东审阅了这一条例草案,特别指出:"中国共产党在中国人民解放军中的政治工作,是我军的生命线。"②政治工作条例的颁布,回答了部队进行现代化、正规化建设的新形势下政治工作的地位和作用问题,对于纠正忽视政治工作的倾向、完善政治工作制度起到了重要作用,也使军队思想政治教育及其文化选择有章可循。1958 年,《内务条例》《纪律条例》《队例条例》正式颁发全军执行,和此前实行义务兵役制、薪金制和军衔制,颁布政治工作条例,是人民军队现代化、正规化的重大举措,全军部队的精神面貌焕然一新,军队思想政治教育文化选择也在革命化现代化正规化的道路上阔步前进。

---

① 总政治部办公厅:《中国人民解放军政治工作历史资料选编》(第十二册),解放军出版社,2010 年,第 349 页。
② 肖裕声:《中国共产党军队政治工作史》(下卷),军事科学出版社,2015 年,第 250 页。

三、"左"倾指导下的偏差——"政治可以冲击一切"

1959 年庐山会议后,林彪主持中央军委日常工作,他一上台就在军队提出和推行一套"左"的东西,对军队政治工作的"左"的偏差,起了推波助澜的作用。特别是在"文革"中,我军政治工作遭到严重的挫折和损失,"政治可以冲击一切"、无限上纲、实用主义、形式主义泛滥,损害了政治工作的形象。军队思想政治教育文化选择也走了弯路。

（一）从"突出政治"到"空头政治"

1960 年 9 月召开的军委扩大会议,中心议题是政治思想工作。会前,林彪在军委常委扩大会议上,作了关于政治工作"四个关系"①的讲话,强调在"四个关系"中,"要更重视人的作用",军队各种工作中,"政治工作好了","就可以一通百通"。提出了所谓政治工作"四个第一"的原则:他强调:"人的因素第一,政治工作第一,思想工作第一,活的思想第一。"②会议作出的《中共中央军委扩大会议关于加强军队思想政治工作的决议》,其指导思想和一些主要观点,贯彻了当时党的错误思想和林彪的"左"的错误主张,存在许多重大原则错误。《决议》把林彪的"四个第一"写进总纲,指出"四个第一"是"我军政治思想工作的方向,也是整个军队建设的方向"。《决议》还把学习毛泽东思想与马列主义对立起来,指责提倡完整、系统地学习马列主义是"脱离实际、无的放矢的教条主义的错误方法",干扰了学习毛泽东思想的健康发展。1964 年,在全军大比武活动进行得轰轰烈烈的时候,林彪开始批评大比武,大讲"突出政治",极力强调"一定要突出政治","军事训练、生

---

①　即人和武器的关系、各种工作和政治工作的关系、政治工作中事务性工作和思想工作的关系、书本思想和活的思想的关系。

②　"四个第一"从本源上讲并无不妥,只是后来被当作"空头政治"、为个人服务的工具才出了问题。

产等如果和政治思想工作发生了矛盾，要给政治思想工作让路"。"突出政治"鼓吹政治决定一切、代替一切、冲击一切，造成了军队建设和政治工作理论的混乱，使政治工作严重脱离群众、脱离实际，成了"空头政治"，严重削弱了我军的战斗力。

（二）学习毛泽东著作险入歧途

早在 20 世纪 50 年代中期，人民军队就开展了全军性的学习马列主义、毛泽东著作的活动。1960 年，以《毛泽东选集》第四卷出版发行为契机，总政治部要求把学习毛泽东著作的群众运动推向一个新的高潮；同年 10 月，中央军委扩大会议也要求全军把学习毛泽东著作作为加强政治思想工作的主要内容，各级党委和政治机关都把学习毛泽东著作作为第一位的任务。林彪主持中央军委工作后不久，就针对全军刚刚兴起的学习毛泽东著作的群众性活动，提出"背警句""走捷径""活学活用""立竿见影"等一系列错误主张。1965 年 11 月，林彪提出"突出政治"的五项原则，要求"把毛主席的书当作我们全军各项工作的最高指示"，企图通过学习毛泽东著作活动推动对毛泽东的个人崇拜，大搞个人迷信，把学习毛泽东著作运动引向歧途。虽然林彪在学习毛泽东著作的活动中，推行一套"左"的做法，但是全军官兵始终以饱满的政治热情认真学习毛泽东著作，对于加强党的领导，加强人民军队的革命化建设起到了积极的促进作用。

（三）军队思想政治教育中形式主义的泛滥

这一时期，相继开展"四好连队、五好战士"运动，"学习雷锋、好八连活动"深入基层，改进工作作风，应该说取得了较为明显的成效。同时也应当承认，由于"左"的思想主导，军队思想政治教育中形式主义泛滥。1964 年11 月，林彪提出，要基本确定一个原则，政治可以冲击其他。为了"突出政治"，全军政治、军事、后勤等工作中许多行之有效的规定、政策都遭到清理，"以训练为中心""以教学为中心"的提法，提高技术和业务水平的要求，统统予以废除。1966 年 8 月,中央军委颁布了《中央军事委员会关于改革部队军政教育时间比例的决定(草案)》。《决定》规定,政治教育实践一律占部队工作时间的 50%,要求在给予部队任务、安排工作时间的时候,一定要"突出政治",一定要优先考虑政治教育的需要。政治高于一切,政治冲击一切,使部队的各项工作难以正常进行,军队现代化建设遭受巨大损失。

第三节　改革开放和社会主义现代化建设新时期

1976 年 10 月,"文革"结束。但是由于林彪、"四人帮"两个反革命集团对军队建设的干扰破坏,政治工作的优良传统、根本原则被歪曲,而"左"的一套却被作为正确的东西在军队长期推行,流毒甚广、影响深远。1977 年 3 月,中央军委座谈会提出十个"应该不应该"概括论述了军队全面整顿的基本内容,抓住了林彪、"四人帮"两个革命集团反党乱军的要害,提出了建设现代化、正规化革命军队的根本要求,指出了军队全面整顿的基本内容,为军队拨乱反正、正本清源指明了方向。

一、思想路线的回归——"解放思想,实事求是"

在改革开放初期,在正确分析国际国内形势的基础上,邓小平指出,大力发展社会生产力,实现以经济建设为中心的社会主义现代化建设的战略目标,是当前和今后相当长的时期内国家发展利益的集中体现;强调要把国家最高利益作为军事战略考虑的核心问题,军事战略必须服从和服务于国家发展战略。与此同时,邓小平还强调:"军队里的政治思想工作需要加强。现在这方面的工作有相当的削弱,政治工作人员不懂得做政治思想工作。其实军队的政治思想工作,军队所有的军事人员、政治人员都要做。"[①]

---

① 《邓小平文选》(第二卷),人民出版社,1994 年,第 290 页。

（一）军队思想政治教育在恢复优良传统中前行

粉碎"四人帮"、结束十年"文革"后，全国人民热切盼望恢复遭到严重破坏的社会政治秩序、生产秩序和生活秩序，重新开始社会主义"四个现代化"建设和我军革命化、现代化、正规化建设。1978 年 4 月 24 日，总政治部印发《关于印发和学习三个政治工作重要文件的通知》，要求各部队认真学习《古田会议决议》《谭政报告》和《关于加强军队思想政治工作的决议》。同年 4 月 27 日至 6 月 6 日，全军政治工作会议召开。邓小平在会议讲话中针对"两个凡是"的错误及党和军队在学风中存在的问题，着重阐明了坚持党的实事求是、从实际出发、理论和实践相结合的思想路线的极端重要性。他说："我们开会，作报告，作决议，以及做任何工作，都为的是解决问题。我们说的做的究竟能不能解决问题，问题解决得是不是正确，关键在于我们是否能够理论联系实际，是否善于总结经验，针对客观现实，采取实事求是的态度，一切从实际出发。"①"马克思主义的活的灵魂，就是具体地分析具体情况。马列主义、毛泽东思想如果不同实际情况相结合，就没有生命力了。"②邓小平特别强调了分析新的历史条件对政治工作的影响。他说："从部队存在的问题和实际情况来看，最重要的，就是要研究和解决在新的历史条件下，怎样恢复和发扬政治工作的优良传统，提高我军战斗力的问题。""对军队来说，由长期的战争环境转入和平环境，这是个最大的不同。我们政治工作的根本的任务、根本的内容没有变，我们的优良传统也还是那一些。但是，时间不同了，条件不同了，对象不同了，因此解决问题的方法也不同。"③

邓小平的讲话为和平时期军队建设指明了方向，为确立实践是检验真理的唯一标准的唯物主义思想路线，开展拨乱反正，提供了强大的理论武

---

① 《邓小平文选》（第二卷），人民出版社，1994 年，第 113～114 页。
② 同上，第 118 页。
③ 同上，第 119 页。

器。1978 年 12 月 13 日,邓小平在中央工作会议上作了题为"解放思想,实事求是,团结一致向前看"的重要讲话,强调"解放思想是当前的一个重大政治问题","一个党,一个国家,一个民族,如果一切从本本出发,思想僵化,迷信盛行,那它就不能前进,它的生机就停止了,就要亡党亡国"。① 邓小平的重要讲话,为即将召开的党的十一届三中全会作了充分的思想准备。此后召开的党的十一届三中全会充分肯定了必须完整、准确地掌握毛泽东思想的科学体系,高度评价了真理标准问题的讨论,确定了"解放思想,开动脑筋,实事求是,团结一致向前看"的指导方针,停止使用"以阶级斗争为纲"的口号,作出了把党和国家的工作重心转移到社会主义现代化建设上来的战略决策,实现了党和国家的重大历史性转折。"解放思想,实事求是,团结一致向前看",不仅成为全国全民族的时代主题,也为我军思想政治教育工作带来了重大时代课题和转折。

(二)真理标准大讨论与军队思想政治教育的文化回归

针对部队长期受"左"倾错误影响形成的思想问题,全军进行了反复的思想政治教育,端正了思想路线。1979 年 2 月 2 日,总政治部批转《关于1979 年部队在职干部政治教育安排的意见》,强调应抓住全军工作重心转移这个中心思想,深入进行党的十一届三中全会和中央工作会议精神的教育。同年 7 月 29 日,邓小平在接见出席海军党委扩大会议全体同志的讲话中指出,真理标准问题的"争论还没有完,海军现在考虑补课,这很重要",强调真理标准问题的讨论是基本建设。"思想路线不是小问题,这是确定政治路线的基础。正确的政治路线能不能贯彻实行,关键是思想路线对不对头。所以,不要小看实践是检验真理的唯一标准的争论。这场争论的意义太大了,

---

① 《邓小平文选》(第二卷),人民出版社,1994 年,第 143 页。

它的实质就在于是不是坚持马列主义、毛泽东思想。"[①]从 1979 年下半年开始,全军普遍开展了真理标准讨论的补课活动。这次补课以团以上党委和领导干部为重点,主要采取党委扩大会、办读书班、短期离职学习等方式进行。各部队组织干部认真学习《关于费尔巴哈的提纲》《唯物主义和经验批判主义》《实践论》《人的正确思想是哪里来的?》等著作,认真学习马克思主义哲学理论,弄通为什么只有实践才是检验真理的唯一标准。

回顾党的历史,使大家认识到,我们党之所以能领导中国革命取得胜利,根本原因就是我们坚持了实事求是、从实际出发的原则,把马列主义普遍原理同中国革命具体实践相结合,形成了符合中国国情的指导思想——毛泽东思想。而当我们党离开实事求是这一原则,照抄照搬马克思主义一般原理和外国经验时,中国革命就会遭受挫折和损失。教育干部在观察认识问题时,不要把马克思主义的某些条文、把革命领袖的某一结论、某一句话作为标准,把革命理论当作僵死不变的教条,而要采取科学的、实事求是的态度,认真领会毛泽东思想的基本原理,运用它的立场、观点和方法研究实践中出现的新情况,解决新问题,并在新的实践中加以发展。这次真理标准讨论补课,是我军自中华人民共和国成立以来具有重大意义的马列主义、毛泽东思想教育,也是一场思想解放运动,它彻底清算了林彪、"四人帮"的唯心主义谬论,大大促进了全军的思想解放,对全军克服"左"倾错误思想,贯彻党的十一届三中全会精神,拨乱反正,起到了巨大的促进作用。

(三)路线方针政策教育对军队思想政治教育文化选择的促进

党的十一届二中全会后,党中央多次召开中央全会和工作会议,根据当时的实际情况和需要,制定了一系列有关国家建设与发展的路线方针政策。全军跟进开展宣传教育。1979 年 4 月,中央召开工作会议决定,按照"调整、

---

① 《邓小平文选》(第二卷),人民出版社,1994 年,第 191 页。

改革、整顿、提高"的新八字方针,调整国民经济,全军随之进行宣传教育;同年8月29日,总政治部通知要求将民主和法制教育列入部队政治教育的重要内容。10月,全军学习叶剑英在国庆三十周年大会上的讲话和《中共中央关于加快农业发展若干问题的决定》;1980年2月,党的十一届五中全会后,全军党员认真学习全会通过的《关于党内政治生活的若干准则》,学习历史上处理党内关系的经验和教训;1980年8月,在中央政治局会议后,又组织干部学习邓小平《党和国家领导制度改革》的重要讲话;1980年9月,党中央发出《关于进一步加强和完善农业生产责任制的几个问题》后,全军又开展进行学习讨论,使大家认清农业生产责任制发展的必然性和科学性;1980年12月,中央工作会议后,全军围绕会议确定的"经济上实行进一步的调整,政治上实行进一步的安定"的方针和邓小平会上作的《贯彻调整方针,保证安定团结》的重要讲话展开学习。根据党的政策调整,全军及时深入开展宣传教育,引导官兵领会中央精神,和党中央保持高度一致,自觉拥护党的路线方针政策,从而较好地保证了党的十一届三中全会确定的路线方针政策的贯彻执行和多项任务的胜利完成。

受"文革"影响,全军上下思想动荡比较大,对中华人民共和国成立以来党的认识有些混乱。党的十一届三中全会后,中共中央开始总结"文革"等重大历史问题的经验教训。1981年6月,党的十一届六中全会通过《关于建国以来党的若干历史问题的决议》,总结了中华人民共和国成立三十二年来的基本经验,对中华人民共和国成立以来毛泽东在革命和建设上的重大失误和历史是非,作了实事求是的评价,肯定了党的十一届三中全会以来逐步确定的路线方针政策,充分肯定了毛泽东的历史地位,论述了毛泽东思想作为党的指导思想的重大意义,概括了毛泽东思想的丰富内容和活的灵魂,对中华人民共和国成立以来"左"倾错误和毛泽东晚年的若干错误作了实事求是的分析和批评,同时坚决维护了毛泽东的伟大历史地位和毛泽东思想的科学体系,强调必须继续坚持毛泽东思想,并在新的历史条件下丰富和发展毛泽东思想。《决议》论述了人民军队建设特别是政治建设的一系列重大问题,肯定了我军政治工作的一整套方针、原则和方法,强调了实事求是、群众路线和独立自主的重要性。《决议》是党的重要历史文献,标志着党在指导思想上拨乱反正的胜利完成,对进一步统一全党全军全国人民的思想认识,维护全党和全国各族人民的团结,指导党在社会主义建设时期的工作起着巨大的作用。会后,全军把学习《决议》作为中心任务,广泛开展思想教育活动。全军官兵对毛泽东的历史地位和毛泽东思想有了进一步的科学认识,对中华人民共和国成立以来的历史有了进一步全面正确的看法,对党的十一届三中全会以来党的路线方针政策有了进一步深入的理解。也正是在这一阶段,军队思想政治教育在保证对中越边境自卫还击作战胜利中,彰显了"中心环节"的地位和作用,形成了"亏了我一个,幸福十亿人"的老山精神。

二、建设先进文化——"精神文明建设要走在全社会前列"

我国革命、建设和改革几十年的历史证明,没有一个人民的军队,便没有人民的一切。无论在保卫国家安全和领土完整方面,还是在抢险救灾、支援经济建设、促进社会主义精神文明建设等方面,军队都发挥了极其重要的作用,做出了很大贡献。

(一)建设社会主义精神文明成为军队面临的重要课题

选择什么样的文化,坚持什么样的文化方向,推动什么样的文化,创新什么样的文化,是一支军队在思想上精神上的一面旗帜。如何在社会主义市场经济的条件下搞好精神文明建设,形成有利于社会主义现代化建设的舆论力量、价值观念、道德规范和文化条件,是改革开放时期思想政治工作亟待解决的一个重大的理论和现实问题。思想政治教育,是发展先进军事文化的重要内容和中心环节。通过强有力的思想政治教育,大力弘扬爱国奉献精神就成为军事文化建设中坚持国家性的重要体现。"为了国家和集体的利益，为了人民大众的利益，一切有革命觉悟的先进分子必要时都应当牺牲自己的利益。"①特别是随着改革开放和社会主义市场经济的深入推进，如何使广大官兵经得起"灯红酒绿"的考验，做到拒腐蚀永不沾，永葆革命军人的政治本色，就成为摆在全军面前的一个重大课题。"一定要把思想政治建设摆在全军各项建设首位"成为全党全军的共识。靠钱是堆不出一支现代化的革命军队来的。打赢未来高技术条件下的局部战争，需要大力加强武器装备建设，但坚定的革命理想信念、自觉的牺牲奉献精神所产生的巨大力量，是任何物质的东西所不能代替的，这是我军精神支柱的本质特征。因此，爱国奉献教育一直都是我军思想政治教育的重要内容。特别是以爱国奉献、革命人生观、尊干爱兵和艰苦奋斗为主题的"四个教育"的提出和大力开展，更是凸显了我军对这一价值观的高度重视。在全社会倡导爱国主义、集体主义、社会主义思想，反对和抵制拜金主义、享乐主义、极端个人主义等腐朽思想，增强全国人民的民族自尊心、自信心、自豪感，进而激励他们为振兴中华而不懈奋斗。

党的十一届三中全会后，随着"文革"影响的清除和社会主义现代化建设实践的不断深入，党在思想文化建设上的任务提上日程。1979 年 9 月 29 日，叶剑英在庆祝新中国成立 30 周年大会上首次提出建设社会主义精神文明的命题，强调"我们要在建设高度物质文明的同时，提高全民族的教育科学文化水平和健康水平，树立崇高的革命理想和革命道德风尚，发展高尚的丰富多彩的文化生活，建设高度的社会主义精神文明"②。1980 年 12 月 25 日，邓小平在中央工作会议上指出："我们要建设的社会主义国家，不但要有高度的物质文明，而且要有高度的精神文明。所谓精神文明，不但是指教

---

① 《邓小平文选》（第二卷），人民出版社，1994 年，第 337 页。
② 中共中央文献研究室：《三中全会以来重要文献选编》（上册），人民出版社，1982 年，第 218 页。

育、科学、文化(这是完全必要的),而且是指共产主义的思想、理想、信念、道德、纪律,革命的立场和原则,人与人的同志式关系,等等。"①同时,邓小平对建设社会主义精神文明的意义、目的、任务、内容和具体措施作了阐述。根据党中央关于建设社会主义精神文明建设的指示决策,社会主义精神文明建设活动在全国各地、各行业、各单位广泛开展起来。

1986年9月,党的十二届六中全会通过了《中共中央关于社会主义精神文明建设指导方针的决议》。《决议》进一步阐明了社会主义精神文明建设的战略地位、根本任务和基本指导方针,指出以马克思主义为指导的社会主义精神文明,是社会主义社会的重要特征,是具有中国特色的社会主义社会不可缺少的一个重要方面。建设社会主义精神文明,是解决社会主义社会主要矛盾、实现社会主义根本目的的要求,是我们坚持社会主义道路,进行现代化建设的最重要保证之一。

1996年10月,党的十四届六中全会审议并通过了《中共中央关于加强社会主义精神文明建设若干重要问题的决议》。《决议》明确指出,社会主义精神文明建设要以马克思主义、列宁主义、毛泽东思想和邓小平建设有中国特色社会主义理论为指导,坚持党的基本路线和基本方针,加强思想道德建设,发展教育科学文化,以科学的理论武装人,以正确的舆论引导人,以高尚的精神塑造人,以优秀的作品鼓舞人,培育有理想、有道德、有文化、有纪律的社会主义公民,提高全民族的思想道德素质和科学文化素质,团结和动员各族人民把我国建设成为富强、民主、文明的社会主义现代化国家,在全国范围形成物质文明建设和精神文明建设协调发展的良好局面。

(二)扎实开展"四有、三讲、两不怕"活动

1981年1月召开的全军政治工作会议提出要大力发扬"五种革命精

① 《邓小平文选》(第二卷),人民出版社,1994年,第367页。

神",努力建设高度的精神文明,并要求每一个共产党员特别是党的高级干部要具有高度的精神文明,身体力行,通过自我的模范作用把这种精神文明推广到全体指战员中去。1981 年 2 月,总政治部在《关于加强部队青年工作的指示》中,根据中共中央关于建设社会主义精神文明的指示决策和军队特点,向全军青年发出了"有理想、有道德、有知识、有体力,讲军容、讲礼貌、讲纪律,不怕艰难困苦、不怕流血牺牲"的号召。1983 年党的十二大将"四有、三讲、两不怕",调整为"有理想、有道德、有文化、有纪律,讲军容、讲礼貌、讲卫生,不怕艰难困苦、不怕流血牺牲"。自此,全军广泛开展了以"四有、三讲、两不怕"为基本内容的建设社会主义精神文明的活动。我军积极响应党中央发出的"军队要成为保卫祖国的钢铁长城,要成为建设社会主义精神文明的光荣标兵"的号召,与地方共同开展建设社会主义精神文明活动。在这一活动中,各部队把建设"四有"新人、提高干部战士和人民群众的思想道德水平和科学文化素质、建立和发展新型军政军民关系、推动军队和地方两个文明建设作为根本任务,开展丰富多彩的军民共建活动。军民共建成为军队参加全国精神文明建设的重要形式,更是我军性质宗旨的生动体现。邓小平曾满怀深情地说:"我确信,我们的军队能够始终不渝地坚持自己的性质。这个性质是,党的军队,人民的军队,社会主义国家的军队。这与世界各国的军队不同。……我们的军队始终要忠于党,忠于人民,忠于国家,忠于社会主义。"①

（三）"军队精神文明建设要走在全社会前列"

"为什么人的问题,是一个根本的问题,原则的问题。"②坚持全心全意为人民服务的人民军队,始终"紧紧地和中国人民站在一起,全心全意地为中

---

① 《邓小平文选》(第三卷),人民出版社,1993 年,第 334 页。
② 《毛泽东选集》(第三卷),人民出版社,1991 年,第 857 页。

国人民服务"①,把人民的利益放在高于一切、重于一切的地位。我军来自于人民,服务于人民,我们的一切成绩都应归功于党,归功于民。人民离不开军队,军队更离不开人民。没有人民的拥护和支持,我军就会失去发展的深厚根基,就会一事无成。军队思想政治教育更是要在部队大力提倡和表彰全心全意为人民服务,个人服从组织,大公无私,毫不利己、专门利人,一不怕苦、二不怕死的精神,着重宣传个人利益服从集体利益、局部利益服从整体利益、暂时利益服从长远利益的道理。全军官兵为了人民的利益,无私奉献,不怕牺牲。当人民需要的时候,赴汤蹈火,在所不辞。军队在抗击自然灾害时、在支援地方经济建设时,无时无刻不在彰显我军的宗旨。

针对社会主义市场经济条件下军队建设面临的新情况、新问题,党中央和中央军委多次强调,军队是一个高度集中统一的战斗集体,有严格的组织纪律,是全社会成员中比较先进的一部分。在新的历史条件下,我军理应在精神文明建设方面更好地起带头作用,走在社会的前列。江泽民指出:"我军是党领导下的人民军队,有责任带头搞好社会主义精神文明建设。军队的风气,既受社会风气的影响,反过来又影响社会。"②我军是一支具有高度政治觉悟、良好道德品质和严格组织纪律的军队,历来是英雄模范辈出,影响乃至引领着社会文化风气的发展方向。

1996年11月,中央军委发布《关于贯彻党的十四届六中全会精神加强军队精神文明建设的意见》,规定军队精神文明建设的任务为精神支柱、思想道德、军营文化、纪律作风、科学文化素质、军民双拥共建六大工程,对军队参与社会主义精神文明建设活动具有重要的指导意义。全军各部队以《意见》为依据,深入开展思想政治教育和文化创建,军队精神文明建设呈现

---

① 《毛泽东选集》(第三卷),人民出版社,1991年,第1039页。
② 江泽民:《论国防和军队建设》,解放军出版社,2003年,第119页。

出蓬勃发展的良好势头。

三、创新理论的灌注——"以人为本,科学和谐"

党的十六大后,以胡锦涛同志为主要代表的中国共产党人高屋建瓴地提出了国防和军队建设必须坚持以科学发展观为指导,把"以人为本"作为建军治军的核心理念,把推动部队建设与促进官兵全面发展有机统一起来。军队思想政治教育要从官兵的根本利益出发,以发展和完善其个性为宗旨,以官兵的全面发展为教育的最高目标。要在不断提高官兵的思想政治素质、科学文化素质、军事专业素质、身体心理素质和创新素质的基础上,大力培育官兵的牺牲奉献精神和战斗精神,把官兵的精神境界提升到自觉为国家和人民牺牲奉献的高度。这样,才能坚持以人为本的真谛,最终促进官兵的全面发展,实现部队建设与官兵全面发展的统一。

(一)学习实践科学发展观以唱响时代主旋律

进入新世纪新阶段,我国社会生活的各个层面都发生了深刻的变化,"思想政治教育工作面临着许多新情况新问题,还面临着与新形势新任务不相适应的问题,存在着不少的薄弱环节"①。从国内来看,改革开放不断深入,社会主义市场经济的发展正处在关键时期,经济社会转型面临着诸多问题:城乡、区域发展不平衡,人口资源环境压力增大;社会保障、社会治安、收入分配、教育、就业、医疗、住房等关系群众切身利益的问题比较突出;各种社会思潮相互激荡,人们受各种思想观念影响的渠道明显扩大、影响程度明显加深;社会群体不断分化,不同群体间的经济状况、价值观念、利益诉求呈明显差别,阶层利益冲突时有发生。从国际来看,世界局势很不安宁,各

---

① 中共中央文献研究室:《十六大以来重要文献选编》(中),中央文献出版社,2006 年,第633 页。

种矛盾错综复杂,因利益争夺和文化、宗教矛盾引发的局部冲突依然层出不穷,国际恐怖主义势力猖獗,西方敌对势力对我国的意识形态渗透有增无减。从军队来着,中国特色军事变革正在加速推进,使部队在武器装备、编制体制、人员结构和作战样式等方面发生着深刻变化,"两个不相适应"的问题依然存在。同时,官兵的成分、思想观念、价值取向、行为方式也发生了很大变化。

内外环境的深刻变化使部队建设既面临难得的发展机遇,又面临许多挑战和考验。军队思想政治工作必须关注社会发展的新情况、官兵思想的新变化、部队建设的新问题,着眼使命任务需求,与时俱进,科学发展。胡锦涛指出:"思想政治工作说到底是做人的工作,必须坚持以人为本。既要坚持教育人、引导人、鼓舞人、鞭策人,又要做到尊重人、理解人、关心人、帮助人。"[1]新世纪新阶段,以胡锦涛同志为主要代表的中国共产党人,站在时代发展的前沿,提出了科学发展观的重大战略思想,并在全军广泛开展了深入学习科学发展观的实践活动。按照党中央的部署和要求,全军紧密结合形势任务和部队实际,"围绕党员干部受教育、科学发展上水平、履行使命见成效的总要求"[2],组织党员认真学习科学发展观,"进一步打牢了全军官兵高举旗帜、听党指挥、履行使命的思想政治基础,更加牢固地确立了科学发展观在国防和军队建设中的重要指导方针地位"[3]。科学发展观作为我国经济社会发展的重要指导方针,也是新时期关于我军包括军队思想政治教育在内的思想政治建设发展的重大文化选择。军队思想政治教育必须贯彻科学

---

① 胡锦涛:《坚持用"三个代表"重要思想统领宣传思想工作 为全面建设小康社会提供科学理论指导和强大舆论力量》,《人民日报》,2003 年 12 月 8 日。

② 总政治部:《国防和军队贯彻落实科学发展观重要论述选编》,解放军出版社,2010 年,第23 页。

③ 胡锦涛:《在全党深入学习实践科学发展观活动总结大会上的讲话》,人民出版社,2010 年,第7 页。

发展观的总体要求,坚持科学发展观的方法论原则,坚持"以人为本,科学发展,和谐发展",把以人为本的思想贯穿到军队思想政治教育工作的各方面和全过程,不断推进军队思想政治教育工作的创新发展。

(二)坚持用中国特色社会主义理论体系武装官兵

新世纪新阶段,我军所处的时代条件和国际环境发生了重大的变化,我国的安全和发展面临着复杂的形势和严峻的挑战,这对我军履行使命提出了新要求。胡锦涛从国家发展的大背景、军队建设与发展的大趋势出发,提出军队要为党巩固执政地位提供重要的力量保证,为维护国家发展的重要战略机遇期提供坚强的安全保障,为维护国家利益提供有力的战略支撑,为维护世界和平与促进共同发展发挥重要作用。新的历史使命也给官兵提出了新的任务要求。胡锦涛在一次重要会议上特别强调:"坚持党对军队的绝对领导,是我军建设和发展的首要问题。我们对这个问题要始终关注、抓住不放,任何时候任何情况下都不能有丝毫含糊和动摇……要坚持把思想政治建设摆在部队各项建设的首位,加强思想政治工作。"①此后,胡锦涛又多次强调:"要毫不动摇地把思想政治建设摆在各项建设的首位,保持和发展我军特有的政治优势,坚持不懈地用党的理论创新的最新成果武装全军,坚定官兵的理想信念,强化全军的军魂意识,坚定地打牢听党的话、跟党走的思想基础,保证军队建设正确的政治方向。"②

"加强军队思想政治建设,最根本的是要坚持党对军队的绝对领导、坚持全心全意为人民服务。这两条决定着人民解放军的性质和方向,关系中国特色社会主义的兴衰成败,必须毫不动摇地坚持、始终不渝地贯彻。"③坚持党绝对领导下的人民军队的根本性质和宗旨,是在国防和军队建设中贯

---

① 总政治部:《树立和落实科学发展观理论学习读本》,解放军出版社,2006 年,第 71 页。
② 同上,第 82 页。
③ 张本正、刘强:《积极推动军队思想政治建设创新发展》,《人民日报》,2012 年 9 月 18 日。

彻落实科学发展观的首要问题和根本要求。听党话、跟党走、为人民服务，是军队建设发展的首要问题，也是军队政治工作贯彻落实科学发展观的根本要求。"我军作为执行党的政治任务的武装集团，必须始终把革命化建设放在第一位……思想政治建设是革命化建设的核心，是军队最根本的建设，任何时候都不能放松。"①邓小平理论、"三个代表"重要思想、科学发展观，坚持和发展了马克思列宁主义、毛泽东思想，是马克思主义中国化的成果，是全国各族人民团结奋斗的共同思想基础。在当代中国，坚持中国特色社会主义理论体系，就是真正坚持马克思主义。胡锦涛强调，要"高度重视并切实抓好用中国特色社会主义理论体系武装全军的工作"②，"坚持不懈地用马克思主义科学理论特别是党的理论创新成果武装全军，深入开展思想政治教育，引导官兵树立坚定的理想信念和正确的世界观、人生观、价值观，保持旺盛的战斗精神"③。

军队思想政治教育要紧跟党的理论创新步伐，时刻关注部队的思想动态，准确把握官兵的思想脉搏，坚持用中国特色社会主义理论体系武装官兵，坚定官兵的理想信念，强化官兵的意志品质，提高官兵的精神境界，增进官兵的自律意识，切实打牢拒腐防变的思想政治根基，确保部队高度稳定和集中统一，在任何时候、任何情况下都不辜负党和人民的重托与厚望。只有坚持把党的创新理论运用于官兵分析问题和解决问题的具体实践，并转化为中国特色社会主义的理想信念，转化为军队现代化建设的精神动力，转化为立身做人的行为准则，才能使官兵始终保持政治上的坚定和思想道德上的纯洁，始终保持坚强的革命意志和旺盛的战斗精神。胡锦涛的一系列重

---

① 总政治部：《树立和落实科学发展观理论学习读本》，解放军出版社，2006 年，第 204 页。

② 总政治部：《国防和军队建设贯彻落实科学发展观重要论述选编》，解放军出版社，2010 年，第 115 页。

③ 总政治部：《树立和落实科学发展观理论学习读本》，解放军出版社，2006 年，第 204 ~ 205 页。

要论述,深刻揭示了新世纪新阶段军队思想政治教育文化选择的方向。

(三)构建和培育当代革命军人核心价值观

随着经济社会的深刻变革和对外开放的不断扩大,社会思想空前活跃,各种思想文化相互激荡,社会上一些错误的、落后的思想不可避免地会渗透到军队中来,对官兵思想道德产生了不良影响。当前,官兵思想观念和价值追求趋于多样,亟须用符合时代要求和军队特点的核心价值观加以引领。胡锦涛站在时代发展和军队建设全局的高度,在一系列重要讲话中多次指出:要注重教育、引导广大官兵特别是领导干部树立正确的世界观、人生观、价值观,淡泊名利、无私奉献,坚持党和人民的利益高于一切。为此,必须着力培育当代革命军人核心价值观,用以调适和塑造官兵多样性的价值取向,使大家自觉热爱人民、服务人民、履职尽责,永远成为新时期人民群众心目中"最可爱的人"。胡锦涛指出:"着力培育当代革命军人核心价值观,这是建设社会主义核心价值体系的重要方面,是发展先进军事文化的现实需要,是履行新世纪新阶段我军历史使命的必然要求,必须作为思想政治建设的重要基础工程抓紧抓好,使我军听党指挥、服务人民、英勇善战的优良传统得到传承和发扬,为官兵全面发展和履行使命提供强大精神力量。"①当代革命军人核心价值观,体现了我军优良传统、时代发展要求、官兵价值追求的统一,不仅是塑造官兵思想道德、提高我军凝聚力和战斗力的有效手段,也反映了我军军事文化建设人民性与时代性的统一。

第四节　新时期军队思想政治教育创新实践与启示

我们党领导革命和建设的全部历史证明,掌握思想教育,是团结全党进

---

① 总政治部:《当代革命军人核心价值观学习读本》,解放军出版社,2009 年,第 1～2 页。

行伟大政治斗争的中心环节。我军作为党绝对领导下的人民军队,历来重视思想教育,始终把它作为增强部队凝聚力、加强部队全面建设、完成各项任务的中心环节。改革开放和社会主义现代化建设新时期,部队面临的新情况、新问题很多,官兵有许多现实的思想问题,需要及时给予疏导和正确的解答。对此,要大力弘扬我军的优良作风和光荣传统,同时积极创新和改进思想政治教育的内容、形式和手段,通过细致入微的工作,切实解决官兵思想上的困惑和问题,引导他们树立坚定的理想信念和正确的世界观、人生观、价值观,始终保持政治上的坚定性和思想道德上的纯洁性,始终保持坚强的革命意志和旺盛的战斗精神。这一时期军队思想政治教育的创新实践,对于新时代军队思想政治教育文化选择,有着弥足珍贵的启示作用。

一、历史经验

改革开放和社会主义现代化建设新时期,我军思想政治教育自觉高扬党的旗帜,围绕中心、服务大局,与改革开放同步,与科学发展同行,坚持以人为本,坚持从严治军,在继承我军思想政治教育优良传统的同时,紧紧围绕打得赢、不变质两个历史性课题,以培养"四有"新型高素质军人为目标,引导官兵树立坚定的理想信念和正确的世界观、人生观、价值观,始终做到听党指挥、服务人民、英勇善战,探索和总结了新时期军队思想政治教育的鲜活经验。

(一)由被动适应到主动作为

改革开放伊始,官兵需要解决的思想问题很多,尤其是军队中"左"的影响还很大。正如邓小平所说那样:"有些三四十岁左右的干部,受'左'的影响,从'左'的角度看问题的比较多。部队一些干部包括有的老干部,对三中全会以来的政策不理解,有的以为是搞资本主义,这主要是来自'左'的影响。但也不是没有资产阶级腐朽思想的影响,比如对靡靡之音和社会上一些坏风气,有些人就喜欢。"①军队思想政治教育出现了离开现代化去讲革命化,离开经济建设去讲思想政治教育,冲击和削弱军事来突出政治,满足于自我突出、自我运转、自我服务等现象。尤其是随着改革开放的深入,不少单位搞教育,要么留恋"假大空",要么"提倡"低格调;在教育的内容上,满足于照搬照抄照转;在教育的组织上,满足于文件发了,会议开了,本子记了;在思想政治教育理论研究上,不善思考、不愿思考;在教育的效果上,满足于"不出事""保安全",甚至还出现了干不了军事后勤技术的人来做思想政治工作的怪现象。由于新时期军队思想政治建设中新情况新问题层出不穷,军队思想政治教育又缺乏预见性、针对性、系统性,使教育的形象受损,教育的效果也大打折扣。

针对这些情况,邓小平强调指出:"军队里的政治思想工作需要加强。现在这方面的工作有相当的削弱,政治工作人员不懂得做政治思想工作,其实军队的政治思想工作,军队所有的军事人员、政治人员都要做。"②1987年,中央军委《关于新时期军队政治工作的决定》,提出了"两个服务""四个保证",并且将其作为新时期军队政治工作的基本指导思想,军队思想政治教育也转变到为紧紧围绕现代化这个中心提供服务保证作用上来。在中越边境自卫还击作战、大兴安岭森林火灾、1989年政治风波等重大突发事件中,全军官兵听党指挥,热爱人民,遵纪守法,向党和人民交出了一份合格答卷。党的十三届四中全会要求坚决纠正一手硬一手软的状况。党中央的部署在部队得到了很好的贯彻落实,1989年底,全军政治工作会议在北京举行,会议形成了《关于新形势下加强和改进军队政治工作的若干问题》,强调提高坚持四项基本原则的自觉性和坚定性,是保证我军在政治上永远合格

---

① 《邓小平文选》(第二卷),人民出版社,1994年,第380页。
② 同上,第290页。

的重要政治思想基础。把干部战士培养成"四有"革命军人,提高整个部队的思想道德素质和科学文化素质,是思想政治工作的重要任务,把思想政治教育作为帮助官兵澄清事实、分清是非、弄清理论、理顺情绪,把思想统一起来、把精神振奋起来、把力量凝聚起来的重要推力和实际举措。

此后,军队思想政治教育主动作为,积极响应党中央、中央军委关于军队精神文明建设"要走在全社会前列"的号召,积极落实思想政治建设摆在全军各项建设首位的战略部署,深化"四个教育",坚持把"一个树立、两个始终保持"作为新形势下军队思想政治教育的根本任务,先后贯彻落实《关于改革开放和发展社会主义市场经济条件下军队思想政治建设若干问题的决定》《政治工作条例》《思想政治教育大纲》等法规文件,效果显著。军队思想政治教育在为科学推进中国特色军事变革、有效履行我军职能使命提供政治保证、精神动力的同时,相继涌现了见义勇为英雄徐洪刚,"军中水神"李国安,抗洪英雄高建成、李向群,禁毒英雄方红霄,航天英雄杨利伟,理论战士方永刚,人民军医华益慰、李素芝,英雄试飞员李中华,模范指挥员杨业功,独臂英雄丁晓兵等一大批在全国全军产生重大影响的时代楷模。更在1998 年抗洪、2003 年防治"非典"、2008 年抗震救灾等重大任务面前彰显了我军"听党指挥、服务人民、英勇善战"的人民军队本色。

(二)紧扣中心工作,服务中心任务

适应国家改革建设和发展的要求,紧贴中国特色军事变革和军事斗争准备的实践,把思想政治教育贯穿到军事训练等各项工作中,发挥服务保证作用,为生成、巩固和提高战斗力提供精神动力和思想保证,这是改革开放和社会主义现代化建设新时期军队思想政治教育一条主线。我军作为党绝对领导下人民武装力量,是党的军队、人民的军队、社会主义国家的军队,紧扣中心工作,服务中心任务,这是我军性质宗旨所决定的。随着党和国家的中心工作从"阶级斗争为纲"转移到"经济建设为中心",军队中心任务也从

"大打早打打核战"转移到中国特色军事变革上来。思想的转变是根本的转变。在党和国家的中心工作转移、军队中心任务转换的重大时机，军队思想政治教育积极行动，奋发有为。1981年，为响应党中央关于建设社会主义精神文明的号召，全军广泛开展"四有三讲两不怕"活动。邓小平对此给予了充分肯定。他指出，"四有三讲两不怕"的口号很好，军队就这样办，要好好宣传。① 此后，无论是党中央作出"军队要忍耐""百万大裁军""中国特色精兵之路"，还是"军队停止经商"等战略决策，军队思想政治教育都自觉紧扣中心工作，服务中心任务，在统一思想、凝聚共识、化解矛盾等方面都做出了重要贡献。

改革开放军队思想政治教育遇到的一个突出问题就是情况多变，这里既有环境的变化，也有官兵自身情况的变化。增强军队思想政治教育的主动性科学性实效性就成为亟待解决的一个重大课题。军队思想政治教育只有适应改革开放和军队革命化现代化正规化建设的新形势，紧密联系干部战士的思想实际，才能增强针对性、系统性和创造性。紧密联系部队建设的新形势和新特点，切实加强和改进思想政治工作。这是确保党对军队绝对领导的必然要求，是确保部队打得赢、不变质的必然要求，也是确保广大官兵健康成长的必然要求。改革开放和社会主义现代化建设新时期，军队思想政治教育紧密结合新的形势和任务，在加强部队思想政治教育的针对性、实效性上下功夫，促进了部队又好又快发展，保证了部队安全稳定，为我军有效履行"三个提供，一个发挥"的职能使命发挥了重要作用。

（三）坚持以人为本，关注官兵发展

官兵作为军队建设的主体，在军队建设中始终处于主导地位。尊重官

---

① 参见中国思想政治工作研究会、中宣部思想政治工作研究所：《改革开放以来思想政治工作大事记》，中国人民大学出版社，2007年，第26页。

兵的主体地位和创造精神,调动参加和接受思想政治教育的积极性主动性,启发疏导、关心爱护与严格要求相统一,注重提高综合素质,促进官兵全面发展,这是我军思想政治教育的出发点和落脚点。早在 1937 年,毛泽东就提出了培养"革命的先锋分子"的思想政治教育目标。新中国成立后,无论军队思想政治教育的目标是"有社会主义觉悟的有文化的劳动者""又红又专的无产阶级革命事业接班人",还是"四有"新型高素质革命军人,尊重官兵主体地位,着眼官兵全面发展都是军队思想政治教育的题中之义。换句话说,以人为本是我军思想政治教育一以贯之的科学指南。

军队思想政治教育坚持以人为本,就要切实尊重官兵的主体地位,最大限度地调动官兵的积极性和创造性;就要切实尊重官兵的人格,在教育中平等沟通,多用对话、引导、疏导等方法;就要切实尊重官兵的民主权利,善于听取和采纳官兵的意见建议;就要切实尊重官兵的个性,辩证看待官兵个性,发挥官兵的优长;就要切实关注官兵的全面发展,长远发展。由于新时期官兵思想活动的独立性、选择性、多变性、差异性明显增强,军队思想政治教育在内容选择和方法设计上,要充分考虑官兵的思想觉悟、道德水准、文化基础、接受能力等方面的不同,坚持区分层次,有针对性地开展教育。

改革开放和社会主义现代化建设新时期,军队思想政治教育逐渐改变了"把官兵特点当成缺点,把合理追求当成不务正业,把实现自身价值当成动机不纯,把敢于发表意见当成'刺头'"等看法,也改变了"独自作战""自成一体"的状况。改革开放和社会主义现代化建设新时期,军队思想政治教育紧跟党的理论创新步伐,自觉学习借鉴地方和外军开展思想政治教育的有益经验,科学利用大众传媒、历史人文资源等开展教育,开放性明显增强。这种开放性还体现在军队思想政治教育与心理学、社会学、法学等学科的交叉融合不断加强。不把心理问题当作思想问题,教育引导与心理疏导相结合,教育引导与人文关怀相结合,已成为军队思想政治教育的普遍共识。改革开放和社会主义现代化建设新时期的实践证明,军队思想政治教育只有切实坚持以人为本,关注官兵发展,才能做到促进和实现官兵的全面发展,不断提高官兵的思想政治素质、科学文化素质、军事专业素质和身体心理素质,把他们培养成为有理想、有道德、有文化、有纪律的新一代革命军人。

(四)探索依法施教的长效机制

法规和制度建设是军队思想政治教育科学化、规范化的重要保证,对于加强和改进军队思想政治教育具有根本性、全局性和长远性。改革开放之初,受"文革"时期"假话、大话、空话、套话、废话"的影响,在教育中出现了"想讲不敢讲,该讲不会讲、能讲不愿讲"等不正常现象,教育的内容不能很好落实。加之"晴天训练、雨雪教育",军队思想政治教育"靠天吃饭",随意性大,在教育中出现了时间、人员得不到保证的现象。这些都使得军队思想政治教育"说起来重要,做起来次要,忙起来不要",成为部队建设的"软指标"。一些单位在开展思想政治教育过程中之所以存有一手硬一手软的现象,归根到底是缺乏规章制度的"硬杠杠"来衡量、来规约,没能真正形成开展军队思想政治教育的良性运行机制。

改革开放和社会主义现代化建设新时期,我军以加强正规化建设为目标,把从严治军与依法治军统一起来,狠抓条令条例和规章制度的贯彻落实,坚决做到有法必依、执法必严、违法必究,保持部队正规的战备、训练、工作和生活秩序。军队思想政治教育也跨上了依法施教的快车道。1982年11月20日,总政治部向全军颁发《中国人民解放军战士政治教育大纲》并规定从1983年起在全军实行。《大纲》要求在战士服役期间主要进行时事政策教育、基础理论教育和经常性的思想教育。《大纲》的试行,对于部队思想政治教育逐步实现规范化、系统化,保证思想政治教育的落实和教育质量的提高起了重要作用。此后又先后制订颁行了《中国人民解放军政治工作条例》《军队基层建设纲要》《军队党支部工作条例》《基层思想政治教育须知》等一系列法规性文件,对军队思想政治教育的组织领导、职责分工、教育实施、人员保障等都作了相应的规定和要求,逐步形成了科学、系统、实用、快捷、灵活、高效的思想政治教育预测机制、决策机制、组织机制、监管机制、评估机制和创新机制。尤其是 2009 年《思想政治教育大纲》的实施,为新形势下加强部队思想政治教育提供了基本准则和依据。改革开放和社会主义现代化建设新时期,军队思想政治教育始终把作风纪律建设作为从严治军的核心内容,加强部队的经常性教育和经常性管理,加强部队的作风培养,强化官兵的纪律意识,严肃政治纪律、军事纪律、组织纪律,确保了党中央和中央军委政令军令畅通。

(五)不断创新新形式新方法

科学的方法手段是保证军队思想政治教育顺利进行的必要条件,直接关乎军队思想政治教育的实效性。对此,毛泽东曾形象地说:"我们的任务是过河,但是没有桥或没有船就不能过。不解决桥或船的问题,过河就是一句空话。不解决方法问题,任务也只是瞎说一顿。"①在由小到大、从弱变强的发展历程中,我军逐渐形成了一整套具有鲜明特色和时代特点的军队思想政治教育的理论体系,探索和总结出了一系列实在管用的思想政治教育的形式、方法和手段。改革开放以来,经济的发展、社会的进步尤其是现代科学技术的迅猛发展,客观上要求我们积极学习和掌握现代科学技术,充分发挥现代科学技术对军队思想政治教育的支撑作用。尽管"开会授课、板报制作""踢拉弹唱,打球照相"等传统的军队思想政治教育的形式方法还有着十分重要的作用,但如果仅仅依靠这些传统的形式方法,就难以提高军队思想政治教育的吸引力,难以保证军队思想政治教育的实效性。这就要求必须创新和改进思想政治教育的内容、形式和手段。

---

① 《毛泽东选集》(第一卷),人民出版社,1991 年,第 139 页。

改革开放和社会主义现代化建设新时期,我军思想政治教育积极运用先进的工具、科学的形式和有效的方法,努力实现军队思想政治教育"活一点、美一点、乐一点、轻松一点",在拓展军队思想政治教育方法的同时,不断推进军队思想政治教育的载体创新,极大地提高了军队思想政治教育的效益。如推广使用电化教育系统,实现了军队思想政治教育远程化、共享化;推广使用多媒体技术,使军队思想政治教育图、文、声并茂,增强了军队思想政治教育的亲和力、感染力;推广使用网络技术、移动通信技术、即时通信技术等,扩大了军队思想政治教育的覆盖面,使军队思想政治教育贴近官兵生活、贴近官兵实际,具有新颖、快捷等特点。再比如,改革开放和社会主义现代化建设新时期,我们紧跟时代发展趋势,着眼部队建设实际和官兵全面发展,坚持利用大众传媒搞教育,依托社会资源搞教育,整合军地力量搞教育,先后总结推广启发式、研辩式、"大谈心"、典型激励警示、仪式庆典激励、自我教育、随机教育、电子信箱、网络博客、心理疏导、法律咨询、人文关怀等开展军队思想政治教育的形式方法,有效地保证了党的创新理论成果在部队的贯彻落实,保证了我军在新的历史时期始终牢牢坚持"党对军队绝对领导"的军魂意识,保证了我军的发展方向和建设质量,也为广大官兵的全面发展提供了有力的政治保证和精神动力。

二、几点启示

改革开放和社会主义现代化建设新时期军队思想政治教育的宝贵经验,也为积极构建新时代人民军队思想政治教育体系提供了有益的启示。

(一)军队思想政治教育要始终坚持以马克思主义为指导

把用马克思主义特别是马克思主义中国化的最新成果武装官兵作为根本任务,以科学的理论回答解决思想认识问题,保持军队思想政治教育的先进性,这是军队思想政治教育必须坚持的首要原则。党的创新理论是马克思主义中国化的最新成果，是科学的世界观和方法论，是加强和改进军队思想政治教育的理论依据和科学指南。历史和现实证明，能从根本上指导我们改变中华民族命运、改变整个世界政治格局的只能是马克思主义及其中国化的理论成果。要毫不动摇地把思想政治建设摆在各项建设的首位，保持和发展我军特有的政治优势，坚持不懈地用党的理论创新的最新成果——习近平新时代中国特色社会主义思想武装全军，坚定官兵的理想信念，强化全军的军魂意识，坚定地打牢听党的话、跟党走的思想基础，保证军队建设正确的政治方向。有位老领导曾意味深长地说："教数学、物理、化学，先生教错了，学生会认为是先生的失误，不会怀疑公式、公理、原理；而我们开展政治工作，搞思想政治教育就不同，如果自己不是真信、真懂、真明白，讲错了，官兵就会对这个理论产生怀疑。"

当前广大官兵思想活动的独立性、选择性、多变性、差异性明显增强，对思想政治教育提出了新的更高的要求。思想政治教育具有探索性，只有以创新理论为指导，才能掌握特点规律；思想政治教育具有艰巨性，只有以创新理论为指导，才能应对挑战，守住阵地；思想政治教育具有复杂性，只有以创新理论为指导，才能高扬主旋律。若放松对党的创新理论学习，离开了党的正确理论指导，思想政治教育就会迷失方向，丢掉灵魂，降低层次。在我军砥砺奋进的历程中，形成了以党的旗帜为旗帜，以党的意志为意志，以党的理论为指导理论的光荣传统。为此，军队思想政治教育，必须紧跟党的理论创新步伐，大力加强理论建设，开展理论研究，用党的创新理论——习近平新时代中国特色社会主义思想统领工作，武装头脑，铸牢官兵党对军队绝对领导的"军魂"意识。要与时俱进，紧跟步伐，用党的最新理论指导思想教育实践。

（二）军队思想政治教育要始终坚持对新情况新问题的研究和破解

一切着眼实际效果，坚持求真务实，注重质量效益，这是军队思想政治教育必须遵循的一条重要原则。站在"两个一百年"的历史交汇期,无论是实现强国梦强军梦,还是实现建军百年目标,都是前无古人的开创性的伟大事业。在这一历史进程中,新情况新问题层出不穷,客观上要求军队思想政治教育要始终坚持对新情况新问题的研究和破解。想要找寻到"万能方法"或是"毕其功于一役",显然是徒劳的。构建新时代人民军队思想政治教育体系,提高教育针对性和实效性,这是党中央、中央军委对加强和改进军队思想政治教育的战略擘画。加强,强调的是树立"首位"意识,解决好认识、摆位、方向等问题;改进,强调的是研究新情况,解决新问题,增强政治工作的针对性、系统性和创新性问题。这二者是紧密联系的、相辅相成的。而不熟悉、不掌握情况,就没有主动性和预见性,就缺乏针对性和实效性,就谈不上加强和改进。因此,思想政治教育要始终坚持对新情况新问题的研究和探索。

早在改革前夕的 1978 年,邓小平就预见到并提示过我们:"我们政治工作的根本的任务、根本的内容没有变,我们的优良传统也还是那一些。但是,时间不同了,条件不同了,对象不同了,因此解决问题的方法也不同。"[①]思想政治教育要增强说理性和战斗性,既理直气壮讲大道理、讲正道理、讲实道理,也要有理有据批驳和揭露各种错误思想观点,不要光喊政治口号,要深入浅出讲明白,对对在哪儿,错错在哪儿,以理服人,这样才能收到正本清源、固本培元的功效。

一方面,要加强对新情况、新问题的研究。要认真研究经济全球化、文化多元化、信息网络化、生活方式多样化等社会大环境给思想政治教育带来的新挑战;要深入研究官兵成分复杂化、个性特征凸显化、价值观念多元化、兴趣爱好广泛化、利益观念强烈化等给思想政治教育提出的新要求;要深入

---

① 《邓小平文选》(第二卷),人民出版社,1994 年,第 119 页。

研究新军事变革、信息化战争、我军新使命等给思想政治教育赋予的新任务,等等。

另一方面,要加强对新思路、新对策的探索。要不断推进方法的鲜活化。着眼官兵的思想特点和心理需求,改进教育的方式方法,变"单向灌输式"为"双向互动式",变"封闭式"为开"开放式",变"集中统一式"为"集中分散结合式",变"单一式"为"多样式"。要不断推进手段的现代化。紧密跟踪科学技术发展的步伐,充分利用网格、计算机、信息、多媒体等现代科学技术,丰富宣传教育的手段,拓宽宣传教育的渠道、平台和覆盖面,增强宣传教育的互动性、时效性和感染力。要不断推进机制的合理化。探索把物质奖励与精神奖励相结合,解决生活难题与思想工作相结合,思想政治工作与行政性手段相结合,心理疏导与提高思想觉悟相结合,现代管理制度与经济杠杆相结合的新途径、新办法。要不断推进学科的科学化。借鉴心理学、教育学、哲学、人才学、管理学、人学等相关学科的新知识,开辟相互交叉融合的边缘理论。

(三)军队思想政治教育要始终坚持统一思想与全面育人的融合

把实现官兵的全面发展与促进部队全面建设有机统一起来,是军队思想政治教育必须遵循的另一重要原则。早在抗日战争时期,毛泽东就指出:"军队的基础在士兵,没有进步的政治精神贯注于军队之中,没有进步的政治工作去执行这种贯注,就不能达到真正的官长和士兵的一致,就不能激发官兵最大限度的抗战热忱,一切技术和战术就不能得着最好的基础去发挥它们应有的效力。"[①]思想政治教育的目标是整个思想政治教育实践活动的指挥棒。目标定位准不准,直接关系青年官兵个性培养质量和发展方向。因此,必须科学定位军队思想政治教育的目标任务。

---

① 《毛泽东选集》(第二卷),人民出版社,1991年,第511页。

要把培养"社会规范性"与培养"人的个性"结合起来。规范和秩序是社会进步的标志,也是社会发展的要求。遵守规范和秩序应成为现代人的自觉意识。军队的使命、任务、性质和宗旨,决定了军人应接受更多更高更严的规范和约束,不仅要遵守国家法律和社会公德,还要遵守军人职业道德和军队纪律要求。个性是创造性的源泉,主要包括主体性、独特性和创造性三个方面。发展军人健康个性,不仅有利于个人成长进步,也有利于激发军队集体的生机和活力。过去,我军思想政治教育比较注重灌输社会的政治思想、军队的职业道德和纪律规范。这固然有利于军队的秩序和稳定,但是忽视、否定甚至抹杀人的个性、进取心和创造能力,也会影响军队建设的质量和步伐。为此,军队思想政治教育要纠正强调军人服从多、关注培养个性少的倾向,确立既发展官兵的集体主义观念、团结协作精神、服从意识、道德法纪意识,又培养官兵的自主性和创造性,把二者有机结合起来。

要把培养"道德人"与培养"能力人"结合起来。军队思想政治教育历来注重引导官兵的各种需要,端正官兵的入伍动机,帮助官兵树立崇高的理想信念,塑造科学的世界观、人生观和价值观。这是我军的优良传统和政治优势。但是思想政治教育在目标任务定位上也存在着一定的片面性。比如,对个性潜能的挖掘还不够到位,对兴趣特长的培育还不够主动,对官兵智能开发活动的开展还不够经常。当前,有些学者提出要适应能力社会发展的需要,由培养"道德人"向培养"能力人"转变。这同样是不科学的提法。思想道德与能力素质,犹如"鸟之两翼""车之两轮"同等重要,缺一不可。军队思想政治教育必须把培养"道德人"与培养"能力人"结合起来。

要把提高政治能力与培养良好道德心理素质结合起来。人的思想是一个极其复杂的多要素组成的综合系统,是各种精神因素的总和。根据形成过程和表现形式不同,人的思想可分为个性心理、道德意识、政治品质三个层面。个性心理是一个人受社会制约或在群体影响下所形成的各种心理现象的总和。道德意识是调整人与人、人与集体、人与社会之间相互关系的行为规范。政治品质是人们关于阶级、政党、国家和社会发展道路等社会政治关系和政治性问题的思想。人的思想的三个层面相互独立,相互制约。过去,我军思想政治教育强调官兵政治素质较多,而对思想品德和心理素质重视程度不够,影响了个性培育的全面性和协调性。思想政治教育促进青年官兵个性和谐发展,必须把培养过硬的政治素质与培养良好的道德和心理素质统一起来。

(四)军队思想政治教育要始终坚持党组织对教育的领导

作为党对军队实施思想政治领导的基本途径,始终坚持党组织对教育的领导,是军队思想政治必须遵循的又一基本原则。加强和改进思想政治教育,党委负有重大责任。毛泽东指出:"掌握思想领导是掌握一切领导的第一位。"①邓小平强调,"改善党的领导,其中最主要的,就是加强思想政治工作"②,各级各类领导干部都要把抓思想政治建设作为首要职责。从改革开放和社会主义现代化建设新时期的军队思想政治教育实践看,哪个单位党委重视教育,对教育指导有力,教育就能很好落实,并能取得较好成效。与之相反,党委在教育上摆位不正,教育的"四落实"就会大打折扣,教育创新就缺乏动力和活力。

在当前国际战略格局发生深刻变化、国家和军队的改革和建设不断深化,特别是意识形态领域矛盾斗争异常尖锐复杂的情况下,各级党委要进一步强化政治意识、责任意识和阵地意识,实施坚强有力的思想政治领导。各级党委要抓教育、管教育,正副书记要负起主要责任,党委领导成员要有抓教育的自觉意识,坚持参加教育活动,机关各部门都要积极参与和支持教

---

① 《毛泽东军事文集》(第二卷),军事科学出版社、中央文献出版社,1993 年,第 683 页。
② 《邓小平文选》(第二卷),人民出版社,1994 年,第 365 页。

育。党委领导教育,主要是把握教育的方向原则,确定重大教育任务。要增强政治敏锐性,关注国际国内形势和社会思潮对部队的影响,分析官兵的思想动态和倾向性问题;正确领会党中央、中央军委的指示精神和上级的要求,结合实际及时作出部署;了解掌握教育的重要情况,认真研究解决教育过程中的突出问题;统筹协调部队各项工作和各方面力量,保证教育顺利进行。要重视自身形象建设。党委成员特别是主要领导,要把真理的力量与人格的力量统一起来,言行一致,率先垂范,增强教育的说服力感召力。要重视抓好政治干部队伍建设。要着眼于军队现代化建设的需要,思考和筹划政治机关和政治干部队伍建设,在选拔配备、培训交流、教育管理等方面下功夫。要重视部队风气建设。党委领导教育,很重要的是从部队建设的全局上,创造有利于官兵接受教育、健康成长的良好环境和条件,要旗帜鲜明地坚持原则,弘扬正气,抵制歪风,排除影响干扰教育的消极因素。要重视思想政治教育设施建设。把这项工作列入部队建设的总体规划,通盘考虑,加大投入,不断更新和完善教育设施和场所,为加强和改进思想政治教育提供必要的物质基础。要严格落实思想政治教育制度各项工作制度。坚持计划统筹制度、坚持议教制度、坚持教育准备会制度、坚持报告和通报制度,结合任务转换、区域特点、官兵实际,不断总结实践经验。

第二章
思想政治教育文化选择的环境条件

　　文化选择,以文化选择的环境和条件为基点,建立在文化环境的改变与文化主体高度自觉的基础之上。缺乏一定的环境和主体自觉的条件,文化的选择将难以进行。军队思想政治教育文化选择,也是在一定环境条件下进行的。本章主要针对面对世界各种思想文化的相互激荡,军队思想政治教育主体所面临的文化环境和在文化选择中应承担的职责和能力展开论述。

第一节　军队思想政治教育文化选择的根本遵循

　　始终注重从思想上政治上建设和掌握部队,是我党我军的优良传统和独特优势。中国人民解放军之所以是一支拖不垮、打不垮的钢铁之师,占领思想、铸牢军魂是我们的根本力量所在。掌握思想领导是掌握一切领导的第一位。毛泽东曾指出:"掌握思想教育,是团结全党进行伟大政治斗争的中心环节。"①党的十八大以来,习近平高度重视加强军队思想政治教育,围绕军队思想政治教育的地位作用、目标任务、职责使命、基本原则、方法路径、实践要求、检验标准、法规制度、队伍建设、组织领导十个方面发表一系

---

① 《毛泽东选集》(第三卷),人民出版社,1991 年,第 1094 页。

列重要讲话,作出一系列重要指示,形成了一个系统完备的科学理论体系,实现了马克思主义思想政治教育理论的又一次与时俱进。习近平关于军队思想政治教育的重要论述,紧紧围绕为实现党在新时代的强军目标、把人民军队全面建成世界一流军队提供坚强思想政治保证和强大精神动力来展开,就新时代进行什么样的思想政治教育、怎样进行思想政治教育,作出一系列新的判断和理论概括,是军队思想政治教育文化选择的根本遵循。

一、坚持"铸魂",把准军队思想政治教育文化选择的政治方向

军魂是一支军队建立、发展、壮大并立于不败之地的灵魂和核心。1927年8月1日,南昌城头打响了武装反抗国民党反动派的第一枪,宣告中国共产党领导的新型人民军队的诞生。从此,"听党指挥"便成为这支军队永远不变的军魂。习近平在回顾我军波澜壮阔的光辉历程时,由衷地赞许我们这支党绝对领导的人民武装"不愧是听党指挥的英雄军队,不愧是忠心报国的英雄军队,不愧是为中华民族伟大复兴英勇奋斗的英雄军队"[1]。

(一)掌握思想领导是掌握一切领导的第一位

党的领导主要包括政治领导、思想领导和组织领导。在我党我军政治工作发展创新的进程中,"思想领先"是一条宝贵经验和重要原则。标志着人民军队政治工作成熟的《谭政报告》鲜明提出:"在一定的物质基础上,思想掌握一切,思想改变一切。"[2]我们党历来高度重视用先进理论和革命思想教育部队,党的创新理论每前进一步,理论武装工作就跟进一步,使我军在思想上、政治上始终与党保持高度一致。可以说,占领思想阵地、铸牢军魂是我军的根本力量所在,正是靠着党的科学理论的引领,造就了人民军队对

---

① 梅世雄、李宣良:《庆祝中国人民解放军建军90周年阅兵在朱日和联合训练基地隆重举行》,《人民日报》,2017年7月31日。

② 《谭政军事文选》,解放军出版社,2006年,第202页。

党的赤胆忠心。党的十八大以来，习近平通过引用毛泽东"掌握思想领导是掌握一切领导的第一位"的论断，宣示了新时代人民军队思想政治教育的地位作用。强调要始终把思想政治建设摆在军队各项建设首位，强有力的思想政治工作是我军能打仗、打胜仗的坚强保证。要坚持从思想上、政治上建设和掌握部队，坚持不懈用习近平新时代中国特色社会主义思想和习近平强军思想武装官兵。抓听党指挥，必须抓好思想武装。思想上坚定，政治上、行动上才能坚定。要加强党的创新理论武装，组织官兵深入学习党中央治国理政新理念新思想新战略，感悟强国强军新发展新成就新面貌，坚定"四个自信"，打牢坚持党对军队绝对领导的思想根基，强化投身强军事业的政治自觉。

（二）深入抓好军魂教育

坚持党对军队的绝对领导，是我军永远不变的军魂，对巩固党的执政地位、保证社会主义红色江山永不变色具有极其重要的意义。从这些年思想政治领域的斗争形势看，要不要坚持党对军队的绝对领导，始终是我们同各种敌对势力斗争的一个焦点。国内外敌对势力通过精心的"理论包装"，极力鼓噪和兜售"军队非党化、非政治化"和"军队国家化"，妄图拔根去魂，改变我军的性质、宗旨和本色，把我军从党的旗帜下拉出去。历史和现实都告诉我们，听党指挥这一永远不变的军魂是人民军队的命根子。听党指挥，我军在政治上才有生命力，在军事上才有战斗力，在文化上才有引领力。军队始终置于党的绝对领导之下，是国家之福、人民之福，也是军队之福。习近平曾明确提出要在全军深入开展军魂教育活动，引导官兵筑牢听党话、跟党走的思想根基，确保枪杆子永远掌握在忠诚于党的可靠的人手里。历史和现实都告诉我们，听党指挥是我军建设的首要，是我军的命脉所在。

新时代坚持党对军队的绝对领导，就是要深刻理解"两个确立"的历史深意，增强"四个意识"、坚定"四个自信"、做到"两个维护"，贯彻军委主席负责制,一切行动听从党中央、中央军委和习主席指挥。听党指挥是我军建设的首要,是我军的命脉所在。这一条丢了,其他工作再怎么做,最终也会全盘皆输。我军是党领导的人民军队,必须牢牢掌握在党的手中,必须做到绝对忠诚、绝对纯洁、绝对可靠。在这个根本政治原则问题上,我们要头脑特别清醒、态度特别鲜明、行动特别坚决,决不能有任何动摇、任何迟疑、任何含糊。

(三)坚持用新时代中国特色社会主义思想凝心聚魂

经过长期不懈的努力,中国特色社会主义进入新时代。新时代催生新思想,新思想引领新时代。党的十八大以来,中国发展站在了新的历史起点上。世情党情国情民情的深刻变化,要求中国共产党人积极地理论回应与科学地旗帜引领,回答和解决好"新时代坚持和发展什么样的中国特色社会主义、怎样坚持和发展中国特色社会主义"这一时代课题。以习近平同志为核心的党中央勇于推进实践基础上的理论创新,创立了习近平新时代中国特色社会主义思想。这一思想,是从新时代中国特色社会主义全部实践中产生的理论结晶,是推动新时代党和国家事业不断向前发展的科学指南,是引领中国、影响世界的当代中国马克思主义、21世纪马克思主义,是中国文化和中国精神的时代精华。与此同时,习近平新时代中国特色社会主义思想在强国强军的奋斗征程中彰显了巨大的理论威力、实践威力,是全党全军始终保持统一的思想、坚定的意志、协调的行动、强大的战斗力的理论基础和价值支撑。政治上坚定,关键要理论上坚定。要加强对官兵的政治引领,打牢坚决听党指挥的思想根基,坚持用党的创新理论武装官兵,加强思想政治教育,弘扬我军光荣传统和优良作风,让听党话、跟党走的思想在官兵头脑中深深扎根,增强官兵投身强军事业的政治自觉和行动自觉。要用习近平新时代中国特色社会主义思想、习近平强军思想武装官兵,统筹开展学习贯彻习近平新时代中国特色社会主义思想主题教育和"学习强军思想、建功强军事业"教育实践活动,打牢部队听党指挥、履行使命的思想政治基础。

二、突出"育人",归正军队思想政治教育文化选择的核心落点

思想政治教育是做人、育人的工作,一切必须着眼于人,把教育人、培养人、塑造人作为出发点和落脚点。军队思想政治教育想要取得实效,既要着眼政治建军的目标进行谋划,又要基于军队思想政治成熟和人的发展规律进行运筹。习近平关于军队思想政治教育的重要论述,深刻揭示了新时代铸魂育人的客观规律,尤其是培养"四有"新时代革命军人的相关重要论述丰富和发展了军队思想政治教育理论,为新时代军队思想政治教育立起了目标导向。

(一)培养"四有"革命军人,锻造"四铁"过硬部队

部队的基础在士兵。为谁带兵、如何带兵,带什么样的兵,始终是部队建设一项常说常新的话题。带兵就是带心,要用信任的眼光、欣赏的眼光、发展的眼光看待基层官兵,巩固部队思想文化阵地,坚定官兵革命意志、升华官兵思想境界、纯洁官兵道德情操,坚持从思想上政治上建设和掌握部队,努力培养有灵魂、有本事、有血性、有品德的新时代革命军人,锻造具有铁一般信仰、铁一般信念、铁一般纪律、铁一般担当的过硬部队。创先争优是我军的光荣传统,也是基层建设的一条基本经验。2020 年修订的《军队基层建设纲要》《军队政治工作条例》等,在继承我军光荣传统的基础上,明确在全军基层单位和人员中,开展争创"四铁"先进单位、争当"四有"优秀个人活动,为新时代军队全面建设提供了重要抓手。要把工作重心放在基层,用新时代党的强军思想建连育人,落实"四个坚持扭住"要求,培养"四有"革命军人,锻造"四铁"过硬部队。部队思想政治建设,着力点就在确立正确的信仰信念,筑牢官兵精神支柱。立理想信念的过程就是立人的过程。要适应强军目标要求,把握新时代铸魂育人的特点规律,着力培养"四有"新时代革

命军人。政治建军是我军的立军之本,任何时候任何情况下不能有丝毫松懈。必须始终抓住用习近平强军思想铸魂育人这个根本,紧紧围绕实现党在新时代的强军目标、把人民军队全面建成世界一流军队,着力培养听党指挥的接班人、砥砺能打胜仗的战斗队、塑造作风优良的子弟兵。

(二)着力增强思想政治教育的时代性和感召力

思想政治教育只有与时代共进、与官兵同行,才能不断增强吸引力、感召力和凝聚力。现在,社会高度开放,以"两微一端"为代表的新兴媒体技术被广泛使用,各种思想文化交流交融交锋更加频繁,这些必然会对广大官兵产生影响。要深入研究新时代官兵成分结构、价值取向、行为方式和官兵关系的新情况新特点,提高部队教育管理的科学性、针对性和有效性。思想政治教育说起来重要、形式上抓起来不难,但要真正取得成效就不容易了,关键是要突出其时代性和感召力。思想政治教育的力量在一个"真"字,要用真理说服人、用真情感染人、用真实打动人。思想政治教育要增强说理性和战斗性,既理直气壮地讲大道理、讲正道理、讲实道理,也要有理有据地批驳和揭露各种错误思想观点。要顺势而为、因势利导,研究把握信息网络时代政治工作的特点和规律,用好用活网络平台,占领网络舆论阵地,推动政治工作传统优势与信息技术高度融合,增强政治工作的主动性和实效性。深入细致分析研究官兵的思想观念、价值取向、行为方式、精神文化需求,找到穴位、把准脉搏,有的放矢做好工作,增强时代性和感召力。面向部队、面向基层,下沉思想政治教育着力点,善于抓住官兵思想问题,做好一人一事思想工作,引导大家正确对待利益调整,正确对待进退去留,把个人成长同实现强军梦紧密结合起来。

(三)坚持全员全程全方位育人

政治工作是群众性的工作,而且只有紧紧依靠群众才能发挥应有效能。思想政治教育工作更是如此,可以说"事事是教育、时时是教育、处处是教育、人人是教员"。信息社会理应牢牢树立"大政工""大教育""大文化"的理念,不能把思想政治教育错误地理解成政治工作部门和政治工作者的事情,必须把部队、社会、家庭衔接起来,把军内军外、网上网下结合起来,形成全方位、宽领域、军民融合的政治工作格局,将铸魂育人工作融入日常生活工作训练,实现全员、全过程、全方位育人。政治工作是群众性工作,要组织广大党员、干部一起来做,动员广大官兵积极参与,齐心协力开创我军政治工作新局面。古人云:"用兵之法,教戒为先。"培养什么人、如何培养人以及为谁培养人,这是军队思想政治教育的根本问题。要求坚持把立德树人作为中心环节,扎实做好经常性思想工作,把思想教育、人文关怀、心理疏导结合起来,把解决思想问题和解决实际问题结合起来,有针对性地搞好教育引导,实现全程育人、全方位育人。努力探索构建新时代思想政治教育体系,提高教育针对性和实效性。广大官兵是强军的主体,各级要把基层官兵放在心上,满腔热忱地解决实际困难,增强官兵获得感和归属感。严格教育管理部队,积极践行我军宗旨,树立人民军队威武之师、文明之师良好形象。

(四)教育者必先受教育

古人云:"教者,效也,上为之,下效之。"教育别人,教育者首先要为人师表、行为世范,具有教育他人的真理力量和人格力量。在古田全军政治工作会议上,习近平曾尖锐指出了一个时期内军队政治工作存在的十个方面突出问题,其中就包括"教育者受教育不够"。教育者必先受教育,这是我军政治工作的基本原则。现在一讲教育,总是机关教育基层,上级教育下级,领导教育群众,而忽视了教育者本身。必须看到,部队教育效果不好,固然有方式方法问题,但与领导干部自身不过硬有着直接关系。有的领导说功好、做功差,以致出现"台上他讲、台下讲他"的现象。有的没有随着职务的提升不断提高思想觉悟、筑牢思想防线,这恰恰是出问题的开始。领导干部带好头是无声的示范,以身作则,就是带兵人各方面都要过得硬、带好头,特别是作风要正、形象要好。正所谓"行胜于言"。全军工作抓得怎么样,首先看领导干部。各级领导干部要树立正确的事业观、权力观、地位观,时刻保持临战姿态,真想打仗的事情,真谋打仗的问题,真抓打仗的准备,以钉钉子精神抓落实,以行动作无声的命令,以身教作执行的榜样,带动全军形成崇尚实干、敢于担当、主动作为的良好氛围。同样,开展思想政治教育,领导干部和机关同志不能以抓部队代替抓自身,必须先学一步、深学一层,做到教育者先受教育,铸魂者先铸其魂,治军者先治其身。只有这样,才有资格、有底气、有能力教育官兵,培塑"四有"新时代革命军人。

三、保证"胜战",贯彻军队思想政治教育文化选择的检验标准

军队首先是个战斗队,是要打仗的。思想的锈蚀比枪炮的锈蚀更可怕。当前,一些官兵习惯于当"和平官""和平兵"。党的十八大以来,习近平把战斗力作为检验部队建设唯一的根本的标准,为新时代人民军队思想政治教育创新发展提供了标尺。

（一）围绕战斗精神培育展开文化选择

战争既是物质力量的对抗,更是精神力量的较量。强大的战斗精神是能打仗、打胜仗的必要前提,也是支撑我军不断发展壮大的动力与政治优势。战斗精神是军人个体能动性、军人集体带动性、社会大众联动性的有机统一。培育和弘扬战斗精神,归根到底要靠军人个体积极的能动的内在构建,核心是军人对"正义必胜、和平必胜、人民必胜"的坚定信念,对"为谁扛枪、为谁打仗"的深刻理解,对"当兵干什么、练兵为什么"的实践自觉。历史告诉我们,没有顽强的意志,没有敢于牺牲的品质,再好的武器装备也不能保证胜利。一代一代革命军人正是靠着向死而生的英勇决绝,形成了压倒一切敌人而决不被敌人所屈服的伟大气概。被誉为中华人民共和国"立国之战"的抗美援朝战争,"钢少气多"的人民军队打败"钢多气少"的以美国

为首的"联合国军",便是最好的例证。一支军队的衰败往往是从滋生和平积弊开始的。忘战必危,怠战必败。新时代,我国安全环境更加复杂,各种挑战前所未有,必须继承和弘扬一不怕苦、二不怕死的战斗精神,为战胜强敌提供强大精神力量。培养战斗精神,是军队战斗力的一个重要因素。军队作为一个武装集团,是要随时准备打仗的。必须强化战斗队思想,始终坚持用打仗的标准搞建设抓战备。全军都要强化战斗队思想,强化当兵打仗、带兵打仗的意识,强化部队战斗精神,使全军始终保持常备不懈、"召之即来、来之能战、战之必胜"的胜战状态。

(二)把红色基因一代代传下去

红色基因是中国共产党在长期的革命、建设和改革开放的历史进程中,在推进马克思主义中国化和中国化马克思主义的伟大实践中产生的具有中国特色、中国风格、中国气派的基本文化单元,集中体现了中国共产党的性质宗旨、思想路线、光荣传统、优良作风和检验标准。对于我们党绝对领导下的人民军队而言,红色基因是信仰的种子、精神的谱系、制胜的密码,是我军区别于其他军队的根本所在。能否始终如一保持我党我军光荣传统和优良作风,是关系军队建设的大问题。我军人民军队的性质永远不能变,老红军的传统永远不能丢,艰苦奋斗的政治本色永远不能改。丢掉了好传统好作风,就是自毁长城。人民军队砥砺奋进的九十多年,凝结着坚定理想信念、优良革命传统、顽强战斗作风,是我们宝贵的精神财富。我们要铭记光辉历史、传承红色基因,在新时代把革命先辈开创的伟大事业不断推向前进。不管时代如何发展,革命本色永远不能变。全军官兵是强军的主体,必须立志做我党我军光荣传统和优良作风的忠实传人,不断增强意志力、坚忍力、自制力,在新时代不断发扬光大我党我军光荣传统。

(三)从根本上打造强军文化

党在新时代关于建设一支听党指挥、能打胜仗、作风优良的人民军队的强军目标,内在地包含文化强军。没有强军文化的有力支撑,强军目标就不可能实现。在 2014 年古田全军政治工作会议上,习近平鲜明提出打造"强军文化"的战略思想,明确要求加强军事文化建设,打造强军文化,培养官兵大无畏的英雄气概和英勇顽强的战斗作风。① 党的十八大以来,习近平着眼推进强军事业、建设世界一流军队,强军兴军是时代的号角,强军文化为强军兴军伟大实践提供价值导向和内涵塑造。强军文化以党在新时代的强军目标为核心引领,忠诚是其灵魂,价值观是其核心,打赢是其本色,传统是其根脉,创新是其动力。强军文化是提高军队战斗力的重要因素和滋养官兵的精神沃土,打造强军文化是为实现党在新时代的强军目标提供文化支撑。强军事业呼唤强军文化。现在,有的官兵追逐流行时髦,沉迷于五光十色,对我们的英雄人物、红色文化反而淡忘了,甚至不屑一顾。这方面必须加强教育引导。他强调:"要结合各部队传统和任务特点,加强军事文化建设,打造强军文化,培养官兵大无畏的英雄气概和英勇顽强的战斗作风。把培育法治精神作为强军文化建设的重要内容,引导广大官兵把法治内化为政治信念和道德修养,外化为行为准则和自觉行动。

第二节　军队思想政治教育文化选择的现实环境

马克思曾说过:"人类始终只提出自己能够解决的任务,因为只要仔细考察就可以发现,任务本身,只有在解决它的物质条件已经存在或者至少是在生成过程中的时候,才会产生。"②新时代,军队思想政治教育文化选择面临的环境比以往任何时候都要复杂。在经济全球化过程中,如何处理同外

---

① 参见总政治部:《习近平国际和军队建设重要论述选编》(二),解放军出版社,2015 年,第122 页。

② 《马克思恩格斯文集》(第二卷),人民出版社,2009 年,第 592 页。

来文化特别是发达资本主义国家文化的关系,做到既坚持社会主义基本价值原则,又不放弃对人类文明成果的吸收,建设中国特色社会主义文化? 在发展社会主义市场经济条件下,如何在发展经济的同时,建构与其相适应的以新的观念、意识和精神为主要内容的文化? 在信息网络化环境中,如何鉴别选择一切有益文化信息为我所用,同时又排除和抵制消极文化信息的侵蚀干扰,建设中国特色信息文明? 这些问题都要求军队思想政治教育在文化选择中作出积极回答。

一、全球化:军队思想政治教育文化选择的国际背景

全球化最初虽是一个在经济意义上被阐发的概念,但由于政治、经济、文化三者紧密相连,使它又具有政治和文化的指向。在经济全球化的推动下,不同文化之间的跨国接触与交流日益频繁,世界各个国家与民族间的文化呈现出前所未有的关联性、互动性和共融性。

(一)认清经济全球化下的文化共融意义

文化是一个历史的范畴,每一个社会、每一个时代都有与其相适应的文化,并随着社会经济的发展而发展。伴随着经济全球化进程的加快,世界各种文化也呈现出相互交融的趋势。马克思曾经指出:"过去那种地方的和民族的自给自足和闭关自守状态,被各民族的各方面的互相往来和各方面的互相依赖所代替了。物质的生产如此,精神的生产也是如此。各民族的精神产品成了公共的财产。民族的片面性和局限性日益成为不可能,于是由许多民族的和地方的文学形成了一种世界的文学。"① 今天,经济全球化已成为不可抗拒的历史潮流,任何一个民族,如果不想偏离人类文明发展的大道,就必然以这样或那样的方式参与全球化进程。全世界所有国家和民族

---

① 《马克思恩格斯文集》(第二卷),人民出版社,2009 年,第 35 页。

都在全球化进程的影响甚至制约下生活着、活动着。同时,全球化也是一把双刃剑:它既是加快经济增长速度、传播新技术和提高生活水平的有效途径,也有着导致侵犯国家主权、侵蚀本土文化和传统、威胁经济和社会稳定的负效应。研究军队思想政治教育文化选择,不能不考虑经济全球化这一大背景。

可以肯定,经济全球化对于促进各民族文化的共融具有积极的推动作用。全球化可以使先进科学技术和现代文明迅速向全世界传播,增进不同国家和民族之间的文化交流,使其在一定程度上实现相互借鉴和共同繁荣。罗素曾指出,不同文化的接触是人类进步的路标。希腊曾经向埃及学习,罗马曾经向希腊学习,阿拉伯也曾经向罗马帝国学习,中世纪的欧洲曾经向阿拉伯学习,文艺复兴时期的欧洲曾经向拜占庭学习。在那些情形之下,常常是青出于蓝而胜于蓝的。① 全球化发展更深远的意义在于,可以对带有浓厚民族色彩和地域特征的文化内容加以整合,使得以人类整体为关注对象的"命运共同体"、全人类共同价值等文化观念在世界范围内扩展和升华。中华民族是多民族的共同体,有着光辉灿烂的历史文明。中国儒家尤其是先秦儒家思想中那些至大至刚的人格独立精神与担当社会责任、天下道义的道德负责精神,作为中国文化传统的主流,与民主自由、个性解放的社会潮流不谋而合。同样,中国道家思想中追求个体自由、生态和谐的精神智慧,与当代环境保护主义等人文思想合拍,同样是参与全球文化对话与交流的文化基点。因此,在全球化背景下,军队思想政治教育在保持自己的文化传统、弘扬自己优秀文化的同时,还要对传统文化进行选择,努力挖掘本民族文化与现代社会生活的适应性,并与当今世界整体文化发展潮流相融合,努力创新自己民族与军队的文化,以适应全球化发展的时代要求。

---

① 参见[英]罗素:《一个自由人的崇拜》,胡品清译,时代文艺出版社,1988年,第8页。

（二）抵御全球化背景下的文化霸权危害

文化霸权,亦称文化强权、文化殖民主义,是指国与国、民族与民族之间的文化价值观的强加行为。霸权国家从本国的利益和战略目标出发,立足自身的文化强势地位,向世界上其他国家尤其是落后国家进行文化渗透和扩张,迫使别国接受其价值观念和意识形态,以达到制约、影响世界事务,以及干扰发展中国家内部发展过程的目的。西方发达国家利用其强大的科技力量、媒体优势、文化工具,按照自己的文化价值观打造国际主流文化,在文化传播中垄断信息技术标准,向别国大量灌输其价值观念和生活方式,从而试图摧毁或销蚀这些国家的民族文化和本土文化,并把它们逐渐纳入"西方中心主义"的文化一体化框架中。"输出意识形态""输出民主"成为文化霸权主义对外的重要战略。当今世界,任何国家关起门来搞建设都是不能成功的,改革开放四十多年的实践启示我们:开放带来进步,封闭必然落后。中国的发展离不开世界,世界的繁荣也需要中国。改革开放以来,我们在打开国门搞建设,积极融入全球化的过程中,民族文化的健康发展也面临着严峻挑战。西方国家尤其是美国,有一套完整的专门针对中国并力图瓦解中华民族意志与价值观的战略图谋。美中央情报局对华《十条诫令》中提出,美国要"尽量用物质来引诱和败坏他们的青年,鼓励他们藐视、鄙视、进一步公开反对他们原来所受的思想教育,特别是共产主义教条。一定要毁掉他们强调过的刻苦耐劳的精神","一定要尽一切可能,做好传播工作,包括电影、书籍、电视、无线电波和新式的宗教传播。只要他们向往我们的衣、食、住、行、娱乐和教育的方式,就是成功的一半"。① 由此可以看出,文化霸权主义推行的文化扩张,并不是其所标榜的传播文明,而是企图通过文化侵略来瓦解我们的意志、控制我们的思想,最终使我们丧失自己的"身份和灵魂"。

---

① 李刚:《美国中情局对华的十条诫令》,《党政论坛》,2001 年第 9 期。

在全球化发展的过程中,"文化成了一种舞台,上面有多种多样的政治和意识形态势力彼此交锋。文化绝非什么心平气和、彬彬有礼、息事宁人的所在;毋宁把文化看作战场,里面有多种力量崭露头角,针锋相对"①。军队是美国进行文化渗透的重要领域,抵御文化霸权的危害必须成为军队思想政治教育文化选择的重要任务。

(三)全球化背景下军队思想政治教育文化选择的基点

全球化背景下的文化交融和西方的文化霸权主义,对于建设社会主义现代化国家的中国来说,对于实现强军目标,建成世界一流军队的中国人民解放军来说,所面临的挑战和承受的冲击都颇为巨大。同时,在全球化浪潮中,我们曾相对忽视了传统文化的保存和发扬,部队青年官兵对传统文化了解不多、认识不深。一些文化单位在引入大量西方影视节目的同时,忽视了对体现我们民族个性的传统艺术的宣传,致使许多属于我们中华民族的优秀传统文化出现了"后继无人"的局面。全球化的双重效应在我国体现得十分明显,军队思想政治教育也深受其影响。改变这种现状,消除全球化的负面影响,积极应对挑战,军队思想政治教育必须加强其文化选择功能。具体来说,军队思想政治教育文化要在继承民族传统文化的基础上,结合时代特征与新的社会实践,对纷繁复杂的外来文化,尤其是对具有强劲攻势的西方文化作出合理的取舍,不断扩大马克思主义在中国主流文化中的根基,发展社会主义先进文化,创造出体现中国特色的现代军事文化,以推动整个社会文化的发展与进步。

二、市场化:军队思想政治教育文化选择的社会基础

文化是一定社会经济和政治的反映,从最终意义上说,文化必然是由经

---

① [美]爱德华·W.萨义德:《文化与帝国主义》,李琨译,生活·读书·新知三联书店,2003年,第16页。

济和政治状况所决定。"每一历史时代的经济生产以及必然由此产生的社会结构,是该时代政治的和精神的历史的基础。"①文化作为人类在实践中创造的各种思想观念、社会生活和行为规范的总和,是人类为了适应和改造自己的生存环境而进行的精神生产的产物。文化是人们在经济基础上所创造出来的一种成果,尽管这种成果有好坏和先进落后之分,但是有一点必须肯定,那就是:文化一经形成,就会通过对人的作用对经济和社会的发展产生影响。佩鲁曾指出:"经济体系总是沉浸于文化环境的汪洋大海之中,在这种文化环境里,每个人都遵守自己所属群体的规则、习俗和行为模式,尽管未必完全为这些东西所决定。意义比较明确的价值,使某些目标处于相对优先的位置,对这些目标的追求,激励着每一个人对经济和社会发展做出自己的贡献……"②也就是说,文化价值观念必然会通过对人的影响,进而影响、制约着人们在经济活动过程中的行为及彼此发生的各种关系,影响人们的生活方式、思维方式等。这种影响与政治相比较虽然是非强制性的,但却更具深刻性,它能通过感化、说服教育等手段实现人们对经济生活和秩序的心理认同,从而塑造经济主体,引导经济发展方向。这就是文化之所以在其产生之后能够得以存在的深刻原因。

(一)发展社会主义市场经济对我国文化的影响

新时代,我国正处在由大向强发展的关键时期,社会生活的各个领域正在发生着空前广泛而深刻的巨大变化。这场伟大的社会变革,必然使社会各个领域的新旧思想文化观念发生猛烈的碰撞。在这一过程中,文化价值观的形成有向多层次、多元化转化的趋势,其中,不乏与现代市场经济发展相适应的价值观念。例如,在市场经济条件下,由于市场活动的主体都是独

---

① 《马克思恩格斯文集》(第二卷),人民出版社,2009 年,第 9 页。
② [法]弗朗索瓦·佩鲁:《新发展观》,张宁等译,华夏出版社,1987 年,第 165 页。

立的经济利益实体,因此市场经济的发展,增强了人们的主体意识,企业和个人的主体性都得到了充分发挥,人们的自主、自立、自信、自强的观念也得到加强;市场经济具有竞争机制,因而发展市场经济,使人们增强了积极进取、开拓创新、勇担风险的精神和"时间就是金钱"的时间观念、效益观念;发展市场经济,有利于人们增强民主、自由、平等的观念和开放意识、法治意识,等等。但我们也要看到,我国社会主义市场经济是在中国源远流长的小农经济和社会主义计划经济中"脱胎"出来的,同这些经济形态相联系的某些传统文化观念仍然不同程度地阻碍着当前经济体制改革的深化和发展。

第一,我国两千多年小农经济体制下形成的文化观念与社会主义市场经济体制所要求的文化观念存在着明显的冲突。如宗法等级制度与经济民主思想的冲突、"人治"思想与"法治"意识的冲突、保守观念与开放意识的冲突、"知足常乐"心理与竞争意识的冲突,等等。解决这些冲突是一个漫长的历史过程。我们可用十年的时间完成资本主义国家五十年的经济发展路程,但我们不能在短期内形成一种新的经济文化和社会文化。虽然在市场经济的各种规则的驱动下,我们也发生了一些观念的转变,并努力伴随着市场经济的节拍前行,但我们也必须承认,一种经济文化的形成有其自身的规律性和历史性,如何把传统经济文化融入社会主义市场经济文化的主流,建立适应社会主义市场经济的社会文化,正是我们当前和今后相当长的历史时期内所面临的挑战和任务。

第二,受"左"的思想的影响而形成的僵化的文化价值观与社会主义市场经济体制所要求的文化观念的冲突。在计划经济体制下,国家是全社会计划的决策者和代表者,是社会最高的也是唯一的主体。这样的状况必然形成"下对上"的服从和依赖意识,责、权、利相分离的意识,"等、靠、要"就是这种文化的最极端表现,由此也形成一系列保守、落后的观念,比如"一大二公""平均主义""耻于言商""无商不奸"的观念,忽视民主和法治的观念,等等。这种文化价值观使人们对改革或消极冷漠,或求全责备,甚至演化成为束缚人们思想、阻碍改革前进最主要的障碍之一。

第三,在新旧体制交替和转轨,以及在各种思想文化观念碰撞中形成并膨胀起来的极端个人主义价值观。持这种价值观的人,崇尚个人至上,不择手段追求个人私利,钻改革的空子,损人利己、损公肥私,把权力作为谋取私利的工具,大搞钱权交易,贪赃枉法,严重损害国家、集体和他人的利益。这种极端私利的价值观,严重腐蚀了人们的灵魂,腐蚀了共产党的机体,败坏了社会风气,是一种严重阻碍乃至破坏社会主义市场经济发展和危害社会主义事业的文化因素。

(二)社会主义市场经济条件下军队思想政治教育的文化选择

社会主义市场经济是我们建构先进文化价值观念体系必须正视的实践平台。长期以来一直作为维系我国社会生活精神纽带的中国历史文化的优良传统和革命文化的精华,随着市场经济的确立及其深入发展,似乎再也无法转译成为完全满足新时代生活的语言,社会主义的道德或文化价值观念体系对一些人来说,变成了毫无意义上的空洞说教。于是一些人认为,当代价值紊乱、道德失范、金钱至上,是市场经济的宿命,先进文化价值观念的建设只能是空中楼阁。然而历史表明,并不是市场经济的发展带来了物欲横流、自我迷失,它虽然触发人们对自身利益的追求,从而为社会经济进一步发展提供了动力,但并不是说市场经济就带来了道德危机、价值危机,而是市场经济本身更需要以自律、信用、平等和相互尊重等道德因素为基础所确立的规范化制度化的行为方式来约束。因此,军队思想政治教育文化选择必须从根本上认清市场经济与文化价值观念的内在联系,在教育内容的构建、教育载体的建设、教育方式的运用等方面,实现与市场经济的对接。从另一方面说,社会主义市场经济的健康发展,依赖于市场经济所依附的社会基本制度及其文化传统。我们必须充分发挥军队思想政治教育的文化选择功能,深入挖掘中国传统文化的优秀资源,创造性地做好社会主义的价值观念同现代市场经济的嫁接和融合,使之成为适应现代制度的精神支柱。在建立社会主义市场经济体制的过程中,不仅仅要培养出具有普遍意义的敬业、守信、平等等一般的市场经济伦理意识,更要把社会主义核心价值观、集体主义的优良传统融入市场经济中去,把贪欲财富的物质冲动、单纯的谋利动机转化为一种社会成就感和社会责任感,使整个民族的经济行为有一个更为高尚的动机。对于军队来说,就是要把上述价值观和文化传统融入军队建设和军事生活中,转化为官兵的自觉行为,并在社会中形成示范效应。牢固确立市场经济模式与社会主义价值观念相互协调、相互促进的"一体化"发展观念,让社会主义市场经济真正成为军队思想政治教育文化选择的丰富营养和不竭源泉。

三、信息化:军队思想政治教育文化选择的时代命题

当今世界,信息化潮流势不可挡,建设信息化军队、打赢信息化战争是我军面临的紧迫任务。所谓信息化,即通过微电子、计算机、通信和网络技术的联结来对社会信息资源进行交流、管理,以实现社会资源共享。信息化的迅猛发展和信息技术的广泛应用,为军队思想政治教育文化选择带来了新的时代课题。信息化主要有三个特点:一是超时空性。网络信息是按电子运行速度来传递的,一个上网的信息可以不受地理和国家地域限制在瞬间到达世界各个网络终端,即网络信息的传递和获取不受时间、空间的限制。二是超权威性。由于网络信息传递的超时空性,使得网络文化的生产和传播机制不同于从前。在传统的文化传播机制下,权威占据着至关重要的地位,个人几乎没有选择的余地,只能接受它,社会因此在主流文化的凝聚下稳定地发展。但建立在因特网基础上的网络社会改变了社会文化的生产和传播体制,每一个人都可以在世界范围内自由地发表自己的想法,而且

每一个人都可以自己选择自己喜爱的信息，决定自己要接受的文化。三是超现实性，即网络交往的虚拟性。在国际互联网上，已经出现了虚拟会场、虚拟商场、虚拟课堂、虚拟社团等"虚拟共同体"，"元宇宙"的出现，是其最新的表现。网络交往的虚拟性还使得主体具有"隐蔽性"的特点。在网络上，参与交往的人只有一个网络代号，现实生活中"他"究竟如何一切都无从知晓。

（一）信息化为文化的发展提供了平台和机遇

信息化是社会经济和文化发展的产物，同时又极大地影响着经济和文化的发展。首先，信息化为文化带来新的传播工具。任何一种文化，无论是过去还是现在，在其形成和发展的过程中，都需要通过一定的载体得到传递和传播。在信息化时代之前，除口头语言以外，文化主要通过报纸、书刊、广播等媒介进行传播，获取、处理和传递文化信息的成本相对较高。步入信息化时代后，虽然开发核心信息技术和建立基本信息产业仍然需要巨大的资金投入，但是利用信息技术的成本并不是很大。特别是利用现代信息技术还可以提高工作效率、增加劳动收入、节约时间和物质，这就间接地降低了成本。对于文化产业来说，更有利于文化的发展和传播。

其次，信息化极大地促进了文化产品的生产与消费。电脑与网络的普及，使文化产品的批量生产与复制发生了根本性的变化，即从单一生产和高成本迅速向多样化和低成本转化，同时使文化产品与服务的传播与提供迅速实现了准确、快捷和全方位。这其中既节省了运输的成本和材料的消耗，又降低了能源和时间的消耗，而这些成本的降低，不仅将文化产业的发展态势置于一个难以估量的广阔空间，而且可以极大地增加文化消费者的人数，人们可以在自己喜欢和方便的时空中进行文化消费，从而增加文化消费的时间空间。

再次，信息化有助于科学知识和理性精神的普及。信息化不仅有助于对使用信息技术的人们渗透科学和理性精神,而且还有助于把理性精神和科学知识传播到全社会。信息化极大地改善了广播、电视和通信的状况,提高了信息传递的速度,扩大了信息传递的容量,保证了信息传输的质量,丰富了信息的类型(声音、视频),改变了信息传递的性质(由单向变成互动),低成本和多媒体的特征使更多的人接触信息技术,接触科学知识的人数不断扩大。

最后,信息化促进了各国对世界文明成果的吸收与借鉴。信息化把不同的国家和文明紧紧联系在一起,以光纤的速度让每个国家可以更多、更便捷地吸收世界文明的先进成果。对于文化选择来说,只有对不同的文化和文明进行批判与整合,剔除糟粕,才能提高效率,增强各民族文化的生命力。正如比尔·盖茨所说,互联网使人类社会"可能推动一种世界文化的发展,或至少推动一种文化活动、文化价值观的共享"[①]。在这种情况下,信息化为全球文化交流提供了可能,使文化全球交流展现出新的境界、新的层次、新的状态。

(二)信息化给文化安全与文化选择带来新挑战

同任何科学技术的运用都可能出现二重性状态一样,信息技术的运用,也给文化发展提出了挑战。一是文化殖民主义抬头。网络空间作为一种全球性、开放性的虚拟社会文化系统,它的出现不仅为不同意识形态扩展自己的影响提供了广阔的领域,而且也为不同社会意识形态展开竞争和攻击提供了便利。正因为如此,托夫勒提出了"谁掌握了信息、控制了网络,谁就将拥有整个世界"[②]的预言。根据 2022 年 W3Techs 调研数据,互联网中 58.8% 的内容使用英语,对比一下,中国网民排名世界第一,但中文内容仅占

---

① ［美］比尔·盖茨:《未来之路》,辜正坤译,北京大学出版社,1996 年,第 327 页。
② ［美］阿尔温·托夫勒、海蒂·托夫勒:《创造一个崭新的文明》,陈峰译,上海三联书店,1996 年,第 31 页。

1.7%。访问量最大的 100 个站点有 60 个在美国,我国只有 14 个。13 台世界顶级域名服务器有 10 台在美国。以美国为首的西方发达国家凭借他们的技术和经济优势,把西方的生活方式、价值观念、政治理念等渗透、传播到发展中国家,使其社会大众的思想观念受到潜移默化的影响。

二是不良信息泛滥。由于网络传播信息的方便性、隐蔽性和开放性,以及各国文化传统和政策的差异,在浩瀚如海的网络信息流中,往往泥沙俱下,良莠混杂。有的内容不健康,有的品位不高、格调低下,有的充斥着暴力、凶杀、色情、淫秽,有的带有封建迷信,有的政治上错误甚至反动。这些有害信息无孔不入,对广大青年官兵产生一定的影响。

三是人文精神的失落。信息化对于概念化和数字化的追求,把丰富多彩、千变万化的事物置于普遍性的逻辑规则之下,本能地要求共同化、标准化和格式化。这种渗透在网络技术中的思维方式在社会中越来越享有至高无上的地位,甚至有可能成为框定一切、整合一切的文化通则,而个人的意志自由和促使社会健康发展的人文精神在这种气氛中逐渐被销蚀。此外,网络使真实社会之外存在着一种虚拟社会,两种之间存在的反差极易造成少数官兵逃避现实,更愿意通过网络交流,不愿回到真实世界中来。因此,具有可视性、亲和感的人际交往机会大大减少,个别人甚至会产生人格障碍和人际交往障碍,无法面对真实社会。

四是抑制创新能力发展。互联网无所不包,这使得相当多的官兵存在拿来主义思想,遇到感兴趣的内容,只需下载、剪贴,轻轻松松就能为己所用。人们的创新能力需要广泛借鉴现有的科技文化成果,但绝不是简单模仿照搬照抄所能形成。正如著名作家金庸所说,网络会阻碍人的创造力;美国学者丹尼尔·伯斯丁也认为,网络正在削弱我们的思考力,汽车使人类体能退化,网络使人类的智能退化。

（三）军队思想政治教育在信息化条件下的文化选择

现在官兵思想变化的因素大多来自网上。政治工作过不了网络关，就过不了时代关。面临信息化的民族文化，无论是要以信息化为契机走向世界、走向未来，还是要摆脱危机，变被动为主动，都必须把握信息化时代的文化发展特征，积极主动地进行文化选择，抓住信息化带来的机遇以应对其挑战，促进中国特色社会主义文化又好又快地发展。信息化时代的军队思想政治教育，也面临着抓住机遇积极应对挑战的课题。

首先，要积极推进广大官兵，尤其是教育者文化观念的更新，促使广大官兵确立更为开放包容的文化视野和文化观念，真正从各种对文化片面狭隘的理解中解放出来。

其次，要积极借助和利用现代信息技术尤其是网络技术，丰富和发展军队思想政治教育和文化工作的手段，使文化的形式更加贴近建设信息化军队、打赢信息化战争的军事实践，贴近广大官兵的军营生活实际，满足不同层次官兵的需求和欣赏水平，适应应对多种安全威胁、完成多样化军事任务中官兵的心理特征和表达习惯。

最后，要牢牢把握网上斗争的主动权，大力加强网络传媒作为宣传"喉舌"的主阵地建设，发挥传媒的舆论强势，大力宣传我国的优秀民族文化和我党我军的先进文化，用马克思主义占领网络阵地，防止诸如"躺平""佛系"之类的思潮冲击军营，防止青年官兵"八旗子弟化"，为我军胜利完成新时代的使命任务创造良好的文化氛围。

第三节　军队思想政治教育文化选择的主体条件

文化的选择是一种能动的、自觉的设计性活动，它离不开文化主体的高度自觉,更需要"文化自觉"①意识的不断提升。文化选择主体表现为主体的个体和由个体组成的不同类型的群体,如家庭、家族、村落、部落、种族、民族、阶级、政党、国家,以及各种政治、经济、文化等社会团体。"选择的主体是一个十分宽泛的概念。"②军队思想政治教育文化选择的主体,还可以从教育的多重性角度进行划分,如本体性主体、实践性主体、自我教育主体等。当今时代,是全球性文化新格局生成的时代,文化兴国运兴,文化强民族强。没有高度的文化自信,没有文化的繁荣兴盛,就没有中华民族的文化复兴。党的二十大报告强调:"全面建设社会主义现代化国家,必须坚持中国特色社会主义文化道路,增强文化自信,围绕举旗帜、聚民心、育新人、兴文化、展形象建设社会主义文化强国。"③军队思想政治教育作为一种文化现象,在受一定文化环境制约的同时,又对一定文化的选择发挥着引领、支撑和评判的作用。所以思想政治教育主体要认清自身在文化选择中的职责,努力提高文化自觉意识,提高自身能力素质,切实加快文化建设步伐,肩负起时代赋予的重大历史使命。

一、本体性主体:军队党组织在文化选择中的责任

军队思想政治教育作为一种有目的、有计划的意识形态活动,是通过不间断地灌输和潜移默化的影响,来促使军人对阶级或政治集团思想路线的认同,并最终转化自觉行为。我军思想政治教育最能体现党的意志,它同党的意识形态有着天生的逻辑关联。这就决定了党组织在军队思想政治教育

---

① 文化自觉,是指"生活在一定文化中的人对其文化要有'自知之明',明白它的来历、形成的过程,所具有的特色和它的发展趋向,自知之明是为了加强对文化转型的自主能力,取得适应新环境、新时代文化选择的自主地位"。费孝通:《文化自觉的思想来源与现实意义》,《文史哲》,2003年第3期。
② 周书俊:《选择论》,中央编译出版社,2006年,第141页。
③ 习近平:《高举中国特色社会主义伟大旗帜 为全面建设社会主义现代化国家而团结奋斗——在中国共产党第二十次全国代表大会上的报告》,人民出版社,2022年,第42~43页。

主体中的本体性地位。党组织作为军队思想政治教育的本体性主体,对军队思想政治教育在文化选择中引领、支撑和评判功能的发挥起着关键作用。

（一）成为积极推进马克思主义中国化时代化大众化的主体

建设社会主义先进文化,必须坚持马克思主义在意识形态领域中的指导地位。真正坚持马克思主义,就必须在实践中不断丰富和发展马克思主义,不断增添符合客观实际的新内容,使之永远带有现实生活的色彩,体现社会发展规律和现实生活的本质和内涵。推进马克思主义中国化时代化大众化是时代课题,是军队思想政治教育的重要任务,也是军队各级党组织的重要责任。将马克思主义教条化,或者"神圣化""偶像化",使其丧失生命力,这不仅是对马克思主义指导地位的动摇,也是对党提高执政能力、坚持长期执政的最大危害。恩格斯曾经强调:"我们的理论是发展着的理论,而不是必须背得烂熟并机械地加以重复的教条。"①我们党之所以能在革命和建设实践中始终保持其理论的科学性和先进性,就是因为它在领导中国人民进行革命和建设的伟大实践中能把马克思主义的普遍原理与中国的具体实际相结合,创造性地继承和发展马克思主义,不断推进着马克思主义中国化时代化大众化。军队思想政治教育对文化的选择,必须认真做好马克思主义中国化时代化大众化工作。这就要求我们各级党组织真正担负起自己的责任,发挥好主体作用,做好以下两个方面的工作:

一方面,在实践中不断赋予马克思主义时代特色。马克思主义是科学的理论体系。科学的理论是在社会实践基础上产生并经过社会实践检验和证明的理论,是客观事物的本质和规律的正确反映。所以科学的理论无论是广义的(指人类社会历史实践过程中所创造的物质财富和精神财富的总和),还是狭义的(指社会意识形态及与之相适应的制度和组织机构),都是

---

① 《马克思恩格斯文集》(第十卷),人民出版社,2009 年,第 562 页。

如此。由于社会意识对社会存在具有能动的反作用，所以科学理论的重要意义还在于它能指导人们的行动。马克思指出："理论一经掌握群众，也会变成物质力量。理论只要说服人，就能掌握群众；而理论只要彻底，就能说服人。"①从广义上讲，科学理论在本质上决定着文化的先进性，在进程中决定着文化的前进方向。从狭义上讲，科学理论就是一种作为意识形态的文化，并且由于科学理论的先进性，也就决定了作为意识形态的文化的先进性。从这个意义上讲，科学理论与先进文化是相通的，科学的理论就代表着先进文化的前进方向。

另一方面，抓好党的创新理论的宣传教育工作。坚持不懈地抓好理论武装，是军队思想政治教育的首要任务，也是军队各级党组织进行思想政治教育必须始终关注的头等大事。抓住了理论武装，就抓住了军队思想政治教育文化选择的"纲"。理论思维的成熟是一个党在政治上成熟的重要条件。我们党若没有先进理论的武装，就难以担当起神圣而庄严的历史使命。共产党员作为社会的先进分子，只有实现了党员自身的理论武装，才有资格、有能力做好对人民群众的理论宣传工作。理论上清醒，政治上才能坚定。在新时代，就是拎起习近平新时代中国特色社会主义思想这个教育的总纲。军队各级党组织要紧密结合广大官兵所关心的热点、难点、疑点问题，进行深入浅出的、有说服力的理论阐释，"讲理论要接地气，要让马克思讲中国话，让大专家讲家常话，让基本原理变成生动道理，让根本方法变成管用办法，将总体上的'漫灌'和因人而异的'滴灌'结合起来"②，引导社会思想潮流；教育官兵朝着有利于实现中国梦、强军梦的方向发展。军队如果放弃理论武装，就会失去灵魂，迷失方向，走上邪路。

---

① 《马克思恩格斯文集》(第一卷)，人民出版社，2009年，第11页。

② 中共中央文献研究室：《习近平关于社会主义文化建设论述摘编》，中央文献出版社，2017年，第100页。

（二）成为积极带头引领军队和社会道德风尚的主体

人类的文化逻辑包含着道德文化。道德是文化的灵魂,是人类精神的自律。道德是以调节人与人之间、人与社会之间、人与自然之间的关系问题而展开的。在军队内部,道德调节着官兵、官官、兵兵,以及军队与人民群众、我军与友军等方面的关系。道德与文明进步、文化建设,是紧密联系在一起的。因此,加强社会主义思想道德建设,是发展先进文化的重要内容和中心环节。道德教育和道德建设是军队思想政治教育的重要内容和任务,引领着军队和社会的道德风尚,是各级党组织开展思想政治教育、落实文化选择的重要职责。习近平强调:"要教育引导各级党组织和广大党员、干部经常进行思想政治体检,同党中央要求'对标',拿党章党规'扫描',用人民群众新期待'透视',同先辈先烈、先进典型'对照',不断叩问初心、守护初心,不断坚守使命、担当使命,始终做到初心如磐、使命在肩。"①军队在社会主义精神文明建设中要走在全社会的前列。军队各级党组织和广大官兵要在引领军队和社会道德风尚中发挥主体作用,必须从以下三个方面入手:

一是加强学习教育,提高党员干部的思想道德水准。知、情、意、信、行是道德发生发展的规律。提高军队各级党组织和党员干部引领军队和社会风尚的道德水平,首先要从提高广大党员干部道德认识水平入手,加强理论学习和道德教育。只有用科学的理论武装头脑,才能在树立正确的世界观、人生观、价值观的同时,树立起高尚的道德观,才能正确处理个人利益与社会利益、奉献与索取、权利与义务的关系。党员干部要把学习理论、学习道德知识、学习英雄模范列入自己的日常工作,变成自己的自觉行动,将学习成果融会贯通在自己的工作实践之中,做到学有实效性、用有实效性,学用结合,达到学习明理、学习明志、学习积德的目的。

---

① 习近平:《论中国共产党历史》,中央文献出版社,2021 年,第 272 页。

二是加强制度建设,不断完善党员干部的监督制约机制。思想道德水平和素养的提升,既需要提升自我教育、自我修养,也离不开制度建设和良好的社会环境。许多优良品质的形成单纯靠教育是不够的,还要靠制度约束和自我约束。因此,必须健全党员领导干部监督约束机制,使道德规范具体化、实在化,具有较强的可操作性和指导性。对那些不道德、反道德以及腐败的人和事,加大惩戒力度,从外力上强化党员领导干部的道德意识,规正军队思想政治教育文化选择本体性主体的思想道德行为。

三是加强行为引导,注重在军队建设和军事斗争准备实践中养成。现代伦理学的一个重要观念是"行为优先"。行为优先不仅是指道德评价以行为为准,而且也指将行为即道德习惯的养成放到首位。习惯是反复进行、巩固下来并成为主体内在需要的行为方式。习惯了的东西,人们更愿意去遵循。作为党员干部要积极投身到强军兴军实践中,投入到火热的军事斗争的准备中,争取"四有"优秀个人,争创"四铁"先进单位。党员干部要充分发挥自我教育的作用,在日常工作和生活上严格要求自己,勇于剖析自我,多想想自己的缺点和不足。不断改造自己,在军队和社会风气建设中发挥自己应有的道德示范作用。

(三)成为积极继承和弘扬中华民族优秀传统文化和中华优秀武德文化的主体

马克思主义认为,人们创造历史并不是随心所欲地创造,而是在继承前人基础上的创造。中国特色社会主义文化建设与新时代军队思想政治教育的创新发展,都不可能脱离人类文明的历史,都必然而且必须继承和发扬中华民族的优秀传统文化和中华优秀武德文化,使文化创新建立在历史积淀的基础上。习近平要求我们,"要坚持马克思主义道德观、坚持社会主义道德观,在去粗存精、去伪存真的基础上,坚持古为今用、推陈出新,努力实现中华民族传统美德的创造性转化、创新性发展,教育引导人们向往和追求讲道德、尊道德、守道德的生活,形成向上的力量、向善的力量,让十三亿人的每一分子都成为传播中华美德、中华文化的主体"①。要在全党全军全社会大力提倡高尚的社会主义思想道德和中华民族的优良传统,建立与中华民族传统美德相承接的社会主义思想道德体系。全面认识中华民族传统文化,取其精华,去其糟粕,使之与当代社会相适应、与现代文明相协调、保持民族性、体现时代性。因此,军队党组织作为军队思想政治教育文化选择的本体性主体,必须成为继承和弘扬优秀传统文化的主体,努力做好以下工作:

一是加强对中华民族传统文化和中华优秀武德文化的梳理。中华民族有着五千年的文明历史,有着无比丰厚的传统文化积淀;中国军队在几千年的战争实践中,不仅积累了丰厚的兵学智慧,而且积淀了丰富的武德传统。这些文化遗产,为我们今天创新军事文化、创新军队思想政治教育,提供着极其丰富的历史养分。但由于历史的更迭、时代的变更,有些传统不适用了,必须在梳理中进行选择鉴别,取其精华,去其糟粕。这种梳理,既是军队思想政治教育文化选择的需要,又是军队思想政治教育文化选择的过程。

二是加强对中华民族传统文化和中华优秀武德文化的传扬。让中华民族优秀文化传统和中华优秀武德文化在军队中传扬,本身就是军队各级党组织的职责任务,也是军队思想政治教育的内容和目标。着眼于古为今用,从民族精神、道德传统、文学遗产等方面对中华优秀传统文化和中华优秀武德文化加以认真总结、继承,并把它们融合进现代社会的价值观念、生活方式之中,融入我军建设发展和人才培养实践之中,最终使中华优秀传统文化和中华优秀武德文化通过当代中国共产党人和人民军队的实践得到发扬光

①　中共中央文献研究室:《习近平关于社会主义文化建设论述摘编》,中央文献出版社,2017年,第138页。

大。这是军队党组织发挥思想政治教育文化选择本体性主体作用的最终实践落点。

三是加强在新时代高起点上的历史文化创新。加强对中华优秀传统文化和中华优秀武德文化的创新,是发挥党组织本体性主体地位的最高要求,也是军队思想政治教育文化选择的重要着力点。我们强调继承优秀文化传统,是为了在历史的高起点上创造出符合时代精神的新文化。没有创新的文化是凝固的文化、僵死的文化。不创新,文化难以延续传承,更难以繁荣发展。中华文化之所以绵延五千年而长兴不衰,中国兵学之所以在世界兵家之林中独树一帜,就是自身有一种吐故纳新的能力和求变图强的精神。现在,世界文化格局风云变幻,各种文化潮流相互激荡,文化赖以生存发展的经济基础、体制环境、社会条件发生深刻变化,文化创新的社会意义日益凸显。只有在传统的基础上不断创新,才能适应时代的发展和现代化建设的需要,才能使文化和思想政治教育更具有吸引力和凝聚力。

(四)成为积极吸取世界一切优秀文化成果的主体

多元文化的存在是世界文化的客观现实。历史证明,一个国家、民族,其文化体系愈是能吸纳整合异质文化,其文化体系就愈丰富,愈有生命力,没有吸纳整合能力的文化是脆弱的,经不起历史挫折的考验。所以只有通过本国文化与外来文化的相互交流,在立足本民族文化的基础上吸收其他文化的优秀成果,经过不断地交融、整合,才能实现文化的创新和新文化的产生。党的十九届五中全会提出:"贯彻习近平强军思想,贯彻新时代军事战略方针,坚持党对人民军队的绝对领导,坚持政治建军、改革强军、科技强军、人才强军、依法治军,加快机械化信息化智能化融合发展,全面加强练兵备战,提高捍卫国家主权、安全、发展利益的战略能力,确保2027年实现建军百年奋斗目标。"①这就要求我们必须进一步积极吸收世界一切文明成果,包括国外军事文化成果。为此,我们必须努力做好以下两方面的工作:

一要加大与世界文化尤其是军事文化的交流力度。每个民族的文化,都有其独到的长处,同时也存在自身的惰性和不足。有交流才有比较,有比较才能使各民族正确认识自己的文化、反思自己的文化。同时,由于文化具有扩散、传播和渗透的功能,世界各民族文化在接触过程中,必然会互相影响和渗透,互相借鉴和吸收,促进各种文化不断融合。"当今世界,人类生活在不同文化、种族、肤色、宗教和不同社会制度所组成的世界里,各国人民形成了你中有我、我中有你的命运共同体。"②随着改革开放的不断深入,我军对外交流的广度和深度不断加强,了解世界各国文化,了解世界各国军队的机会不断增多,这为我们汲取包括军事文化在内的世界文化成果提供了便利。把这种交流作为我军的一种教育样式,在扩大交流中选择我军文化,是发挥各级党组织本体性主体作用的重要职责。

二要对外来文化进行选择性吸收。文化交流是文化发展的基本规律,也是文化发展的基本动力。没有文化交流,世界文化不可能有今天的发展。但如果把所有文化成就的取得全部归功于文化交流,显然有失偏颇。我们要进行有选择性地吸收。正如邓小平所说:"要弄清什么是资本主义。资本主义要比封建主义优越。有些东西并不能说是资本主义的。比如说,技术问题是科学,生产管理是科学,在任何社会,对任何国家都是有用的。我们学习先进的技术、先进的科学、先进的管理来为社会主义服务,而这些东西本身并没有阶级性。"③对外来文化中有益的成分要积极利用,而对于那些资

---

① 《〈中共中央关于制定国民经济和社会发展第十四个五年规划和二〇三五年远景目标的建议〉辅导读本》,人民出版社,2020 年,第 55~56 页。

② 习近平:《论党的宣传思想工作》,中央文献出版社,2020 年,第 66 页。

③ 《邓小平文选》(第二卷),人民出版社,1994 年,第 351 页。

产阶级的腐朽的反动的文化成分要用马克思主义的立场、观点和方法进行分析、鉴别和批判。在这一过程中,必须坚持以我为主、为我所用的原则。也就是说,借鉴和吸收外来文化,既要有助于民族文化的更新和我军传统文化的创新,又要有利于民族文化和我军传统文化的保护,把民族的利益和我军的发展巩固作为衡量、择取外来文化的重要标准,在保持民族文化主体性和我军革命本色的前提下,借鉴和吸收外来文化。由于世界各民族的文化有其独特的生存环境,在借鉴和吸收的过程中,我们不能生搬硬套,而要根据本国的国情,对它进行改造,实现与我军文化的有机融合。只有这样,外来文化才能在我军开花结果,才能建立既具有世界性,又保持浓厚民族特色的社会主义先进文化和我军特色文化。

二、实践性主体:教育者在文化选择中的责任

军队思想政治教育者,是指军队各级政治干部,以及政治机关、政治工作人员和自觉从事思想政治教育工作的骨干,他们是我军思想政治教育工作的组织者和实施者,是党和国家意志的代表者和实践主体。这种实践是在一定的社会环境、历史环境、文化环境等条件下展开的。"环境是由人来改变的,而教育者本人一定是受教育的……环境的改变和人的活动或自我改变的一致,只能被看做是并合理地理解为革命的实践。"①军队思想政治教育者,具有实践性主体的鲜明特性:

首先,具有派生性特征。军队思想政治教育者,是中国共产党及其军队各级党组织这一军队思想政治教育本体性主体在具体思想政治教育过程中的代言人,所以他们的行为既是个人行为又是组织行为,背后站立着党、国家和整个军队。所以他们的行为意向是严肃的、严格的、规范的,必须不折不扣

---

① 《马克思恩格斯文集》(第一卷),人民出版社,2009 年,第 500 页。

地按照党和国家意志的要求开展工作,其主体性的发挥绝对不能超越社会主导价值体系和我军主导价值体系的规定,要与党的本体性主体意向吻合。

其次,具有获得性特征。军队思想政治教育者,虽然受党组织的委派,代表党、国家和军队并以一定的社会要求去影响广大官兵,但必须是具备相应素质和技能的人才有资格获得这一任务。也就是说,教育者必须经过系统的专业培训,具备军队建设尤其是军队思想政治建设所要求的思想观念和行为规范,具有较高的政治觉悟、思想水平和道德素质,掌握丰富的相关知识,具备一定的思想政治教育技能。同时,在思想政治教育实施过程中,教育者必须先接受党的要求、军队的要求、社会的要求并加以理解,然后再通过思想政治教育把这些要求传递给广大官兵。

最后,具有个体性特征。军队思想政治教育者主要是传递、传播、分享社会的路线、方针、思想政治观念、道德观念、价值取向、思维方式、行为方式,但在将上述内容作用于教育对象的认知结构和思想行为的过程中,离不开教育者的个人理解和诠释,甚至是榜样示范。正是由于思想政治教育的实践主体具有以上特征,对思想政治教育者的要求也就更高。同时,军队思想政治教育的教育者大都是各级领导干部,有着更高的素质和责任能力要求。面对新时代军队思想政治教育文化选择的历史任务,军队思想政治教育工作者必须担当如下角色:

(一)成为丰富文化素养的拥有者

军队各级领导干部和教育机构的教育者,作为军队思想政治教育的实践主体,既要承担优秀传统文化的传承、先进文化的传播等任务,又要站在更高的平台上发挥人格的影响力,对新出现的社会、经济、文化和政治趋势进行分析,作出合理和科学的评判和预测。随着改革开放的深化、经济全球化和网络技术迅速发展,文化呈现出多元化和差异化的发展趋向。面对多元文化,教育者不仅仅是传授知识,还应立足现实、时代发展的需要,立足军队建设发展的需求,对文化进行反思、研究、选择,并结合党的创新理论,扮演好引导、解释与协调的角色,帮助官兵认识文化、理解文化,从文化中获得意义,进而自觉地进行文化选择。因此,对军队思想政治教育者来说,对其素质要求将越来越高。

掌握一定的科学文化知识是做好思想政治教育工作的基础和前提。"所谓教育,不过是人对人的主体间灵肉交流活动,包括知识内容的传授、生命内涵的领悟、意志行为的规范,并通过文化传递功能,将文化遗产教给年轻一代,使他们自由地生成,并启迪其自由天性。因此教育的原则,是通过现存世界的全部文化导向人的灵魂觉醒之本源和根基,而不是导向由原初派生出来的东西和平庸的知识。"①传递文化价值等教育目的的实现,全都要依赖教育者的文化素养:丰富的文化心灵、进步的文化精神、纯净的文化气质、机敏的文化智慧、精致的文化细节等。一个教育者有文化才有底蕴,有底蕴才有底气,有底气在授课中才有才气和灵气。军队思想政治教育是一门综合性、应用性很强的科学,它既包括思想政治教育基本理论和工作业务方面的知识,也包括与思想政治教育关系密切的教育学、历史学、心理学、伦理学、社会学、人际关系学、人才科学、管理科学等多学科知识。思想政治教育者只有融会贯通上述知识,成为"通才",工作起来才可能得心应手、游刃有余。

社会已发展到信息时代,信息的传播方式非常多。广大官兵求知欲强,他们渴望了解社会,平日里就已通过各种渠道特别是网络接受了很多信息。在这种情况下,教育者如果还是照本宣科,满足于充当上级文件指示的"传声筒",官兵是不会满意的。因此,军队思想政治教育工作者要更加自觉、更加刻苦地学习马克思主义经典理论。"要深入学、持久学、刻苦学,带着问题学、联系实际学,更好地把科学思想理论转化为认识世界、改造世界的强大

---

① [德]雅斯贝尔斯:《什么是教育》,邹进译,生活·读书·新知三联书店,1991年,第3页。

物质力量。共产党人要把读马克思主义经典、悟马克思主义原理当作一种生活习惯、当做一种精神追求,用经典涵养正气、淬炼思想、升华境界、指导实践。"①同时,在新的历史条件下,思想政治教育的手段越来越现代化,现代化赋予思想政治教育者以很多新的内涵,如人文关怀、人格感召、信息制定、文化熏陶、心理疏导等,在方法、手段、内容上也涵盖了很多文化的元素和时代的特点。没有一定的科学文化知识作基础,不掌握一定的现代科学技术手段,思想政治教育就难以胜任所担负的职责与任务。因此,军队思想政治教育者不仅要具有良好的职业素养和扎实的专业基本功,更要具有深厚的文化积累与人文情怀。只有这样才能更好地发挥教育者的主体人格作用,使其思想观念与行为方式对官兵、部队乃至社会文化产生积极的引领和导向作用。

(二)成为先进文化的传播者

文化知识也是一种信息,需要积极传播、辨别、认同。作为军队思想政治教育者,必须明确肩负的历史责任,努力传播先进文化、发展先进文化,只有这样才能发挥先进文化的积极作用。思想政治教育是在人的头脑中搞建设的一项灵魂工程。官兵头脑犹如一块土地,不长庄稼就长草,必须通过坚持不懈的思想政治教育,持续抓好科学理论和先进文化武装,着力在撬动官兵心灵、滋润官兵心田、触及官兵灵魂上下功夫,按照"四有"新时代革命军人的样子教育官兵、塑造官兵。当前,一些单位在教育中还存在着"重内容完成轻思想转化,重死记硬背轻消化吸收,重集体灌输轻个体培育"等问题,教育搞得不少、但打下烙印不多的现象,值得我们很好地总结和反思。习近平在中央军委党的建设会议上强调:"要坚持用新时代中国特色社会主义思想和新时代党的强军思想武装官兵,铸牢部队对党绝对忠诚的思想根基。"②

---

① 习近平:《在纪念马克思诞辰 200 周年大会上的讲话》,人民出版社,2018 年,第25～26 页。
② 《习近平谈治国理政》(第三卷),外文出版社,2020 年,第384 页。

从观念形态的文化来看,党的创新理论无疑是中国最先进的文化,是中国特色社会主义文化的指导和灵魂,而思想政治教育则是党的创新理论"进教材、进课堂、进官兵头脑"的主渠道之一。因此,作为思想政治教育者不仅要传授好一般的文化知识,还要传授好当代社会最先进的文化,真正成为先进文化的传播者。

一要强化责任意识。军队思想政治教育的根本任务,是帮助广大官兵坚定社会主义理想信念,树立正确的世界观、人生观和价值观,培育"四有"新时代革命军人,打赢未来战争。作为思想政治教育者,要有高度的事业心、强烈的责任感,要高度重视先进文化的阵地建设。习近平深刻指出:"人类文艺发展史表明,急功近利,竭泽而渔,粗制滥造,不仅是对文艺的一种伤害,也是对社会精神生活的一种伤害。低俗不是通俗,欲望不代表希望,单纯感官娱乐不等于精神快乐。"[1]他强调:"现在,宣传思想工作的环境、对象、范围、方式发生了很大变化,但宣传思想工作的根本任务没有变,也不能变。宣传思想工作就是要巩固马克思主义在意识形态领域的指导地位,巩固全党全国人民团结奋斗的共同思想基础。"[2]各级党委都要增强阵地意识,切实加强对思想文化阵地的领导。这是加强党对思想政治教育领导的重要内容,也是加强军队思想政治教育文化选择的必然要求。经验和教训告诉我们,有些地方的思想政治工作做得不好,与思想文化阵地薄弱或失控有密切关系,因而一定要守土有责,任何时候都不可掉以轻心。军队思想政治教育是宣传、普及无产阶级先进思想文化,传播科学知识、科学精神、科学方法,抵御和打击腐朽文化的主渠道,发挥军队思想政治教育在先进文化传播中的辐射功能和导向作用,对提高广大官兵的思想道德素质和科学文化水平具有重要意义。

---

① 中共中央文献研究室:《习近平关于社会主义文化建设论述摘编》,中央文献出版社,2017年,第155~156页。

② 同上,第22页。

二要做好加工和融合。教育作为人们自我建构的实践活动,在本质上表现为人与文化的双向建构过程。教育者所选择和加工的文化直接决定着官兵接受、认同的方向和水平。军队思想政治教育者通过他们的优势来维系同官兵之间的教化关系。教育者对教育内容的选择与加工,在很大程度上关系官兵的学习兴趣、知识建构和新思想、新观念的确立。进入教学环节的内容,必须是经教育者认真、仔细、审慎加工了的文化,这样才能使所传授的教学内容适合官兵的需要,吸引官兵的兴趣,才能使官兵很好地吸收教育者所讲授的内容,并将其纳入自己的知识结构、价值观念、思想认知等体系中,转化为思想观念、政治觉悟和自觉行动。也只有这样,思想政治教育的良性循环才能顺利进行,才能为文化的选择提供条件。因此,从一定意义上说,教育者对文化选择、加工的好坏,在某种程度上也直接关系思想政治教育的成效。但在现实中,这一点往往被忽视。成功的教育者,大多具备"吃透上面的、摸清下面的、拿出自己的"素质和能力。但是一些教育者照搬上级文件指示的现象十分普遍,或随意选择教育内容,把很杂乱的知识原封不动地交给官兵,未进行任何加工和整理。有的即使意识到了要对文化进行选择、加工,但也只是稍加整理,没有形成系统的学科结构,只把很粗浅的表层知识交给官兵,官兵无法形成系统的认知结构。教育者必须意识到文化加工的重要性,采用正确的方法,对文化进行合理的选择和加工,把教育内容以官兵喜闻乐见的方式传授给官兵,把符合军队建设需要的思想观念传授给官兵。教育者应遵循思想政治观念的发展性原则,对文化的选择、加工要有适度的超前性,教育设置的目标是官兵必须通过努力才能达到的,内容老套、信息陈旧、方式呆板的教育,大多不易激发官兵学习的积极性。同时,教育者在对文化进行选择、加工时,要多设置问题情境,以官兵的"发现"活动为主,采用多样化的组织形式,最大限度地发挥官兵在学习中的主体性和创造性。

三要遵循特点规律。马克思主义关于世界的物质性及其发展规律、人类社会及其发展规律、认识的本质及其发展规律等原理,为我们研究把握哲学社会科学各个学科各个领域提供了基本的世界观、方法论。思想政治教育是做人的工作,是做人的思想工作的,有其客观规律。思想政治教育要盯着人做工作,不能见物不见人。脱离了人,游离于人的思想及其活动现实,思想政治教育就空对空了。在以往的实践中,人们强调尊重客观规律,往往注重的是思想政治工作的运行规律,而对官兵成长特别是政治信念、思想道德的生成规律重视不够。要遵循官兵成长发展规律,把官兵的思想行为特点和合理需要作为做好工作的重要依据,把官兵关注的问题作为推进工作的切入点,深入细致地分析研究官兵的思想观念、价值取向、精神文化需求、行为方式,找到穴位、把准脉搏,才能有的放矢做好工作。只有坚持按客观规律办事,才能避免主观臆断、瞎折腾,增强军队思想政治教育的科学性、预见性、主动性。"要坚持用习近平新时代中国特色社会主义思想教育人,用党的理想信念凝聚人,用社会主义核心价值培育人,用中华民族伟大复兴历史使命激励人,培养造就大批堪当时代重任的接班人。"①

(三)成为文化自觉特别是我军军事文化自觉的践行者

文化自觉是生活在一定社会文化环境中的人们对自身前途命运前途的理性认识与把握,并形成主体的一种文化信念和准则,主动地将之付诸社会实践,从而表现为一种自觉践行和主动追求的理性态度。文化自觉具体表现为对自己的文化历史传统、现实状况、未来趋势有"自知之明";对文化的发展规律和特点、优势和缺陷及在世界文化中的地位和作用"心中有数";对世界上的其他不同文化有深入了解,并能吸收其精华"以利己用"等。强调和重视文化自觉,目的是为了加强对文化转型、文化取舍、文化选择和文化改造的自主能力。教育者之所以要成为文化自觉的践行者,是因为教育者只有做

---

① 《中共中央关于党的百年奋斗重大成就和历史经验的决议》,人民出版社,2021年,第74页。

到了"文化自觉",才会使自己具有广阔的视野和高远的追求,具有高雅的文化品格和崇高的文化精神,才能"用一个心灵去唤醒另一个心灵,用一个灵魂去感召另一个灵魂"。为此,军队思想政治教育者应在以下三个方面下功夫:

一是做主动学习者。文化自觉,贵在对文化有一个正确的认识,贵在对文化潮流有一个准确的定位,贵在对中国先进文化的本质和方向,以及我军军事文化建设的本质特征有一个深刻的把握。而这三者的形成,都是建立在认真学习研究基础之上的。同时,随着互喻文化①时代的到来,社会发展正步入两代人互相学习、共同成长的阶段。2021年《觉醒年代》的热播,既是新时代青年家国情怀的一次伟大觉醒,也是互喻文化的生动展现。应该承认,与教育者相比,广大官兵在感受时代精神、吸收文化信息方面,触角更敏锐、视野更开阔。教育者应深入到官兵中,接触、体察、理解那些为官兵所神往和珍视的文化信息;善于运用"心理位移","稚化"自己的情感,力求像官兵那样去感知、体验和思索,与官兵一起切磋、探讨,努力寻找教育者与官兵在文化认识上的共鸣区。

二是做热心引导者。官兵身处社会大环境中,每天接触的信息良莠不齐。教育者与其如临深渊般地提防官兵被社会不良信息毒害,不如巧妙地引导官兵处理各种信息。教育者要珍视官兵文化中的有益资源,善于把环境中的消极信息转化为积极信息,施加有目的、有计划的影响。如果能创造性地将教育内容、军队特殊的理念文化、制度文化和官兵思想观念和行为方式进行有效的融合,借助生动活泼的文化形式,激发官兵学习的欲望,必将取得事半功倍的效果。

三是做人文关怀者。蔡元培先生说:"教育是帮助被教育的人,给他能

---

①　互喻文化是指长辈和晚辈都乐于接受并能借此沟通的文化模式或文化形式。

发展自己的能力,完成他的人格,与人类文化上能尽一分子的责任。"①教育者应怀着一颗博爱心、宽容心,走近官兵,关照他们的心灵,了解他们的文化需求,用坦诚获取坦率,努力实现人格对等的交往,构建和谐宽松、平等相处的教育互动关系,使文化、道德、素质等得以最佳传递。要引导官兵营造活泼、宽容、纯洁的营区环境和战友关系,培养官兵广博的人文情怀,使思想政治教育要求润物无声地内化为官兵的人格,转化为官兵持久的人生信念,从而实现思想政治教育育人功效的高度释放。

三、自我教育主体:教育对象在文化选择中的责任

"人们对概念的运用,并不是像一列火车沿着预先铺好的铁轨运行那样进行的。意义并不是预先形成的,它是被人们当作不断地利用的用法而从社会角度构想出来的。"②也就是说,"人的主体性体现在他从社会群体生活和文化结构中获得的生命价值和意义,从社会文化结构上意识到自己的存在,以及从中获得的自由和自主性"③。思想政治教育说到底是做人的工作,目的是争取让教育对象口服心服,优化思想政治品德结构和行为模式。而思想政治品德的改变是教育对象在思想政治教育活动作用下的内化与外化过程,离不开教育对象自身主体意识的开发和培养,更依赖于其自身主体能力的发展与发挥。在思想政治教育过程和思想政治品德形成过程中,教育对象的主体性体现为他们对于来自思想政治教育过程和非思想政治教育过程的教育信息处理、建构的主动姿态、能动作用、积极态度和自择地位。广大官兵作为军队思想政治教育的自我教育主体,既是军队思想政治教育文

---

① 转引自徐艳:《蔡元培与威廉·洪堡教育思想之比较研究》,《浙江海洋学院学报》(人文科学版),2000 年第 3 期。

② [英]大卫·布鲁尔等:《知识和社会意象》,艾彦译,东方出版社,2001 年,第 3 页。

③ 司马云杰:《文化主体论》,山东人民出版社,1992 年,第 168～169 页。

化选择的参与主体，更是推动包括军队思想政治教育在内的军事文化不断创新发展的创造主体。我军九十多年来形成的一切理论、思想、观念和文化成果，都是一代代官兵创造的，广大官兵拥有无可争议的享受一切先进文化成果的权利。让广大官兵成为军队思想政治教育文化选择的主体，既是他们认识历史的最佳途径之一，更是他们丰富自己、提高自己、创造新的生活及新文化的必备要素。因此，在军队思想政治教育的过程中，我们要注重教育对象文化选择能力的培养，让广大官兵参与文化选择实践。只有这样，文化的选择才能有坚实的群众基础，有发展的无穷动力和良好的效益。

（一）成为优秀文化的自觉传人

让广大官兵做一个对优秀传统文化有自知之明的人，对自己所处的文化有全面、深刻的理解，其目的是为了加强对文化转型的自主能力，取得适应新环境、新时代文化选择的自主地位。文化的选择是一个理性的过程，这种过程是对非理性、盲目、情绪化等文化态度的超越，它要求我们对传统文化不能仅仅停滞于感情上的维护，更重要的是要有文化上的认知。而这种文化认知，不仅是对语言符号、风俗习惯、生活方式等文化表层的认知，更是深入到价值观念、审美取向、情感定式、思维方式等文化内层的认知。只有通过这种理性的文化认知，储备相应的文化知识，才有进一步进行文化反思、文化创新的可能。

一是强化官兵的历史文化记忆。"今天的中国是历史的中国的一个发展；我们是马克思主义的历史主义者，我们不应当割断历史。从孔夫子到孙中山，我们应当给以总结，承继这一份珍贵的遗产。这对于指导当前的伟大的运动，是有重要的帮助的。"①历史失忆必会产生"数典忘祖"的结果，在"历史认同"上发生错乱，必然会产生对民族或国家的疏离感。一个民族如

---

①　《毛泽东选集》（第二卷），人民出版社，1991年，第534页。

果对自己的历史文化中断了记忆,不爱惜自己民族的文化传统与生态资源,注定要受到历史的惩罚。钱穆指出:"若一民族对其以往历史了无所知,此必为无文化之民族,此民族中之分子对其民族必无甚深之爱,必不能为其民族有奋斗而牺牲,此民族终将无争存于世之力量。"①强化广大官兵的历史记忆,重在将历史教育融入和渗透到军队思想政治教育之中,通过教育让官兵了解中华民族奋斗的历程和文化上光荣的成就,了解近代中国的忧患和挫折,了解我军的光辉历程,了解我军听党指挥、能打胜仗、作风优良的光荣传统,从而正确确定新时代革命军人的历史方位。

二是培养官兵的传统文化情感。对文化传统的体认与尊重,直接关系一个民族对自身的认同,也关系一个人对自己民族的认同。无论哪一个国家、哪一个民族,如果不珍惜自己的思想文化,丢掉了思想文化这个灵魂,这个国家、这个民族是立不起来的。中华民族伟大复兴需要以中华文化发展繁荣为条件。中华文化源远流长、博大精深,一旦探秘其中,就会终生复用。14亿多中国人民凝聚力这么强,就是因为我们拥有博大精深的中华文化、中华精神,这是我们文化自信的源泉。要培育广大官兵对自己民族传统文化的热爱与尊重,增强民族传统文化的认同感,自觉从汲取前人的宝贵财富入手,以奠定官兵丰厚的传统文化底蕴。

三是培养官兵对传统文化的反思能力。要做一个对民族文化有自知之明的人,必须具备一定的文化反思能力,即在深刻认识自身文化的基础上提高自我反省意识、鉴别能力和扬弃能力。我国的传统文化既有仁、义、礼、智、信等人类共同追求的美好的东西,又有在封建社会中与当时政治、经济胶合在一起而衍生出的许多具有历史局限性的东西。这就要求我们在对官兵进行传统文化教育时,既要选择其中的精华,也要照顾到中国传统文化的

---

① 钱穆:《国史大纲》,商务印书馆,1996年,第2～3页。

整体性。只有照顾到整体性，才能真正使他们看到中国文化的全貌，明白精华之外什么是糟粕，为什么是糟粕。只有这样才能促使官兵在认同传统文化内核价值的同时学会反思，进一步增强文化选择的能力。

（二）成为社会主义核心价值观的自觉践行者

文化是人创造的。人的创造以价值为根据，因此任何一种文化，都是一个价值意义和形式结构的社会系统。价值意义内在于文化中，是整个文化的核心。它反映着主体受文化观念的影响而形成的对价值追求、评价、选择的一种倾向性态度。也就是说，价值观规定着人的实践活动的方向、准则和方式，不同的价值取向体现着不同的文化模式。所以文化的选择从根本上说是文化的价值选择。而核心价值观是指导组织成员形成共同行为模式的精神元素和组织成员共同行为的永恒准则，是一个组织的主心骨和灵魂。它深藏在成员心中，引领着他们的价值取向、理想信念和信仰，决定、影响着他们的行为。每个时代有每个时代的精神，每个时代有每个时代的价值观念。当代中国，核心价值观就是倡导富强、民主、文明、和谐，倡导自由、平等、公正、法治，倡导爱国、敬业、诚信、友善。正因为如此，核心价值观在文化选择中往往占有核心和基础的地位。因而我们要自觉践行社会主义核心价值观，让广大官兵做一个有正确文化价值取向的人。

一是引导官兵深入理解社会主义核心价值观。习近平指出："一个民族的文明进步，一个国家的发展壮大，需要一代又一代人接力努力，需要很多力量来推动，核心价值观是其中最持久最深沉的力量。"[①]核心价值观一般都是以最为凝练简短的词语表示的，具有抽象概括性，要想使这些词语的内涵和精髓为广大官兵了解并深刻理解与认同，并在日常行为中反映出来，就要

----

①　中共中央文献研究室:《习近平关于社会主义文化建设论述摘编》，中央文献出版社，2017年，第119页。

对广大官兵进行宣传教育,深刻理解社会主义核心价值观的科学性、正确性和崇高性。正确的价值观选择不是与生俱来的,不是到了部队就能自发生成的,必须通过不断的理论灌输和教育引导,使官兵真正从理论上弄清社会主义核心价值观是什么,为什么要确立社会主义核心价值观,以及怎样坚守社会主义核心价值观等问题,从而增强辨别是非的能力,提高践行的自觉性。社会主义核心价值观是当代中国精神的集中体现,凝结着全体人民共同的价值追求。从国家、社会、公民三个层面,回答了我们要建设什么样的国家、建设什么样的社会、培育什么样的公民的重大问题。其中,富强、民主、文明、和谐是国家层面的价值要求,自由、平等、公正、法治是社会层面的价值要求,爱国、敬业、诚信、友善是公民层面的价值要求。《军队思想政治教育规定》明确:作风优良方面的教育内容,包括社会主义核心价值观教育。

二是引导官兵大力弘扬社会主义核心价值观。价值观反映精神意识,体现人们所持的立场、观点和方法,从根本上决定人的思维方式和行为取向。核心价值观是一个民族赖以维系的精神纽带,是一个国家共同的思想道德基础。如果没有共同的核心价值观,一个民族、一个国家就会魂无定所、行无所归。由于受国际大环境,以及我国经济体制深刻变革、社会结构深刻变动、利益格局深刻调整、生活方式深刻变化的影响,部队官兵在价值取向上呈现出差异性、独立性、多样性和多变性特征。在现实中,部队官兵客观存在着自由主义与集体主义、个体主义与整体主义、功利主义与奉献主义、享乐主义与节俭主义的心理矛盾和价值交锋,少数人还存在着信仰淡化、道德失范、选择轻率的价值盲区。面对这种情形,弘扬社会主义核心价值观,用之引导官兵的文化价值选择,必须加强培育官兵的道德自律意识,使自律成为他们的自觉习惯。此外,要坚持"他律"机制的建设和运作,从制度层面保障社会主义核心价值观切实落地生根、开花结果。

三是引导官兵自觉践行社会主义核心价值观。发挥先进典型的榜样力量和示范作用,党员干部要亲身实践核心价值观,以其榜样、示范、带头作用实现文化趋同与追随。党员干部的言行就是一种文化现象,其发生的作用就是一种文化影响。因此,党员干部特别是领导干部要率先垂范倡导社会主义核心价值观,而不是做表面文章,坚决把社会主义核心价值观付诸行动,使官兵获得良好的文化环境。树立先进典型,展现其践行社会主义核心价值观的先进行为,让广大官兵认识到践行社会主义核心价值观的典型就在他们身边,从而感染并促使社会主义核心价值观内化为每位官兵的内在精神品质。要按照典型宣传"三贴近"原则,宣传先进典型的事迹和精神,促进社会主义核心价值观的传播和深化,营造学先进、赶先进、当先进的良好氛围,激励和带动更多的个人和集体成为先进典型,壮大典型队伍。要抓住官兵普遍认知典型事迹、受到感染和教育的有利时机,加强引导,及时开展多种教育活动,深化学习效果,把广大官兵通过学习先进典型激发出来的热情和积极性,引导到实践中去,真正做到从行为上自觉践行社会主义核心价值观。

（三）成为良好军营文化的自觉营造者

军营文化,既是军事文化的一种形态,又是形成和发展军事文化的一种环境氛围,还是军队思想政治教育文化选择的重要领域。部队广大官兵是军营文化的建设者、参与者、影响者和受益者,要落实教育对象的自我教育主体地位,就必须激发广大官兵参与军营文化活动的主动性、积极性和创造性,充分挖掘官兵中的文化资源,把官兵在军营文化活动选择中的主体性突出出来。充分发挥中华优秀传统文化、社会主义先进文化、革命文化教化人、培育人的作用,塑造中国心、民族魂、强军志,助推中国梦强军梦的实现。

坚持教育与娱乐相结合,促使官兵在寓教于乐中参与文化选择。没有教育性,军营文化建设就会失去灵魂和方向;没有娱乐性,军营文化也会显得枯燥乏味,很难引人入胜,深入人心,更谈不上官兵的参与。因此,开展军营文化活动必须坚持两者的统一。一方面,坚持用先进文化教育引导官兵,强化用马克思主义占领军营文化阵地的意识,用格调高雅、健康向上的文化生活充实官兵,从提高官兵思想、品德、文化和心理素质等方面入手,使官兵逐渐树立起正确的世界观、人生观、价值观和是非观,不断提高广大官兵文明素质。另一方面,确立寓教于乐的意识。一般来说,官兵首先是为了娱乐、休闲才参与军营文化活动的,在娱乐休闲的同时,不知不觉地受到教育,开阔眼界,这种寓教于乐的作用机制是军营文化最显著的特点和优势,其作用和功能是一般正式上大课、搞教育所不能代替的。要充分运用军营 VR、军旅影视、军事动漫、录像、广播、墙报、黑板报和娱乐晚会等娱乐形式,大力弘扬主旋律,引领广大官兵在文娱活动中实现文化选择。

坚持集体组织与自发开展相结合,促使官兵在自觉参与中进行文化选择。开展文化活动要紧紧围绕思想政治教育主题和官兵的思想实际来谋划,组织好大型纪念活动、庆祝活动、歌咏演唱、读书演讲、影视欣赏、文艺演出、体育竞赛,防止就活动而活动。同时,要充分相信官兵的知识文化水平、实践经验和生活阅历,重视官兵在观察问题、接受道理和休闲娱乐上的亲身体验和自主选择;要经常开展群众性文化活动,让官兵自编自演身边的人和事,从而更大限度地发挥官兵在军营文化活动中的主体作用,真正让广大官兵在文化活动中唱主角,最大限度地激发官兵的参与热情,使军营文化建设永远生机盎然、活力四射。要相信广大官兵,依靠广大官兵,广泛听取官兵对文化活动的建议,组织活动真正做到既按照上级的要求,又结合官兵的实际需要,充分发挥文化活动的效力。

第三章
思想政治教育文化选择的基本原则

任何选择都必须遵循一定的原则,任何创新都是在一定原则指导下的产物。军队思想政治教育文化选择也不例外。遵循正确的原则,可以使文化选择产生积极的、良好的效果,促进军队思想政治教育更好地发挥应有功能,并实现其科学发展;反之,文化选择就可能走偏方向,影响军队思想政治教育的实效,进而影响军队政治工作的成效,甚至对军队建设产生影响。因此,要实现军队思想政治教育文化选择的科学性,实现军队思想政治教育的目标,必须加强文化选择基本原则的研究。

第一节　先进性原则

先进性原则,作为军队思想政治教育文化选择的首要原则,包含两方面内容。一是要讲党性和政治性。也就是说,军队思想政治教育在进行文化选择时,一定要坚持无产阶级的党性,讲政治,按照我党的政治要求进行文化选择。二是要选择和创新先进文化。两种文化相比较,在时间上有今昔之别,在空间上有地域之差,在品质上有先进与落后之分。而不同的文化,对社会、经济、政治的作用与反作用不会相同,对人的发展的影响作用也各有区别。所谓先进文化,是健康的、科学的、向上的,既是人类思维成果的精华,又表达未来发展的方向,是推动社会前进的文化。简言之,凡是反映和促进社会生产力发展的文化,就是先进文化。先进文化顺应历史潮流,反映时代精神,代表未来方向,是人类文明进步的结晶,是推动人类社会进步的思想保证、精神动力和智力支持。习近平强调:"人无精神则不立,国无精神则不强。精神是一个民族赖以长久生存的灵魂,唯有精神上达到一定高度,这个民族才能在历史的洪流中屹立不倒、奋勇向前。"①人类文明进步的历史充分表明,没有先进文化的积极引领,没有人民精神世界的极大丰富,没有全民族创造精神的充分发挥,一个国家、一个民族不可能屹立于世界先进民族之林。因此,军队思想政治教育文化选择遵循先进性原则,必须选择和创新先进文化。下面着重对先进性原则的第二层含义进行集中分析。

一、坚持先进性原则的必然性

所谓"先进",是先行、先导、先锋的意思。先进性就是体现一种理论、文化或价值观念顺应时代进步潮流、代表人民利益和愿望。

(一)选择先进文化是军队思想政治教育本质属性的内在要求

在建设高度社会主义物质文明的同时,树立崇高的革命理想和道德风尚,发展高尚的丰富多彩的文化生活,建设高度的社会主义精神文明,是我们社会主义现代化建设的重要目标。社会主义的优越性不仅表现在经济政治方面,表现在能够创造出高度的物质文明上,还表现在思想文化方面,表现在能够创造出高度的精神文明上。贫穷不是社会主义;精神生活空虚,社会风气败坏,也不是社会主义。"不加强精神文明的建设,物质文明的建设也要受破坏,走弯路。光靠物质条件,我们的革命和建设都不可能胜利。"②

---

① 中共中央文献研究室:《习近平关于社会主义文化建设论述摘编》,中央文献出版社,2017年,第13页。

② 《邓小平文选》(第三卷),人民出版社,1993年,第144页。

在社会主义初级阶段,我国政治、经济、文化的发展还不太平衡,与西方发达资本主义国家相比,我们的经济发展还有相当大的差距,但我国的社会主义文化在指导思想和本质内容上所体现的科学性与历史进步性,又是西方发达资本主义国家文化所难以比拟的。正如邓小平所指出的:"社会主义的经济是以公有制为基础的,生产是为了最大限度地满足人民的物质、文化需要,而不是为了剥削。由于社会主义制度的这些特点,我国人民能有共同的政治经济社会理想,共同的道德标准。以上这些,资本主义社会永远不可能有。"①

但是当今世界,科学技术的日新月异和全球化的快速推进,引起部队官兵价值取向、思维模式、生活方式等文化精神的深层次裂变和思想观念的多角度转换。尤其是随着网络空间的出现,思想政治教育的主体与对象之间"键对键""线连线"多了"点对点","面对面"少了,以致部分官兵尤其是青年官兵的孤独感加重、获得感减少和精神虚拟化,这不仅冲击了军队思想政治教育的实效,在一定程度上也影响了部队的凝聚力和战斗力。同时,我国社会主义市场经济的建立和发展,既能促进先进文化的建设,也会产生对先进文化的不良影响。应当承认,社会上出现的诸如理想信念淡薄、拜金主义、道德滑坡、腐败等问题,在军队内也时有发生。因此,军队思想政治教育在官兵价值取向、思维模式、生活方式等文化精神的深层次裂变和思想观念的多角度转换时,更需要严肃负责地进行反思,需要用包括先进军事文化在内的社会主义先进文化来引导。

军队思想政治教育在选择文化时,要突出用习近平强军思想、铸魂育人这条线,始终坚持"三个紧贴",努力推进马克思主义中国化、时代化、大众化,用官兵所喜闻乐见的语言、形式来实现"两个武装",自觉弘扬我军优良

① 《邓小平文选》(第二卷),人民出版社,1994 年,第 167 页。

传统,大力培育社会主义核心价值观,营造良好的军营文化环境,保证军队现代化建设发展的正确方向;通过发展健康向上、丰富多彩的,具有军队特色、军队风格、军队气派的先进军事文化,丰富官兵的精神文化生活,不断提高官兵的思想境界和审美水平,促进官兵的全面发展。

(二)选择先进文化是增强军事软实力的客观需要

文化是综合国力的重要组成部分,也是军事软实力的重要组成部分。当今世界,国家与国家、军队与军队的竞争,不仅包括经济实力、科技实力、装备实力、人员素质等方面的竞争,更包括文化方面的竞争。文化的力量深深熔铸在民族的生命力、创造力和凝聚力之中,是影响综合国力消长的长期性、基础性、战略性要素,也是影响军事软实力的核心因素。综观当今世界各国,综合国力占优势的国家都拥有一支强大的军队,而这支军队又都具有很强的文化竞争力。随着世界多极化和经济全球化的深入发展,世界各种思想文化,历史的和现实的、外来的和本土的、进步的和落后的、积极的和颓废的,相互激荡,既有吸纳又有排斥,既有融合又有斗争,既有渗透又有抵御。总体上处于弱势地位的广大发展中国家及其军队,在文化发展中面临前所未有的严峻挑战。

无论是国家的发展和强盛、民族的独立和振兴、人民的尊严和幸福,还是军队的发展与使命的实现,都离不开强大文化的支撑。军队作为一个战斗集体,尤其需要自身独特的、为官兵所自觉追求和遵循的精神支撑与精神激励。这种精神,是一支军队赖以生存和发展的精神根基。我军作为党绝对领导的人民军队,如果没有振奋的精神和高尚的品格,就不可能获得人民的信任与支持,就不能有效履行自身的职能使命。军队思想政治教育文化选择为部队官兵传承着共同的思维方式、传统和精神遗产,进而在现有经济发展和社会进步水平的基础上,在军队建设发展的历史境遇和未来前景的基础上,形成官兵认同的价值取向和凝聚力,形成官兵共同的理想和精神支柱。这种官兵共同认同的价值取向、凝聚力、共同的理想和精神支柱，有着巨大的动员力量和鼓舞力量，这也是军事软实力的基本彰显。正因为有了这种强大文化力量的有力支撑，我们这支军队才能在党的正确领导下，从胜利走向胜利。因此，强化军队思想政治教育文化选择的先进性原则，大力发展社会主义先进军事文化，从根本上促进部队官兵素质的提高和军事人才的培育，是增强我军软实力、实现强军目标、建设世界一流军队的根本方法和长远大计。

（三）选择先进文化是"依靠学习走向未来"的实际举措

古人云，非学无以广才，非志无以成学。高度重视学习、善于进行学习，是我们党的优良传统和政治优势，是我们党保持和发展先进性、始终走在时代前列的重要保证，也是我们党推动事业发展的一条重要经验。我们军队是一支善于学习的人民军队。战争年代，革命前辈在窑洞里、战壕中、马背上坚持学习，"从战争学习战争"，为最终夺取革命的胜利打下了坚实的基础。习近平强调指出："我们党依靠学习创造了历史，更要依靠学习走向未来。"①正是在不断学习的基础上，我们党开辟了中国特色社会主义道路，取得了改革开放和社会主义现代化建设的巨大成就。

我们所处的时代是一个大发展大变革的时代，知识创新、知识更新速度大大加快，各级党组织和广大党员如果不加强学习，就无法在这个时代立足。全党来一次大学习，是顺应时代发展的迫切需要。没有正确方向，不仅学不到有益的知识，还很容易被一些天花乱坠、脱离实际甚至荒唐可笑、极其错误的东西所迷惑、所俘虏。坚持什么样的文化方向，推动建设什么样的文化，是一个政党在思想上和精神上的一面旗帜。先进文化所蕴含的时代

---

① 中共中央党史和文献研究院、中央"不忘初心、牢记使命"主题教育领导小组办公室：《习近平关于"不忘初心、牢记使命"论述摘编》，党建读物出版社、中央文献出版社，2020 年，第 226 页。

精神和价值观念,是先进的政党改造旧世界、建立新世界的精神动力和思想武器,也是衡量一个政党先进性的重要价值尺度。一个先进政党,既要对先进的思想文化有辨别吸纳的高度敏锐性,又要对落后的思想文化有不断批判和抛弃的高度自觉性。同时,作为一个政党,能否掌握和主导现实社会中的先进文化,发挥先进文化的引领、教化、凝聚和规范作用,决定着政党本身及其事业的兴衰成败。事实上,任何政党得以巩固自己地位的重要条件是人们对它的文化认同,若一个政党通过自己所主导的文化支配了社会秩序、主导了人们的思想观念、价值取向和行为方式,它在社会生活中就自然会处于领导地位。因此,一个先进的政党必然主导着一定社会的先进文化,并善于运用先进文化的功能,来巩固和壮大自己,发挥对社会发展的导向作用。任何一个政党,如果不能顺应先进文化的发展潮流,不能主导先进文化的前进方向,最终都将难逃被历史淘汰的命运。

在新的历史条件下,建设社会主义先进文化面临的形势是严峻的。从国际看,世界范围内各种思想文化的相互碰撞十分剧烈。一方面,思想文化的交流有利于我国吸收世界思想文化的优秀成果;另一方面,西方敌对势力凭借文化实力上的优势,加紧对我国实施"西化""分化"图谋,千方百计对我国进行思想文化渗透。从国内看,随着社会主义市场经济的发展和对外开放的扩大,社会经济成分、组织形式、就业方式、利益关系和分配方式日益多样,人们思想文化活动的独立性、选择性、多变性和差异性进一步增强。这种变化趋势总体上是积极的,但在这个过程中,由于历史和现实的原因,社会上还存在一些带有迷信、愚昧、颓废、庸俗等色彩的落后文化,存在一些腐蚀人们精神世界、危害社会主义事业的腐朽文化,存在一些非马克思主义的意识形态,存在一些否定马克思主义的错误思想观念。在这样的复杂形势下,必须进一步提高党建设社会主义先进文化的能力,大力发展先进文化,支持健康有益文化,改造落后文化,抵制腐朽文化和各种错误思想观点。能不能做到这一点,是对我们党执政能力的一个重大考验。军队党组织是我们党的重要组成部分,学习型党组织建设是军队党组织面临的重要任务。建设学习型党组织,不断提高建设包括先进军事文化在内的社会主义先进文化的能力,也是军队党组织的历史责任,是军队党组织为建设马克思主义学习型政党必须承担的历史任务。

二、坚持先进性原则的基本要求

军队思想政治教育是先进文化的集中体现和必然反映,而且它还通过选择不断丰富先进文化的内涵,对先进文化具有拓展功能。

（一）坚持和巩固马克思主义的指导地位,发展先进文化

科学理论是人类文化的重要内容,它在本质上决定着文化的先进性,在进程中决定着文化的前进方向。在充分吸收人类优秀文化一切成果、深刻总结 19 世纪上半叶工人运动经验和当时科学技术发展成就基础上产生的马克思主义,本身就是人类先进文化的结晶与典范。列宁曾经指出,马克思主义之所以能够得出科学的结论,"这是因为马克思依靠了人类在资本主义制度下所获得的全部知识的坚固基础……借助于充分掌握以往的科学所提供的全部知识而证实了这个结论。凡是人类社会所创造的一切,他都有批判地重新加以探讨,任何一点也没有忽略过去。凡是人类思想所建树的一切,他都放在工人运动中检验过,重新加以探讨,加以批判"[1],"马克思主义……吸收和改造了两千多年来人类思想和文化发展中一切有价值的东西"[2]。正因为如此,马克思主义揭示了自然、社会和思维发展的一般规律,阐述了经济、政治与文化的相互关系,为人们认识世界和改造世界,进行经济文化建

---

[1] 《列宁专题文集》（论马克思主义）,人民出版社,2009 年,第 296 页。
[2] 《列宁专题文集》（论社会主义）,人民出版社,2009 年,第 167 页。

设,提出了科学的世界观和方法论,代表着人类先进文化的发展方向。正是由于有了这种科学理论的指导,当代中国的先进文化才能在世界各种文化的交融激荡中沿着正确的方向不断前进。在当前复杂的历史条件下,军队思想政治教育要保持中国特色社会主义文化的先进性质和正确方向,马克思主义的指导地位只能加强,不能削弱,更不能搞指导思想多元化。如果动摇了马克思主义的指导地位,军队就会失去稳定发展的政治思想基础,就会因思想上、政治上的混乱,导致军心涣散、丧失战斗力,进而引起社会的动荡。为此,军队思想政治教育必须坚持马克思主义在文化选择和整个军队建设中的指导地位。

马克思主义是我们立党立国立军的根本指导思想,是社会主义意识形态的旗帜和灵魂,是我们认识和改造世界的强大思想武器。党的十八大以来,国内外形势变化和我国各项事业发展都给我们提出了一个重大时代课题,这就是必须从理论和实践结合上系统回答新时代坚持和发展什么样的中国特色社会主义、怎样坚持和发展中国特色社会主义,包括新时代坚持和发展中国特色社会主义的总目标、总任务、总体布局、战略布局和发展方向、发展方式、发展动力、战略步骤、外部条件、政治保证等基本问题,并且要根据新的实践对经济、政治、法治、科技、文化、教育、民生、民族、宗教、社会、生态文明、国家安全、国防和军队、"一国两制"和祖国统一、统一战线、外交、党的建设等各方面作出理论分析和政策指导,以利于更好坚持和发展中国特色社会主义。围绕这个重大时代课题,以习近平同志为核心的党中央团结带领全党同志坚持以马克思列宁主义、毛泽东思想、邓小平理论、"三个代表"重要思想、科学发展观为指导,坚持解放思想、实事求是、与时俱进、求真务实,坚持辩证唯物主义和历史唯物主义,紧密结合新的时代条件和实践要求,以全新的视野深化对共产党执政规律、社会主义建设规律、人类社会发展规律的认识,进行艰辛理论探索,取得重大理论创新成果,形成了习近平新时代中国特色社会主义思想。习近平新时代中国特色社会主义思想是当代中国的马克思主义、21 世纪的马克思主义，是中华文化和中国精神的时代精神，显现了马克思主义中国化时代在新的飞跃，必须长期坚持并不断发展。有效开展和实施军队思想政治教育，必须将习近平新时代中国特色社会主义思想理论武装放在首位。一方面，引导广大官兵通过原原本本与扎扎实实的理论学习，使官兵深刻认识到在当代中国，只有中国特色社会主义这面旗帜能够最大限度地团结和凝聚不同社会阶层、不同利益群体的智慧和力量，只有中国特色社会主义这条道路能够指引中华民族实现伟大复兴，只有中国特色社会主义这个理论体系能够引领中国不断发展进步，不断增强官兵对中国特色社会主义的政治认同、理论认同、感情认同、文化认同。另一方面，思想政治教育应当坚持贴近实际、贴近生活、贴近官兵，用事实说话、用典型说话、用数字说话，用官兵亲身经历的事情、官兵喜闻乐见的形式、官兵生动鲜活的语言，回答官兵的关切，解答官兵思想认识和个人成长中遇到的一些问题，推进科学理论的大众化，让习近平新时代中国特色社会主义思想转化为广大官兵建功强军伟业的生动实践。

坚持马克思主义的指导地位，必须坚决抵制形形色色的错误理论和思潮。对于那些动摇马克思主义指导地位的错误思潮进行抵制、错误观点进行有力抨击，是巩固和扩大马克思主义在文化领域阵地的需要。马克思主义是人类科学精神的总结。它克服了形而上学唯物主义的局限性和不彻底性，把唯物主义辩证法、唯物主义自然观和唯物主义历史观有机地统一起来，构成了十分完整、严密的科学理论体系。它不仅科学地回答了世界存在的本质问题，而且还科学地回答了世界是怎样存在的问题，科学论证了人在世界中的地位，揭示了人与世界最本质的关系，提示了自然和人类社会发展的规律，从而为人类处理和驾驭同外部世界的关系规定了思维和理论前提，必然也为文化发展提供了思维和理论前提，这种前提渗透在人们认识世界、改造世界和创造理想世界的活动中,也包括在文化发展的活动中。同时,马克思主义理论体系的主要特色之一就是能够直面时代发展的需要,批判地继承人类精神文明的一切成果,勇于站在前代思想巨人的肩膀上去寻找满足时代需求的思想理论、方法和答案。"就像列宁所说的那样,'……凡是人类思想所建树的一切,他都放在工人运动中检验过,重新加以探讨,加以批判,从而得出了那些被资产阶级狭隘性所限制或被资产阶级偏见束缚住的人所不能得出的结论'。"①我们只有立场鲜明地高举旗帜,与形形色色的错误理论和思潮作斗争,才能更好地坚持和发展马克思主义,更好地落实文化选择。

(二)加强多元文化形态下的文化整合,大力弘扬主旋律

随着市场化导向社会实践的发展,当前我国思想文化领域出现了前所未有的多样化景象。加强主流文化建设,弘扬社会主旋律,是文化建设的根本任务。社会主义主流文化是中国特色社会主义文化先进性的集中体现,是建设中国先进文化的根本,决定着中华民族文化发展的价值选择。只有大力倡导和发展这种文化,重视人民群众精神文化追求的多样性,把主旋律文化与多样性文化的发展协调起来,才能形成以主旋律为中心的丰富多彩的繁荣的社会主义文化体系。

1. 弘扬和维护主流文化

思想政治教育是主流文化形成的思想基础,主导着主流文化的发展方向。一个社会主流文化的形成不是盲目的,它是由社会经济基础决定,同时受制于该社会的统治阶级,体现统治阶级的意志和利益。因而思想政治教育作为传播统治阶级意志的基本方式,在主流文化的形成过程中起着基础性的作用。主流文化从思想上、精神上给广大人民群众以引导,思想政治教

---

① 习近平:《在纪念马克思诞辰 200 周年大会上的讲话》,人民出版社,2018 年,第 7 页。

育则是引导中的"引导"。主流文化的发展方向和建设中所要体现的基本属性和原则,都离不开思想政治教育的引导和把握。在内容上,思想政治教育中的理想信念教育、价值观教育和道德建设,是主流文化建设的重要任务,思想政治教育中的主旋律教育内容,体现着主流文化,而且主流文化建设还必须要突出思想政治教育这个主题内容,主流文化的现状是思想政治教育成果的体现。针对我国思想文化领域存在的不良现象和多元文化冲突对主流文化造成强烈冲击的现状,思想政治教育必须充分发挥自身的功能和作用,提高对主流文化建设的积极推进作用,促使主流文化真正始终占据主导地位,发挥其优势。

军队思想政治教育担负着弘扬主旋律、推进社会主义社会主流文化建设的重任。一方面,我们要通过军队思想政治教育帮助广大官兵坚定理想信念;另一方面,面对思想文化丰富而庞杂的现实状况,军队思想政治教育要坚持主流文化,加强对主流思想文化的宣传与教育,强化马克思主义尤其是当代中国的马克思主义——习近平新时代中国特色社会主义思想在军队思想政治建设和军事文化建设中的主导和主体地位。从职能上说,军队思想政治教育的一个重要任务,就是要引导广大官兵分清主流与支流,分清正确与谬误。在当代中国,以马克思主义为指导的正确的、进步的思想观念是整个社会思想的主流,这是毫无疑义的。而违背马克思主义立场、原则的错误的、落后的思想观念,尽管是支流,但必须认真对待。目前,军队思想政治教育倡导主流文化,最根本的就是紧紧围绕实现建军一百年奋斗目标,高举中国特色社会主义伟大旗帜,坚持习近平新时代中国特色社会主义思想,旗帜鲜明地表明自己提倡什么、允许什么、限制什么、反对什么,倡导主流文化和主旋律,坚持主流文化的指导地位,以此来增强主流文化的影响力、渗透力和辐射力。

2. 规范和引导亚文化

亚文化是相对于主流文化而言的,它是指与社会主流文化的价值体系不同的、为某一社会群体所特有的文化。在一个异质的、活跃的、开放的社会环境中,往往存在着众多的亚文化。亚文化的接受者是在民族、阶级、阶层、职业、地域、性别、年龄等方面存在差异的众多群体和小群体。亚文化在承认现行价值准则的同时,又常常表现出自己特有的价值观念、行为规范和生活方式。应该说,在当今中国亚文化中的大部分与主流文化是一致的,对主流文化产生着积极的、正向的影响。但对于亚文化中某些消极的因素,我们绝不能掉以轻心。同时,还必须看到,亚文化发展的过于多样化有可能导致社会文化的分裂。因此,发挥思想政治教育的选择功能,加强对亚文化的规范和引导,以维护整个社会与文化的团结统一,尤为重要。在军队,要通过思想政治教育,帮助广大官兵树立正确的世界观、人生观和价值观,使官兵正确区分亚文化中积极和消极的因素,并自觉抵制消极因素的影响;还要引导广大官兵对一些特有的亚文化进行积极的创新,即按照主流文化建设的要求,在对亚文化分析、研究的基础上,取其精华,去其糟粕,从而使亚文化逐步接近或融入主流文化之中,丰富和发展社会主义先进文化。

3. 坚决反对和抵制反文化

所谓反文化,是指那种根本否认现行价值准则、背离主流文化的文化。它不能与主流文化相安并存、和平共处,而是通过对主流文化指导思想和理论基础的挑战,进而对主流文化进行局部性或全局性的否定。必须明确,当今中国否定主流文化从根本上说也就是否定中国共产党的领导,否定社会主义制度,否定中国特色社会主义。因此,思想政治教育在对主流文化进行正面宣传、引导的同时,必须对反文化加以反对和抵制,只有这样才能为主流文化的发展创造良好的文化环境。军队也面临着反对和抵制反文化的任务。军队思想政治教育对反文化的反对和抵制,首先,要揭露其根源和危害,认清反文化产生的负面影响,对广大官兵进行启发、宣传和教育,在舆论上给予强烈抨击,提高广大官兵对反文化的认知能力和辨别能力,进而把反文化对广大官兵的危害控制到最低程度,并有效减小直至消除反文化的冲击。其次,要加大主流文化宣传力度。思想文化的阵地,马克思主义不去占领,非马克思主义和反马克思主义的东西就必然要去占领。因此,军队思想政治教育要加大对主流文化的宣传和倡导力度,以此来强化广大官兵的主流文化意识。此长彼消,让反文化失去其泛滥的土壤。

(三)紧紧抓住思想道德建设这个中心环节,推进先进文化主干建设

社会主义思想道德集中体现着精神文明建设的性质和方向,对社会经济的发展具有巨大的能动作用。目前,我国社会主义精神文明建设呈现出积极健康向上的良好态势。军队走在全社会的前列,爱国主义、集体主义和社会主义思想深入官兵头脑,全心全意为人民服务的根本宗旨不断发扬光大,追求科学、文明、健康的生活方式已成为全体官兵的自觉行动,中华民族的传统美德与体现时代要求的新的道德观念相融合,成为军队思想道德建设发展的主流。但是应该看到,社会主义思想道德建设不是一蹴而就的,要把思想观念和道德规范内化为人们的道德行为,形成一种积极向上的思想道德文化,需要付出长期艰苦的努力。就军队思想政治教育而言,要着力做好以下工作:

1.思想道德建设要围绕中心开展,突出思想道德建设的基础性

围绕中心开展思想道德建设,是思想道德建设的基本职能和根本目标的反映,也是建设先进思想道德的基本要求。围绕中心,包括围绕党与国家工作中心和军队工作中心。党的二十大报告提出,全面建成社会主义现代化强国,总的战略安排是分两步走:从二〇二〇年到二〇三五年基本实现社会主义现代化;从二〇三五年到本世纪中叶把我国建成富强民主文明和谐美丽的社会主义现代化强国。

到二〇三五年,我国发展的总体目标是:经济实力、科技实力、综合国力大幅跃升,人均国内生产总值迈上新的大台阶,达到中等发达国家水平;实现高水平科技自立自强,进入创新型国家前列;建成现代化经济体系,形成新发展格局,基本实现新型工业化、信息化、城镇化、农业现代化;基本实现国家治理体系和治理能力现代化,全过程人民民主制度更加健全,基本建成法治国家、法治政府、法治社会;建成教育强国、科技强国、人才强国、文化强国、体育强国、健康中国,国家文化软实力显著增强;人民生活更加幸福美好,居民人均可支配收入再上新台阶,中等收入群体比重明显提高,基本公共服务实现均等化,农村基本具备现代生活条件,社会保持长期稳定,人的全面发展、全体人民共同富裕取得更为明显的实质性进展;广泛形成绿色生产生活方式,碳排放达峰后稳中有降,生态环境根本好转,美丽中国目标基本实现;国家安全体系和能力全面加强,基本实现国防和军队现代化。

在基本实现现代化的基础上,我们要继续奋斗,到本世纪中叶,把我国建设成为综合国力和国际影响力领先的社会主义现代化强国。从全面建成小康社会到基本实现现代化,再到全面建成社会主义现代化强国,是新时代中国特色社会主义发展的战略安排。军队思想道德建设必须要围绕这一中心,把出发点和落脚点放在统一思想、振奋精神、鼓舞士气、凝聚力量上来,为中国梦强军梦提供政治保证,这是思想道德文化建设的根本要求;要紧紧围绕着丰富官兵的精神世界,增强官兵的精神力量,满足官兵的精神需求,大力弘扬和培育民族精神,这是思想道德建设的重要内容。

2. 以"四德"建设为切入点,打造军事特色道德文化

人们的社会生活领域通常包括家庭生活、职业生活和社会公共生活三大部分。因此,在社会道德体系中,"四德"即社会公德、职业道德、家庭美德、个人品德,是道德建设最基本的内容。部队官兵不是生活在真空中,而是生活在社会中,必然要服从和服务于社会公共利益,表现为遵守社会公

德;军人活动主要通过军事职业活动来体现,军事职业道德成为军人基本道德的组成部分;而家庭与军人有着密切联系,所以家庭美德也就成为军人社会道德体系的重要内容;军人个体的情趣追求、价值判断、文化选择,即个人品德构成了前述社会公德、职业道德、家庭美德的基础。因而抓住了"四德",也就抓住了军人道德体系的基本内容,抓住了军队道德文化建设的切入点。我们抓社会公德、职业道德、家庭美德的教育,目的是强化官兵的个体道德素质。因此,加强思想道德建设,应该把着力点放在加强官兵的个体道德涵养,并将官兵个体道德推之于他人和社会,实现个体道德与社会整体道德的贯通。教育官兵强化道德责任,提高官兵的军人意识和道德觉悟,促使官兵正确处理责任和义务的关系,建立个体道德与社会道德的贯通机制。引导官兵遵守社会公德,践行职业道德,弘扬家庭美德,陶冶个人品德,培养高尚的道德情操,逐步形成良好的道德文化和道德行为习惯,并在长期的道德实践中树立官兵的道德信念,使道德习惯和道德价值观成为每个人行动的指南和价值判断的标准,从而使道德文化融入军营文化乃至整个军事文化之中,成为一种力量。

3.创新思想道德建设的方式方法,增强思想道德建设的成效

思想道德建设的过程,就是社会道德规范内化为个体的道德品质和个体道德行为遵守和符合社会道德规范、社会秩序的过程,即社会成员理解、认同社会道德观念和道德规范,并将其转变为内在的道德要求,形成个人的道德信念,用以指导个人的行为,形成个人的道德品质。在这个过程中,教育起着基础性、决定性的作用,是道德建设最重要的途径和最基本的方法。加强思想道德建设,建设先进道德文化,必须加强和创新教育。首先,要确立"道德作用先导观""全域德育观""全程德育观""全员德育观"等道德教育理念,端正道德教育的地位,处理好道德教育与其他教育、道德教育与道德实践活动之间的关系,这是加强与创新道德教育的首要任务。其次,要把

宏观教育和微观教育相结合,确定科学的教育内容,使道德教育既包括社会普遍要求的内容,又有针对军人和具体现象的内容。再次,要开展各种形式的有广大官兵参与的道德文化创建活动,如广泛进行"创先争优"活动和军民共建等活动,使思想道德建设渗透其中,强化道德要求,升华道德境界;还可以发挥广播、电视、报纸、刊物等大众媒体的积极作用,广泛开展向先进典型、模范人物的学习活动,通过正确的舆论导向,宣传报道思想道德建设等方面的先进典型,同时对违反和破坏道德的行为进行舆论谴责,引以为戒。

第二节　目的性原则

目的,是指想要达到的地点、境地或想要得到的结果。军队思想政治教育的目的就是军队思想政治教育活动想要达到的目标,想要得到的结果。它是教育活动的出发点和依据,也是教育活动的归宿,对于明确教育方向、建立教育制度、确定教育内容、选择教育方法、组织教育活动等起着决定性的指导作用。军队思想政治教育所进行的文化选择也必须有鲜明的目的性,即与教育目的相一致,满足教育目的的需要,以确保教育目的的实现。

一、坚持目的性原则的意义

军队思想政治教育文化选择坚持目的性,既是世界观的定位,又是方法论的诉求;既有理论意义,又有很强的实践意义。

(一)坚持目的性原则,军队思想政治教育文化选择才有明确方向

辩证唯物主义告诉我们:人的社会活动都不是盲目的、随意的。"任何事情的发生都不是没有自觉的意图,没有预期的目的的。"①目的是灯塔,它

---

① 《马克思恩格斯文集》(第四卷),人民出版社,2009年,第302页。

为人们指明了奋斗的方向。军队思想政治教育文化选择也不例外,也具有目的性。只有确立了军队思想政治教育文化选择的目的,才能明确选择的方向。军队思想政治教育的目的是:引导官兵树立坚定的理想信念和正确的世界观、人生观和价值观,始终保持政治上的坚定和思想道德上的纯洁,始终保持坚强的革命意志和旺盛的战斗精神,争当"四有"新时代革命军人。这一目的指明了军队思想政治教育活动的方向,一切活动都必须服从于这个方向,军队思想政治教育文化选择也必须围绕这个目的来安排、来展开,同时必须有利于这个目的的实现。

（二）坚持目的性原则,军队思想政治教育文化选择才有持续动力

伟大的精神是为了伟大的目的而产生的。有了明确的目的就为发掘人们潜在的动力指明了方向,就能够动员人们为实现这个目标而努力奋斗,从而产生强大的精神力量。在教育活动中,按照一定的目的实施教育,既可以规定教育的路径和方法,又可以使教育者和受教育者领略到教育的成效。军队思想政治教育的目的为思想政治教育活动的双方——教育者和受教育者指明了努力的方向,激励他们为实现这个目标而奋斗。军队思想政治教育的目的是促使教育者不断提高自身的能力素质,积极进行有效的文化选择,发挥先进文化的育人功能,争取教育目的的圆满实现。同时,教育的目的性又督促受教育者虚心接受教育,加强自身修养,自觉选择先进文化的熏陶,努力把自己塑造成"四有"新时代革命军人。

（三）坚持目的性原则,军队思想政治教育文化选择才有正确标准

军队思想政治教育开展各种活动都是为了实现其教育的目的,因此检验军队思想政治教育文化选择活动是否有成效以及成效大小,其依据就是思想政治教育目的的实现程度。如果很好地实现了思想政治教育的目的,那么这样的文化选择的效果就非常显著;反之,文化选择活动就成效甚微。当然,检验思想政治教育的效果是一项非常复杂的工作,军队思想政治教育

效果的检验,更是如此。其效果既有显露的又有潜在的,有时并非即刻就能全部显示出来,而是要经过很长一段时间和多次反复以后才能逐渐显露。尤其是军队思想政治教育效果要通过军队基本建设、履行使命任务能力、广大官兵政治思想觉悟的提高以及素质的全面提升来体现,需要当下和未来发展的实践来检验。思想政治教育目的的实现情况,可以作为检验军队思想政治教育进行文化选择效果的主要依据。

二、围绕军队思想政治教育目的进行文化选择的着力点

"思想政治教育对文化的选择是按照一定的社会、政治的需求及思想政治教育本身的特性进行的"[①],军队思想政治教育虽有其特殊性,但也体现了思想政治教育的这一基本规律。因此,遵循目的性原则,军队思想政治教育文化选择要突出如下重点:

(一)努力在坚定官兵理想信念、铸牢军魂上下功夫

立理想信念的过程,就是立人的过程。军队思想政治教育要确保我军始终成为党绝对领导下的人民军队,必须坚定不移地高举中国特色社会主义伟大旗帜,永葆人民军队的性质本色,确保枪杆子始终掌握在信仰坚定、对党忠诚的人手里。

一是坚持科学理论武装,坚定官兵理想信念。当前,坚定理想信念,关键是要深入抓好用习近平新时代中国特色社会主义思想武装官兵头脑的工作,始终把广大官兵凝聚在中国特色社会主义伟大旗帜之下。军队思想政治教育必须以习近平新时代中国特色社会主义思想为指导,深入贯彻习近平强军思想,深入贯彻新时代军事战略方针,举起铸魂,向战为战,守正创新,培养有灵魂、有本事、有血性、有品德的新时代革命军人。理论武装作为

---

① 陈建斌:《思想政治教育的文化本性与文化选择》,《湘潭大学社会科学学报》,2003 年第 2 期。

军队思想政治教育文化选择的着力点,在实践中,就是要注重引导官兵探寻中国特色社会主义的理论渊源,从实践中感悟中国特色社会主义的真理特性,从总体上把握马克思主义中国化的发展脉络,切实掌握理论体系的精髓要义。军队思想政治教育要落实"四全",做到全员纳入、全面理解、全程渗透、全时检验,深入持久地开展学理论、用理论活动,不断增强理论学习的效果;结合"四史"学习教育,深入开展多种形式的爱党、爱国、爱社会主义系列活动,用中国革命、建设和改革的伟大成果,激励全军官兵爱党忠诚、爱国奉献、爱民守纪、爱军精武、爱岗敬业。

二是坚持党的绝对领导,铸牢军魂永不变。坚持党对军队的绝对领导,是人民军队不可动摇的根本原则,是我军永远不变的军魂。军队思想政治教育要毫不动摇地把党对军队的绝对领导作为文化选择的根本着力点,深扎党指挥枪的思想根子,保证无论在任何时候、任何情况下,全军官兵始终在思想上、政治上、行动上与党中央、中央军委保持高度一致,自觉把党对军队的绝对领导真正贯彻和体现到具体工作中去。教育广大官兵要提高警惕,明辨是非,充分认清"军队非党化、非政治化"和"军队国家化"的反动本质与严重危害,在事关党、国家和军队前途命运的重大政治问题上立场坚定、旗帜鲜明、勇于斗争,自觉服从党的领导,听从党的指挥。在具有许有新的历史特点的伟大斗争中,深刻领悟"两个确立"的历史性意义,不断增强"四个意识",坚定"四个自信",做到"两个维护",全面深入贯彻军委主席负责制。

三是坚守我军的根本宗旨,服务人民不动摇。紧紧地和中国人民站在一起,全心全意为人民服务,是我军的唯一宗旨,是我军一切奋斗的出发点和归宿,是我军永远立于不败之地的力量源泉。军队思想政治教育要引导官兵强化服务人民的思想,时刻把人民利益放在高于一切、重于一切的位置上,永葆人民子弟兵的政治本色,始终与人民群众心连心、同呼吸、共命运,为人民无私奉献,永远做人民的勤务员。教育官兵牢固确立人民至上的观念,树立人民是真正英雄的唯物史观,始终把人民利益作为最高利益,把人民需要作为第一需要,把人民满意作为唯一标准,坚决维护人民利益,永远做人民利益的忠实捍卫者;要提高热爱人民的自觉性,在处理军地、军民之间的利益矛盾和纠纷时,应该把讲团结、讲风格与依法办事有机统一起来,特别注意防止和避免违反群众纪律、侵害群众利益和伤害群众感情的事情发生。从实践上说,军队思想政治教育要提高官兵积极投身国家建设的热情,教育官兵把深厚的爱民之情转化为真诚的爱民之行,努力提高服务人民的本领,在坚持根本制度、践行根本宗旨、履行根本职能中为实现建军一百年奋斗目标和"第二个百年"奋斗目标做贡献,切实担负起"四个战略支撑"的历史使命,把有限的生命投入到无限的为人民服务中去。

(二)紧紧围绕服务中心、聚焦打仗来展现价值

一支军队的所向披靡,不仅在于拥有让敌人胆寒的武器,更在于拥有令敌人胆寒的将士——他们深信"军人的专业是打仗,军队的价值在打赢";他们思打仗、谋打仗、练打仗,如喝水吃饭一般自觉;他们眼睛始终盯着敌人,肩上始终扛着责任,时刻准备为祖国和人民去战斗!军队政治工作是构成军队战斗力的重要因素,聚焦聚力备战打仗是政治工作的根本价值取向。政治工作越聚焦备战打仗,地位就越突出;越聚力练兵一线,作用就越凸显。当前复杂严峻的安全形势,迫切需要思想政治教育为我军作好随时应急应战准备提供不竭动力;"两个差距很大""两个能力不够"的现实问题,迫切需要聚焦备战打仗,充分发挥我军特有政治优势。只有聚焦聚力备战打仗主责主业,思想政治教育才能真正落实好围绕中心、服务大局的要求。在文化选择上,要充分体现军队思想政治教育的价值,尤其要做好以下三点:

1. 在服务和保证备战打仗上不懈怠

在我军传统中,政治工作从来没有自己独立的任务,都是紧贴部队中心

工作,贯穿于履行使命任务的具体实践中,在服务中心、保证中心上发挥作用。新时代军队思想政治教育文化选择,就是要围绕备战打仗做工作,坚持用习近平强军思想和新时代军事战略方针统一思想,做到一切向打赢聚焦,为打赢造势,为打赢减负,为打赢解困,为打赢保底,引导官兵牢固确立战斗力标准,把全部心思和精力都用在谋打赢、钻打赢、干打赢上。要着眼激发部队练兵积极性做工作,积极适应大抓军事训练、大力推进转变的要求,发挥好引导、激励、助推、促进作用,深入细致地做好训练演习中的思想政治工作,不断激发广大官兵抓训练、作准备、谋打赢的积极性和创造性,使官兵始终保持高昂的训练热情和顽强的战斗作风。

2.着眼直接作战功能,在培育官兵战斗精神上不懈怠

信息化条件下局部战争,不仅是武器装备的较量,更是双方思想、意志、政治、精神和心理的对抗。要深入、经常地抓好战斗精神培育,锤炼官兵英勇无畏、沉着冷静的战斗精神和心理优势。战斗精神培育是军队思想政治教育的永恒课题,也是常抓常新的课题。军队思想政治教育文化选择在战斗精神培育上大有作为。同时,着眼政治工作直接作战功能培育战斗精神,是军队思想政治教育文化选择的重要着力点。要着眼瓦解敌军、"不战而屈人之兵",认真研究信息化智能化条件下舆论战、心理战、法律战和政治作战按纲施训的方法路子,进一步把各项准备细化、量化、具体化,力求尽快形成实际作战能力。充分利用执行演习、轮战、驻训等时机,认真研究信息化智能化条件,开展舆论战、心理战、法律战和政治作战的方法路子,进一步细化、量化、具体化政治工作有关内容、方法和程序,修订完善政治工作预案,及时形成实际作战能力。要不断提高广大政治干部的综合素质,力求既能做好凝聚军心、鼓舞士气的思想工作和组织工作,又能卓有成效地开展对敌的舆论战、心理战、法律战和政治作战,切实提高开展战时政治工作的能力。

3. 在打赢没有硝烟的战争中守好主阵地

意识形态工作是党的一项极端重要的工作，是为国家立心、为民族立魂的工作。意识形态关乎旗帜、关乎道路、关乎国家政治安全，必须把意识形态工作的领导权、管理权、话语权牢牢掌握在手中。当前，意识形态领域仍不平静，斗争和较量还十分尖锐。从国际看，各种思想文化交流交融交锋更加频繁，国际思想文化领域斗争更加深刻复杂，围绕发展道路和价值观的较量日益凸显。从国内看，一些错误言论和观点不时出现，且变得更为隐蔽、活跃和复杂。共产党人的斗争，从来都是奔着矛盾问题、风险挑战去的。军事斗争准备作为国家为应对和实施战争而进行的准备，相关准备主要集中在军事领域。战争是政治的继续，战争的爆发首先在政治领域内打响。历史和现实都告诉我们，凡是要推翻一个政权，总要先造成舆论，总要先做意识形态方面的工作，而且如果从观念上来考察，那么一定的社会意识的解体足以使整个时代覆灭。军队作为国家政权的重要组成部分，是国家巩固政权、维护社会稳定的柱石，始终处在意识形态斗争的风口浪尖。

近年来，西方敌对势力把党对军队绝对领导的根本制度和原则作为侵蚀的重中之重，不断升级网络攻势，借助于网络空间、影视广播、书籍报刊、学术交流等，打着"民主政治""公器公用"的幌子，企图通过一场没有硝烟的"战争"把军队从党的旗帜下拉出去。我们必须进一步增强抓好意识形态工作的责任感紧迫感，打好意识形态领域主动仗，为战斗力的提升提供强大的精神动力，为我军现代化建设的性质和方向提供坚强的思想保证；否则，即使有现代化的武器装备和物质条件，军队战斗力也无法沿着科学理性的轨迹得以快速提升，相反，还会出现虚假战斗力、泡沫战斗力甚至有可能成为政权的颠覆力。为此，要在强化军事领域斗争准备的同时，切实用党的科学理论增进广大官兵信仰之情，深扎信念之根，坚定道路自信、理论自信、制度自信、文化自信，坚持不懈打好政治底色，增强政治免疫力；把铸牢军魂作为核心任务,系统抓好军魂培育,改进政治考核和教育,增强军魂理论研究阐释的说服力,加大军魂教育在国防教育中的分量;优化互联网军事舆论宣传布局,推动传统媒体与新兴媒体融合发展,创新教育方式方法和手段,积极主动占领部队思想阵地、文化阵地、舆论阵地,牢牢掌握意识形态工作领导权、管理权、话语权,有效防范敌对势力对部队的渗透破坏,始终确保意识形态领域的安全。

(三)坚持以人为本,培育高素质新型军事人才

文化是人创造的,人又是文化发展的产物。文化的发展在本质上与人的全面发展是一致的。衡量文化发展的水平取决于其是否有利于提升人的全面发展的水平,是否有利于促使人的全面发展产生阶段性飞跃。因此,军队思想政治教育文化选择必须树立以人为本的思想,使其落脚点落到广大官兵全面发展、落到培养和造就"四有"新时代革命军人。

1.把促进官兵全面发展作为军队思想政治教育文化选择的最高价值取向

以人为本是历史唯物主义关于人民主体思想的体现。人民群众是历史的创造者,是推动历史发展的根本力量。人类社会的进步是人民群众实践活动的结果,其最终目的是不断解放人,实现人的自由全面发展。坚持以人为本,就是要以实现人的全面发展为目标,发展是为了不断满足人民群众日益增长的物质文化需要。文化建设是达到人的全面发展的一个重要手段。在全球化不断深入发展的今天,文化日益呈现出多样化的特色。在这个文化"战国时代",众生喧嚣,文化产品极大丰富,同时又良莠不齐,令人眼花缭乱、目不暇接。因此,军队思想政治教育要坚持以人为本,建构自己的文化特色,发展我们的主流文化。我们要兼容吸纳外来文化,利用人类文明发展的优秀成果不断提高官兵的科学文化素质和精神境界,从而促进其全面发展。

2. 把培养"四有"新时代革命军人作为文化选择的根本任务

以人为本进行文化选择,最终要体现并落实到对人的尊重、理解和关心上。以人为本进行文化选择,首先要满足官兵的尊重需要。人的需要是历史发展的内在动力,尊重的需要是一种高层次的社会性需要,它是人对自我尊重、自我评价以及来自他人与社会的信仰、尊重的渴望。要完成文化建设的根本任务,实现培养"四有"新时代革命军人的目的,就必须在官兵中建立相互尊重、理解、信任和关心的良好人际关系,形成有利于人才脱颖而出的良好氛围,提供有利于培养积极向上精神状态的社会条件。尊重人的价值是同尊重人格尊严和人的各种权利紧密联系在一起的。在现代社会,人格尊严和人权保障,是国家的责任,也是处理人与人之间关系的基本准则。尊重公民权利和人权尊严,使其以平等地位和均等机会参与社会生活和国家建设,共享社会物质文明和精神文明的成果,保护其不受侵害,是社会文明进步的显著标志。对军队来讲,官兵间的理解、宽容和相互尊重,至关重要。理解在社会生活和社会交往中,具有十分重要的地位,被人理解的需要同物质需要、精神需要一样,是一种不可缺少的社会性需要。广大官兵来自五湖四海,每个人的生活经历、社会关系、受教育程度、认识水平、思想觉悟各不相同,要在承认这个事实的基础上尊重每一个人,就要学会理解别人。理解人是尊重人的前提。理解人是一种胸怀,任何理解都是一种理性思维的结果,对人有深刻认识才能有真正的理解。尊重人、理解人、关心人是有机统一的,三者具体地、历史地统一于以人为本,贯穿发展中国特色社会主义文化的实践过程中。培育"四有"新时代革命军人,任重而道远。要深刻理解和自觉坚持用信任的、欣赏的、发展的眼光看待官兵,培养甘苦与共、生死与共的阶级情谊。

3. 把满足官兵精神文化需求作为文化选择的着力点

当前,基层大学生干部、大学生士兵增多,独生子女士兵成为战士的主体,士官队伍不断扩大,加上官兵文化水平、社会阅历和认知水平的差异,官兵对精神文化生活的需求已经不再是仅仅为了打发时间,也不仅仅是要有组织、有安排,而是要具有求知、成才、趣味、审美、实用等特点。这些变化,对军营文化建设提出了更高的要求。加强军营文化建设任务繁重,满足官兵精神文化生活需求成为军营文化的重要作用之一,需要纳入部队思想政治建设的整体设计与筹划之中。

一要注重广泛性。应坚持以民族文化为根基,以社会文化为主体,以外来文化为补充,不断增强军营文化的民族性、时代性,体现军营文化信息来源的广泛性。如对民族文化中的"天下兴亡,匹夫有责"的爱国传统,"天地之间,莫贵于民"的民本理念,"革故鼎新,因势而变"的创新精神,"富贵不能淫,贫贱不能移,威武不能屈"的高尚气节等进行研究,提炼有益的思想价值理念,使之成为加强传统教育、战斗精神教育、爱军精武教育的重要内容。也可采取下发通俗读物、制作上传微视频、军旅网络游戏、观看电视专题片、开设网上专栏、参观博物馆等多种形式,帮助官兵了解传统文化,成为优秀传统文化的承载者、传播者。

二要体现群众性。当前,要着力解决少数人玩、多数人看,干部骨干玩、战士靠边站的现象,充分调动群众参与文化活动的积极性。在活动计划安排、内容设置、组织形式上要充分考虑群众参与的积极性,多组织一些群众性读书活动、体育活动、文娱活动和书评影评活动等,保证人人有活动项目、人人有活动场所,使部队军营文化贴近官兵,雅俗共赏,满足官兵不同的文化需求。

三要彰显先进性。中国共产党自成立之日起,既是中国先进文化的积极引领者和践行者,又是中华民族优秀传统文化的忠实传承者和弘扬者。中国特色社会主义文化,源自中华民族五千多年文明历史所孕育的中华优秀传统文化,熔铸于党领导人民在革命、建设、改革中创造的革命文化和社会主义先进文化,根植于中国特色社会主义实践。党的十八大以来,习近平着眼推进强军事业、建设世界一流军队,鲜明提出"打造强军文化"。强军兴军是时代的号角,强军文化为强军兴军伟大实践提供价值导向和内涵塑造。强军文化以党在新时代的强军目标为核心引领,忠诚是其灵魂,价值观是其核心,打赢是其本色,传统是其根脉,创新是其动力。强军文化是提高军队战斗力的重要因素和滋养官兵的精神沃土,打造强军文化是为实现党在新时代的强军目标提供文化支撑。我们必须深刻洞察创新发展强军文化的时代之需、事业之需、使命之需,以强烈的文化自信担起新的文化使命。这就要求我们在文化内容的设计上要注重灌输以社会主义核心价值观为主导的主流文化,始终做到听党指挥、作风优良、能打胜仗;在文化活动的方式选择上,可吸收和引进与部队现实条件和实际需要相适应的器材,如依托"两微一端",推广军营 VR、数字影视、动漫游戏、文史长廊、吐槽建言、艺术天地、生活小技巧等,突出科技文化,让军营文化顺应时代潮流,体现时代特色和先进性特质。

第三节　批判性继承原则

任何文化都是历史的、具体的。由于地域、民族、社会发展程度不同,一定的文化总是具有民族性和历史性的特点,它记录着一个民族历史发展的轨迹和特殊性。同时,各种文化又具有共性,各个民族的文化可以互相交流、借鉴,共同发展。我军必须按照文化发展的这一规律,在军队思想政治教育的文化选择中,以马克思主义为指导,批判地继承人类文明优秀成果,学习借鉴外军文化,建设具有中国特色的新时代军事文化。

一、坚持批判性继承原则的理论依据

（一）批判地继承文化成果是人类文化发展的客观规律

人类历史的发展犹如一条奔腾不息的长河,源远流长。在通常情况下,历史的进程有其发展的不可割断的继承性。文化的创新发展不可能完全抛弃前人已有的认识成果,一切从零开始。恩格斯曾指出:"作为特殊的分工领域,每一时代的哲学都有一定的思想材料作为前提,这种材料是它从它的先驱者那里继承下来的,而且它就是从这出发的。"①科学文化的发展依赖于实践的推动和对前人认识成果的掌握,从广义上说,今人的实践也是在前人实践的基础上进行的。人类自己创造自己的历史,但是并不是随心所欲地创造,并不是在自己选定的条件下创造,而是在直接碰到的、既定的、从过去继承下来的条件下创造。然而这种对以往文化的"保存"或"取得"并非就是不加批判、选择、取舍和改造的全盘照单接收。无论是中国传统文化还是外来的西方文化,其内容都是精华与糟粕共存。我们既不能因为其中有精华,就盲目肯定、全部拿来;也不能因为其中有糟粕,就盲目否定,全部抛弃。正确的做法应该是,无论对中国传统文化抑或是西方文化,要基于历史唯物主义的立场,在充分了解和认识的基础上,进行批判、选择、取舍和扬弃,"必须经过自己的口腔咀嚼和胃肠运动,送进唾液胃液肠液,把它分解为精华和糟粕两部分,然后排泄其糟粕,吸收其精华,才能对我们的身体有益,决不能生吞活剥地毫无批判地吸收"②。

当然,仅仅明确了文化继承应是批判的、扬弃的、有选择的和有取舍的这一点,还很不够,还要对其进行改造、继承,唯一的目的正如列宁所说的那

---

① 《马恩论艺术》(第一卷),中国社会科学出版社,1982 年,第 146 页。
② 《毛泽东选集》(第二卷),人民出版社,1991 年,第 707 页。

样,将这种文化加以改造,以用来建设无产阶级新文化。对此,列宁进一步指出:"无产阶级文化并不是从天上掉下来的,也不是那些自命为无产阶级文化专家的人杜撰出来的。如果硬说是这样,那完全是一派胡言。无产阶级文化应当是人类在资本主义社会、地主社会和官僚社会压迫下创造出来的全部知识合乎规律的发展。"①因此,批判地继承前人的文化成果,是文化发展的必然现象,是人类文化发展的客观规律。对于军队思想政治教育文化选择来说,坚持批判性继承原则,也就是遵循文化发展传承的客观规律。

(二)批判地继承人类文化成果是建设社会主义文化的必要条件

无产阶级必须批判地继承人类一切文化遗产,才能建设无产阶级自己的文化。列宁曾强调:"当我们谈到无产阶级文化的时候,就必须注意这一点。应当明确地认识到,只有确切地了解人类全部发展过程所创造的文化,只有对这种文化加以改造,才能建设无产阶级的文化,没有这样的认识,我们就不能完成这项任务。"②在 1919 年《苏维埃政权的成就和困难》的报告中,列宁指出:"仅靠摧毁资本主义,还不能饱肚子。""必须取得资本主义遗留下来的全部文化,并且用它来建设社会主义。必须取得全部科学、技术、知识和艺术。没有这些,我们就不可能建设共产主义社会的生活。"③马克思在其共产主义实践活动中,不但对现实变化的社会生活进行缜密的研究、探讨,同时,还站在人类思想文化发展的高度,从无产阶级事业的需要出发,批判地继承、吸收、改造人类历史上一切优秀的思想文化成果,用来为无产阶级革命斗争服务。马克思是人类一切优秀思想文化成果的忠实继承者,也是人类一切优秀思想文化成果的科学批判者。马克思主义学说就是批判地继承人类一切优秀文化遗产的结晶。列宁在评价马克思主义的伟大意义时

---

①② 《列宁专题文集》(论无产阶级政党),人民出版社,2009 年,第 281 页。
③ 《列宁全集》(第 36 卷),人民出版社,1985 年,第 48 页。

赞扬说："马克思主义这一革命无产阶级的思想体系赢得了世界历史性的意义,是因为它并没有抛弃资产阶级时代最宝贵的成就,相反却吸收和改造了两千多年来人类思想和文化发展中一切有价值的东西。只有在这个基础上,按照这个方向,在无产阶级专政(这是无产阶级反对一切剥削的最后的斗争)的实际经验的鼓舞下继续进行工作,才能认为是发展真正的无产阶级文化。"①我军是无产阶级军队,我军文化是无产阶级文化的组成部分。要发展创新我军文化,也必须批判性地继承人类文化成果,尤其是批判性继承包括中华民族兵学文化成果在内的中华民族一切文化成果,使我军军事文化更具开放性,使其创新发展具有厚重的文化底蕴。

(三)批判性地继承文化遗产是由文化自身的特性决定的

文化,尤其作为观念形态的精神文化,它一方面由经济基础所决定和制约,另一方面又有其相对的独立性和历史的继承性,有其自身的发展逻辑。随着经济基础的变更,全部庞大的上层建筑也或慢或快地发生变革。在上层建筑变化的过程中,那些距经济基础更近的部分,如旧的政治、法律等,将随着旧基础的灭亡而灭亡;而诸如宗教、哲学等思想领域的某些内容,一般不会随着旧基础的灭亡而迅速消失,有的还会作为人类的宝贵遗产长久留传下来。正如列宁所说的,文化任务的胜利"不会像前线上那么快,也许要碰到很大的困难,有时还会遭到挫折,但是最后我们总是会胜利的"②。因为文化是人们对一定社会物质生活的反映,它不仅是一种社会现象,而且是一种认识现象,是人类认识客观世界的思想形式和观念形态。反映客观世界不同侧面的各种不同思想形式,都有自己特定的思想资料(概念、范畴、命题等),或曰"思想线索",这也就是各种文化的相对独立性和历史继承性。因

---

① 《列宁专题文集》(论社会主义),人民出版社,2009 年,第 167 页。
② 《列宁专题文集》(论社会主义),人民出版社,2009 年,第 176 页。

此,对优秀的文化遗产不仅不能简单地抛弃,而是要批判地继承,使其成为发展新文化的必要条件。军队思想政治教育文化选择,只有坚持文化发展的批判性继承原则,才可能内容更丰富,形式更多样,更充满生机活力。

二、遵循批判性继承原则进行文化选择的着力点

军队思想政治教育必须站在时代的高度,从理论与实践相结合的角度,从对文化特性的研究分析入手,探索坚持批判性继承原则进行文化选择的实践着力点。

(一)坚持历史发展的辩证法,坚决摒弃虚无主义和复古主义

人类历史是一个连绵发展的过程。"中国现时的新政治新经济是从古代的旧政治旧经济发展而来的,中国现时的新文化也是从古代的旧文化发展而来,因此,我们必须尊重自己的历史,决不能割断历史。"①人类历史正是在经济政治和文化的相互作用中不断地由低级向高级发展的,经济发展的连续性则是文化发展连续性的决定因素。这种历史的连续性,要求军队思想政治教育在进行文化选择时,必须尊重历史发展的辩证,坚决摒弃虚无主义和复古主义。

1. 充分尊重、挖掘、吸收优秀的传统文化,不搞历史虚无主义

任何民族文化的发展都具有相对的独立性,有其自身相对独立发展的规律。文化不仅是该民族经济、政治长期发展的产物,而且是民族习惯、民族心理、民族素质、民族语言文字等的长期积淀,在历史的长河中又不断地在与其他民族文化相互交流、相互影响、相互融合中发展。中华民族的文化发展也不例外。离开前人文化发展的基础而去重新凭空创造文化,这是不可想象的。"每个民族都有它的长处,不然它为什么能够存在? 为什么能够

---

① 《毛泽东选集》(第二卷),人民出版社,1991年,第708页。

发展？同时每一个民族也都有它的短处。"①要善于区分民族传统文化的良莠。当今有些人全盘否定本民族的传统文化,认为传统文化在新的时代条件下一无是处,主张全盘向西方学习。这种主张完全割断了自己的历史文化传统,必然走向历史虚无主义,把我们民族的历史和文化一概加以否定,一律宣布为落后和保守,这势必否定历史,伤害民族的自尊心和自信心。

因此,军队思想政治教育要做好以下工作:第一,向广大官兵讲明中华民族文化发展的特性,指出任何时代的文化都是历史上文化的继续,离开了中国的传统文化,中国特色社会主义文化就成了无源之水、无本之木,帮助官兵自觉克服历史虚无主义。第二,向广大官兵宣传我国优秀传统文化。中华民族在几千年的历史长河中孕育生长,绵延至今,枝繁叶茂,生机盎然,创造了许多令世人瞩目的灿烂文明,显示出中华民族所具有的强劲的生命力。例如,爱国主义的民族情怀、团结统一的价值取向、尚中贵和的思维模式、勤劳勇敢的优秀品质、自强不息的进取意识、厚德载物的宽厚胸怀、崇德重义的传统情操、民为邦本的政治理念、以人为本的人文传统、贵公贱私的牺牲精神、以道制欲的自律精神、求真务实的生活观念、豁达乐观的生活态度、正道直行的人生追求,等等。第三,充分考虑广大官兵的特点,创新传统文化教育形式。如带领官兵参观博物馆、名胜古迹、文化遗址,寻访民间艺术大师,参与地方传统文化保护等,以官兵喜闻乐见的形式提升传统文化教育的效果。

2.科学分析认识民族传统文化,不搞复古主义

中国的传统文化是几千年来中国人民在与自然和社会的斗争、在抵御外敌的斗争中创造出来的,体现和反映了中华民族物质和精神的创造成果和精神风貌,是当今中国文化发展的根脉。复古主义与虚无主义是一个问

---

① 《毛泽东文集》(第七卷),人民出版社,1999年,第41页。

题的两个方面。在对待中国传统文化的问题上,前者对传统文化一概肯定,后者则一概否定,都是缺乏辩证法的形而上学思想。毛泽东指出:"中国的长期封建社会中,创造了灿烂的古代文化。清理古代文化的发展过程,剔除其封建性的糟粕,吸取其民主性的精华,是发展民族新文化提高民族自信心的必要条件;但是决不能无批判地兼收并蓄。必须将古代封建统治阶级的一切腐朽的东西和古代优秀的人民文化即多少带有民主性和革命性的东西区别开来。"①因此,在对待传统文化问题上,军队思想政治教育必须教育广大官兵以冷静、理智的心态对待,树立辩证唯物的历史观,既要看到民族传统文化的优点,也要看到其所具有的局限性。我们承认传统文化对一个民族的形成和发展起着十分重要的作用,但这种作用也同样具有二重性,传统文化中的精华塑造着积极向上的民族精神,而传统文化中的糟粕却产生了消极和落后的国民习性。

毛泽东在谈到中国古代的文化传统时,曾强调要贯彻"古为今用"的方针。所谓"古为今用",就是从中国古代的优秀文化遗产中吸收对今天社会主义现代化建设有益和有用的成分,经过革新与改造,为当前的社会现实需要服务。当然,古为今用绝不是颂古非今,更不是为封建的资本主义的东西唱赞歌,而是为了发展中华民族的新文化和提高中华民族的自信心,使之有利于社会主义的事业和人民的利益。所以军队思想政治教育在对传统文化进行选择时,不仅要从当前的实际需要出发,要从建设中国特色社会主义的实际情况出发,而且要进行文化的创新,赋予中国古代文化以新的时代价值和意义。正如习近平所强调的那样:"我们要立足中国,面向现代化、面向世界、面向未来,巩固马克思主义在意识形态领域的指导地位,发展社会主义先进文化,加强社会主义精神文明建设,把社会主义核心价值观融入社会发

---

① 《毛泽东选集》(第二卷),人民出版社,1991年,第707~708页。

展各方面,推动中华优秀传统文化创造性转化、创新性发展,不断提高人民思想觉悟、道德水平、文明素养,不断铸就中华文化新辉煌。"①

(二)学会分析鉴别,在明辨是非中实现为我所用

毛泽东指出:"对于外国文化,排外主义的方针是错误的,应当尽量吸收进步的外国文化,以为发展中国新文化的借镜;盲目搬用的方针也是错误的,应当以中国人民的实际需要为基础,批判地吸收外国文化。"②邓小平也指出:"属于文化领域的东西,一定要用马克思主义对它们的思想内容和表现方法进行分析、鉴别和批判。"③因此,军队思想政治教育必须运用马克思主义的立场、观点、方法,去观察事物,鉴别是非,实现在分析鉴别中选择、吸收、创新。

一要善于把资本主义制度与资本主义国家中某些先进文化加以区别。"外国资产阶级的一切腐败制度和思想作风,我们要坚决抵制和批判。但是,这并不妨碍我们去学习资本主义国家的先进的科学技术和企业管理方法中合乎科学的方面。"④习近平强调:"我们积极学习借鉴人类文明的一切有益成果,欢迎一切有益的建议和善意的批评,但我们绝不接受'教师爷'般颐指气使的说教!中国共产党和中国人民将在自己选择的道路上昂首阔步走下去,把中国发展进步的命运牢牢掌握在自己手中!"⑤要坚决摒弃维护剥削和压迫的资本主义思想体系和社会制度,摒弃资本主义的一切丑恶腐朽的东西,但是必须下大决心用大力气,把当代世界各国包括资本主义发达国家的先进的科学技术、具有普遍适用性的经济行政管理经验和其他有益的

---

① 习近平:《在纪念马克思诞辰 200 周年大会上的讲话》,人民出版社,2018 年,第 19～20 页。

② 《毛泽东选集》(第三卷),人民出版社,1991 年,第 1083 页。

③ 《邓小平文选》(第三卷),人民出版社,1993 年,第 44 页。

④ 《毛泽东文集》(第七卷),人民出版社,1999 年,第 43 页。

⑤ 习近平:《在庆祝中国共产党成立 100 周年大会上的讲话》,人民出版社,2021 年,第 14～15 页。

文化学到手。因此,军队思想政治教育在进行文化选择时,要把资本主义制度与资本主义国家中的一些先进的东西加以区别,选择其先进的管理经验、科学技术文化加以吸收借鉴;同时,要教育广大官兵自觉抵制资本主义的经济制度、政治生活方式、思想体系,以及丑恶腐朽的内容。

二要善于把西方思想文化总体上的腐朽与其中进步的思想著述加以区别。唯物辩证法认为,在任何一个事物中,两个互相矛盾的方面都是互相制约、互相渗透、融为一体的。对于外国文化不能简单地一劈两半,分成好、坏两个部分,坏的加以摒弃,好的就直接加以吸收,问题远没有这样简单。马克思曾经在批判蒲鲁东时指出:"两个相互矛盾方面的共存、斗争以及融合成一个新范畴,就是辩证运动。谁要给自己提出消除坏的方面的问题,就是立即切断了辩证运动。"①如果简单、机械地把它分成好、坏两个方面,并直接去消灭这样机械分出的"坏"的方面,那么"好"的方面也就不存在了。以马克思主义理论的三个来源为例:在费尔巴哈那里,他的唯物主义是和形而上学互相渗透并受着唯心史观的制约的(没有形而上学也就没有费尔巴哈的唯物主义),不可能直接拿过来就成了马克思主义的唯物主义;在黑格尔那里,辩证法被客观唯心主义的哲学体系笼罩着,是头脚倒立的(没有客观唯心主义体系也就没有黑格尔的辩证法),不可能直接拿过来就成了马克思主义的辩证法。对无产阶级来说,英国古典政治经济学、法国空想社会主义理论中有科学价值的东西和它们的历史、阶级局限性也不是直接分作两块、现成地摆在那里的。军队思想政治教育在进行文化选择时,必须用马克思主义的世界观、方法论特别是阶级分析法,经过无产阶级的"咀嚼"和"消化",即经过自己的分析、过滤和改造,从外国文化中获取所需。也就是说,军队思想政治教育要用马克思主义辩证唯物主义和历史唯物主义的基本原理、

① 《马克思恩格斯文集》(第一卷),人民出版社,2009年,第605页。

166

立场及方法,在外国文化中看清什么是渗透在各个方面的历史和阶级局限性,什么是带着局限性的合理的有价值的因素,从而经过过滤和分解,把合理的东西分离出来,根据自己的需要加以改造、创新,使中国特色社会主义文化在对外开放中有序发展。

三要善于在为我所用中丰富创新社会主义文化和我军军事文化。坚持以我为主、为我所用,博采各国文化之长,让世界文化走进中国,是坚持批判性继承原则选择创新军队思想政治教育文化的基本着力点。所有的外来文化都必须找到与中国民族文化相结合的切入点,找到与新时代我军建设相结合的切入点。这是因为文化既有普遍性、世界性,更带有其强烈的民族性。外来的异质文化要想在中国文化的沃土中生根和发展,就必须取得中国文化的认同,必须和中国的民族特点相结合,按照中国文化的生存机制,改造自己,才能成为中国文化的有机组成部分。因此,军队思想政治教育在对外来文化进行选择时,必须以我们的民族文化为接受主体,不能丢掉自我、不能丧失自己的民族精神和文化传统,保持民族文化的主体意识和独立性,创造具有社会主义内容和民族形式的中国文化。必须择善而从,批判地借鉴,引进对我们有益的东西。一方面要从外来文化中吸取养料,另一方面必须有扬弃的过程。要善于运用马克思主义的立场、观点和方法,对西方资本主义文化进行实事求是的分析,真正弄清楚什么是对我们有益的,什么是有害的,什么是应该引进的,什么是禁止输入的。要以更开放的心态、自强的信念、宽容的胸怀,运用马克思主义的方法,坚持"以我为主、为我所用",建设中国特色社会主义文化,建设具有我军特质、我军特色、我军特点的新时代军事文化。

(三)在批判继承中勇于创新,努力彰显传统文化的现代价值

批判,绝不是全盘否定。就其本义说,批判就是分析评判是非,以区别精华和糟粕。继承必须经过批判,批判是为了更好地继承,其终极目的则在

于创新,为创新提供历史的借鉴。这就要求军队思想政治教育在面对传统文化和外来文化时,不仅要批判地继承,而且要推陈出新。

唯物辩证法告诉我们,辩证的否定既是肯定,又是否定,同时是在更高基础上的发展。批判地继承首先是一种肯定。就是要对中外文化采取历史主义的态度,加以分析和鉴别,作出科学的评价,把进步的东西作为发展社会主义新文化的借鉴。这是对原有文化积极因素的一种肯定。既不是肯定一切,盲目照抄;也不是否定一切,只是否定其糟粕。毛泽东曾指出,对于中国古代文化,在分清精华和糟粕的基础上,批判地吸收其精华,反对毫无批判地生吞活剥、毫无批判地盲目吸收。因此,军队思想政治教育在对传统文化和外来文化进行批判继承时,应注意以下几点:一是坚持以马克思主义为指导。在我国社会主义文化建设中,马克思主义是主流文化、主流意识形态,对整个中国的社会主义事业起着指导的作用、主导的作用。如何判断某一文化遗产的开发和利用价值,在什么意义、多大程度上开发这一文化遗产,就有一个马克思主义的指导的问题,但这并不是说用马克思主义取代它,而是按照马克思主义的立场、原则对它进行改造。二是重新认识、发掘和整理自己的传统文化,要给予中国传统文化以当代性解读,使它在社会主义先进文化建设中发挥其基础性的作用。三是充分认识到中国优秀传统文化在弥补西方文化的缺陷,解决西方文明面临的困境方面所具有的极大的启示意义。我们在吸收外来文化的同时,也要发挥中国传统文化对世界其他国家和民族的文化的积极影响。

批判性继承的最终目的是为了推陈出新,实现文化创新。所谓文化创新,就是文化在其发展的过程中,随着时代的进步,顺应世界文化发展潮流,根据社会实践和广大民众精神文化需求的变化,并运用智能化为代表的现代高新技术在文化的内容形式、体制机制、传播手段以及文化观念等方面进行的变革。文化创新体现了文化自身吐故纳新的能力和求变图强的精神。

世界上任何一种文化体系都是在不断变化发展中前进的。先进文化的创造和发展,不可能离开传统文化的丰厚积淀,也不是对传统文化的单纯固守和无批判地继承,而是要通过对文化资源的清理和提炼,使之发生创造性的转换,成为我们建设先进文化的宝贵资源。继承传统必须和现实相结合,要揉进时代的内涵、活力,自主发展、自我超越、主动创新,否则是不会有生命力的。发展社会主义文化,必须继承和发扬一切优秀的文化,必须充分体现时代精神和创造精神,必须具有世界眼光,增强感召力。要想使我们几千年的灿烂文化不断地发展进步,就必须立足当代,承前启后,推陈出新,只有这样才能创造出既具有民族特点、反映时代精神、立足本国,又面向世界的先进文化。

因此,军队思想政治教育要在批判性继承的基础上,与时俱进地推进文化创新。一是大力推进文化内容创新。内容创新是文化创新的核心,是文化发展的根本。军队思想政治教育在进行文化创新时,不仅要反映中华民族的优良传统和民族特色,还要体现中国特色军队现代化建设的使命任务要求和实现强军目标、建成世界一流军队的时代需要。二是大力推进文化形式创新。任何一种文化的生存、传播和发展都离不开一定的形式。由于好的形式更易为人们所喜爱,其所承载的文化内容也往往在不知不觉中被接受。就当前情况看,军队思想政治教育须从三个方面加强文化形式创新,即文化形式表现上要有多样性和层次性,以满足不同层次官兵的文化需求;文化形式表现上要注重方法创新,如采用动漫、影视、网络等方法,易于被广大官兵接受;要实现传统与现代、民族与世界的结合,使我军文化不仅能够保持自己的鲜明个性,而且对世界文化尤其是世界军事文化建设的兴盛发展有所作为、有所贡献,从而使包括我军文化在内的中华文化不仅在中国而且在世界都具有广泛的吸引力和感召力。

第四章
思想政治教育文化选择的方法

　　方法是主体为了达到认识世界和改造世界的目的,而作用于客体所运用的工具、手段和活动方式的总和。它是主体联系客体的桥梁,作用于客体的中介,是任何实践活动不可缺少的要素。列宁说:"在探索的认识中,方法也就是工具,是在主体方面的某个手段,主体方面通过这个手段和客体相联系。"①推进军队思想政治教育文化选择,方法至关重要。解决了方法问题,也就是解决了军队思想政治教育文化选择的实践桥梁问题。正如毛泽东所言:"我们不但要提出任务,而且要解决完成任务的方法问题。我们的任务是过河,但是没有桥或没有船就不能过。不解决桥或船的问题,过河就是一句空话。不解决方法问题,任务也只是瞎说一顿。"②实现军队思想政治教育文化选择,要解决好方法的问题。

第一节　坚持一元指导与"美美与共"的有机统一

　　"我们的党从它一开始,就是一个以马克思列宁主义的理论为基础的

---

① 《列宁全集》(第55卷),人民出版社,1990年,第189页。
② 《毛泽东选集》(第一卷),人民出版社,1991年,第139页。

党。"①在社会主义革命和建设实践中,我党不断丰富和发展马克思主义理论,在中国特色社会主义新时代具有许多新的历史特点的伟大斗争中,形成了马克思主义中国化的最新成果——习近平新时代中国特色社会主义思想。马克思主义是指导中华民族实现伟大复兴的思想理论基础,是我们立党立国的根本指导思想,我军作为党领导下的人民军队,必须以马克思主义作为自己的指导思想,确保马克思主义占领军队思想政治教育阵地。同时又要看到,"世界正处于大发展大变革大调整时期,和平与发展仍然是时代的主题。世界多极化、经济全球化、社会信息化、文化多样化深入发展,全球治理体系和国际秩序变革加速推进"②。多样性的社会存在必然决定思想观念的多样化。实现军队思想政治教育的创新发展,必须坚持一元指导与"美美与共"的有机统一。

一、坚持一元指导的军队思想政治教育正确方向

马克思主义认为,世界的真正统一性在于物质,作为世界本原的物质包括一切具体物质形态,不能归结为其中的某一形态或某一层次。世界的统一性是在客观实在性基础上的统一,是多样性的统一。

（一）一元指导的内涵

一元指导是相对多元文化而言,是多元文化态势下的基本指导思想或主导文化。一般来说,一种文化与其他文化相对而言处于中心地位,就可以称之为一元指导。一元指导主要呈现以下特征:一是强制性。一元指导建立在国家权力的基础上,有国家强制力作后盾,对各种亚文化中与其相抵制的部分进行规范与引导,从而保证国家的安定团结和社会的健康发展。二

---

① 《毛泽东选集》(第三卷),人民出版社,1991 年,第 1093 页。
② 《习近平著作选读》(第二卷),人民出版社,2023 年,第 47～48 页。

是排他性。一元指导,代表着一定的社会价值观念、情感倾向和行为模式,反映着一国文化的发展方向,决定着国家文化的根本性质,就必然要求与之对应的文化在社会生活中占主导地位,在指导思想上是一元的,而不能搞指导思想的多元化。三是垄断性。一元指导是一国的强势文化,它有政府的积极干预和社会成员的广泛参与,对社会成员进行价值引导、思想教育和行为规范,对现存社会秩序起着支持和维护的作用,在文化体系中处于垄断地位,影响和指导着其他文化的发展。四是意识形态性。一元指导代表国家意志,反映统治阶级意志,具有明显的意识形态性。

(二)坚持一元指导就是坚持马克思主义

尽管现实社会中文化的存在是多样的,但是文化建设的指导思想必须是一元的,绝不能搞指导思想的多元化。马克思说:"统治阶级的思想在每一时代都是占统治地位的思想。这就是说,一个阶级是社会上占统治地位的物质力量,同时也是社会上占统治地位的精神力量。支配着物质生产资料的阶级,同时也支配着精神生产资料。"①这是人类社会发展的一条普遍规律。在我们党领导人民进行革命、建设和改革的进程中,马克思主义中国化已经产生了毛泽东思想、邓小平理论、"三个代表"重要思想、科学发展观等一系列重大理论成果。在中国特色社会主义新时代,又实现了马克思主义中国化新的理论飞跃,创立了习近平新时代中国特色社会主义思想,这是当代中国的马克思主义、21 世纪的马克思主义,是中国文化和中国精神的时代精华。当前,坚持习近平新时代中国特色社会主义思想,就是真正坚持马克思主义。我们所说的坚持一元指导,要义就在这里。

一是坚持马克思主义和社会主义方向。马克思主义是科学的世界观,它以宽广的眼界指明人类发展的未来,是人类社会理想的精神家园。马克

---

① 《马克思恩格斯文集》(第一卷),人民出版社,2009 年,第 550 页。

思主义是指导中华民族实现伟大复兴的思想理论基础,它在我国的指导地位是历史形成并不断巩固的。我们党从诞生之日起,就把马克思主义确立为自己的指导思想。科学社会主义追求富裕、文明、公正、和谐。从进化论的观点看,它是社会向更高层次演进的阶段;从人类学的角度看,人的本性是相通的,社会主义文化致力于弘扬人类的美好情感和价值要素,这些将成为推动人类文化发展的巨大力量。

二是坚持毛泽东思想。以毛泽东同志为主要代表的中国共产党人,运用马列主义的普遍原理,从中国的具体实际出发,深刻揭示了中国革命的特点和规律,形成了适合中国国情的科学思想体系——毛泽东思想。正是在毛泽东思想的指引下,经过全党、全国各族人民的团结奋斗,才最终推翻帝国主义、封建主义、官僚资本主义的反动统治,赢得了新民主主义革命的伟大胜利,建立了中华人民共和国。

三是坚持邓小平理论。党的十一届三中全会以来,以邓小平同志为主要代表的中国共产党人恢复和重新确立了解放思想、实事求是的马克思主义思想路线,重新强调马克思主义要与中国实际相结合,在总结、吸取中国及其他国家建设社会主义的经验教训和科学判断时代主题的基础上,带领全国各族人民成功地走上了建设有中国特色社会主义的正确发展道路,形成了新的建设有中国特色社会主义理论的科学体系——邓小平理论。正是在邓小平理论的指导下,中国社会主义建设取得了举世瞩目的伟大成就。

四是坚持"三个代表"重要思想。党的十三届四中全会以后,以江泽民同志为主要代表中国共产党人,在带领全党全军和全国各族人民建设中国特色社会主义的伟大实践中,继承和发展了马克思列宁主义、毛泽东思想和邓小平理论,创立了"三个代表"重要思想。坚持做到"三个代表"是我们党的立党之本、执政之基、力量之源。

五是坚持科学发展观。进入新世纪新阶段,以胡锦涛同志为主要代表的中国共产党人,针对新世纪新阶段新情况,提出了科学发展观和建设社会主义和谐社会等一系列党的创新理论。党的十六届六中全会第一次明确提出"建设社会主义的核心价值体系"这一科学命题,指出"马克思主义指导思想、中国特色社会主义共同理想、以爱国主义为核心的民族精神和以改革创新为核心的时代精神以及社会主义荣辱观,构成社会主义核心价值体系的基本内容"。这一重大决策标志着中国共产党对中国特色社会主义的认知已经从制度层面深入到价值层面,深刻地体现了共产党执政规律、社会主义建设规律和人类社会发展规律。

六是全面贯彻习近平新时代中国特色社会主义思想。一个政党、一支军队要开拓未来,就一刻不能没有先进思想导航领向。党的十八大以来,以习近平同志为核心的党中央,紧紧围绕实现"两个一百年"奋斗目标和中华民族伟大复兴的中国梦,提出一系列新理念新思想新战略,出台一系列重大方针政策,推动党、国家和军队各项事业取得了全方位、开创性的成就。习近平新时代中国特色社会主义思想,是中华民族复兴伟业的历史逻辑、理论逻辑和实践逻辑的贯通结合,是中国特色社会主义实践经验和发展规律的科学总结。坚持和发展中国特色社会主义,是习近平新时代中国特色社会主义思想鲜明突出、一以贯之的主题。用习近平新时代中国特色社会主义思想武装全军,是充分发挥党的理论创新指导和推动实践创新的巨大作用、努力建设创新型人民军队的必然要求,是我们提振创新精神,经受新考验、迎接新挑战,奋力实现新的宏伟目标的思想引领。这既是军队思想政治教育文化选择的指导方针,也是其重要内容。

(三)新时代坚持用习近平新时代中国特色社会主义思想指导的几个着力点

新时代,军队思想政治教育所处的环境、所担负的任务以及教育对象、教育内容、教育方式方法等都有了巨大变化。坚定不移地巩固和加强马克思主义的指导地位,绝不允许搞指导思想的多元化,这是我军性质、使命所规定、所要求的。否则,军队思想政治教育的性质就会发生改变。西方敌对势力进行的意识形态扩张和渗透,对部分官兵思想产生了一些消极影响。一是政治观与民主观的渗透。以美国为首的西方国家往往打出最容易混淆视听的"民主、自由、人权"的旗号,采取各种手段,通过各种渠道,极力宣扬资本主义制度的优越性,大肆宣扬资产阶级的所谓"民主"。这种政治观和民主观对正在形成世界观和价值观的青年官兵具有极大的欺骗性和诱惑力。二是价值观的渗透。美国的政治制度、经济制度和文化制度都是建立在个人主义价值观念的基础上的。这种价值观突出地表现在个人主义和个人自由两个方面。由于强调个人,在考虑问题、权衡得失时,也往往以个人利益、个人的家庭利益或个人自由为准绳,忽视集体利益,这对我军强调的集体主义价值观产生了一定的负面影响。三是生活方式的渗透。西方国家大力鼓吹和传播金钱至上、唯利是图、享乐主义、利益主义、无政府主张等资产阶级生活方式,从衣、食、住、行等方面影响青年官兵,使他们逐渐产生对西方生活的羡慕、向往和追求,涣散意志,消磨斗志,从而丧失战斗力。要密切关注国内外形势发展和意识形态领域的动向,坚决抵御各种错误思潮对部队的影响和干扰。要保持我军本色,筑牢价值观防线,筑牢军魂意识,必须坚持军队思想政治教育指导思想的一元化,用习近平新时代中国特色社会主义思想占领思想舆论阵地。

二、多样文化并存为军队思想政治教育提供了丰富的选择可能

中华"和合文化"源远流长。和、合两个字最早见之于甲骨文和金文中。"和合文化"的基本内涵有二:一是承认各个事物之间的差异,二是把不同的事物有机地合为一体。所谓"和生万物,同则不继",就表明中国人对多元文化的基本态度和看法。

（一）多元文化的内涵辨析

关于"元"，《说文解字》的解释是："元，始也"，即为"物之本""本原"的意思，指具有原创性的、独立性的东西。根据这种解释，"多元"是指多个本原的共存，即具有原创性的、独立性的多个体系的共存。《中华大字典》的解释是："元"，"始也""端也"，①即每个"元"都是一个开始和起端。从字面上看，"多元文化"，是指具有不同起始端点的文化。这个"多元"，体现了"一"与"多"的辩证统一。也就是说，文化的多样性以统一性为前提，而文化的统一性又以多样性为基础，从而构成了文化的统一性与多样性的矛盾统一。

关于"多元文化"的定义，当今学术界还没有一个完全统一且清晰的认识。有的人认为，多元文化是世界各种异质文化的撞击和融合，也可以理解为异质文化与本土文化的撞击。有的人认为，多元文化是指文化主体在价值取向上的异质性、多样性。异质的文化共同、平等地存在于一个时代的社会中，构成互动的文化体系，即多元文化。费孝通先生在其《中华民族的多元一体格局》一文中，根据有关我国各民族文化起源的研究指出，从最初产生时起，中华民族的文化就是多元一体的。② 根据这样的论述，我们可以这样认为，多元文化是指一个民族、一个国家或一个社会共存的，相互联系且各自具有独立特征的文化，多元文化是当代中国发展过程中一种必然的文化现象。我国是一个多民族的文明古国，在漫长的历史发展过程中，形成了独具特色的地域文化和民族文化。它们不仅是中华民族文化和中国国家文明形态不可或缺的重要组成部分，也是世界文明的重要组成部分。

（二）多元文化的形成

多民族共存的历史使我国具有多元文化共存的传统。文化是人适应和

---

① 《中华大字典》，中华书局，1978 年，第 102 页。
② 参见费孝通：《中华民族多元一体格局形成的特点》，《群言》，1989 年第 4 期。

改造环境的产物,也是人类适应和利用自然维持自身生存和发展的基本方式,而自然是人类生存最根本的环境,自然界物质形态的多样性和丰富性是人类文化多元性的本体论前提。正是自然界的丰富性、生物物种的多样性导致人类对此作出的反映模式的多样性,从而形成了千差万别、异彩纷呈的文化。文化地理学的研究证明,地理环境的差异不仅会对人的肤色、体质、性格产生影响,而且还会影响各民族的文化特性。

一是多民族共存形成了我国文化的多样性。我国五十六个不同民族早期生存、繁衍所处的地理环境的特殊性,尤其是对于生产、生活方式的直接影响,决定了中华文化的起源本身就具有多元性。南方与北方、内陆与沿海、城市与乡村等,人们在适应和改造不同的生态环境过程中各自形成了特定的文化特征,形成了以汉民族文化为主体、融合其他民族文化的"多元一体文化"①。正如邓小平指出的:"我国历史悠久,地域辽阔,人口众多,不同民族、不同职业、不同年龄、不同经历和不同教育程度的人们,有多样的生活习俗、文化传统和艺术爱好。"②不仅各民族、各地区的文化呈现出多样性,而且一个民族、地区内部也呈现出文化的差异性。

二是经济全球化进程促进了文化的多元化。就某种特定的民族文化而言,它对于其他的民族总会具有或多或少的吸引力和感染力,从而激发其他民族对此的好奇、思考和研究,甚至是学习和模仿,促成文化之间的交流与互补。经济全球化促进文化多元化的发展,跨文化的交流越来越频繁且成为必需,各种文化的边缘交叉和渗透扩大,文化发展的民族和空间界限被打破,出现了文化的大融合、大交流。现代文化的快速传播不仅仅局限于物质上的产品,同样也包含精神和信仰的产品。从某种意义上说,现代社会高

---

① 费孝通:《中华民族多元一体格局》,中央民族学院出版社,1989 年,第 4 页。
② 《邓小平文选》(第二卷),人民出版社,1994 年,第 210 页。

效、快速的文化传播模式是形成和出现文化多元化的重要原因,先进的传播和通信技术,无形中大大缩短了文化在空间上的距离,使得世界各个地域的不同文化能够在同一个场域内同时展现,并可为人们所分享和接受。自中国社会对外开放以来,随着经贸、教育、科技、文化等对外交流、合作范围的扩大,西方文化的影响也发生了由偶然到必然的变化。西方各种思想观念、生活方式、道德准则、文化制度等意识形态不断涌入我国,异质文化之间的冲突、多元价值谱系的激荡,对中国人形成全天候、全方位的影响,直接导致社会成员理想信念、道德观念、价值取向选择的多样性,传统文化与现代文化、东方文化与西方文化、主流文化和非主流文化、大众文化与精英文化等多元文化并存,使我国当代社会已经逐渐呈现出多元文化并存的格局。

三是我国的社会改革推动了文化的多元化。不同层次的经济成分、分配方式、就业方式和社会组织必然产生不同层次的文化形态。随着改革开放的深入,形成了多元的利益主体和社会阶层职业群体,所有制的多元、利益主体的多样进一步加深了思想文化的多元化。可以说,多元化的利益主体和社会阶层群体格局,成为多元文化形成的社会基础。因为文化总是在满足生活需要的过程中创造和形成的,分化的、多元的社会主体,有着多种多样的文化生活需要。不同的利益主体和社会阶层群体在不同需要和生活方式的影响下,会参与到多种文化的创造之中,接纳不同的文化。在社会生活实践中,这些不同的需要也会驱使着人们去创造或接纳不同的文化。一个社会出现的多种亚文化,正是社会中的亚群体所建构起来的。伴随着现代化带来的结构高度分化,社会也形成多种多样的亚群体或亚结构,这种结构的存在,为多元文化的出现奠定了基础。

（三）多元文化对军队思想政治教育的积极意义

"各族人民亲如一家,是中华民族伟大复兴必定要实现的根本保证。"①
多元文化为军队思想政治教育文化选择提供了丰沛的文化资源。

首先,多元文化丰富发展了主流文化的内容,增强了主流文化发展的内
在动力。多元文化的出现开阔了官兵的视野,官兵不再从已有的特定文化
模式下进行思维,不再从部队单一的文化资源中汲取营养,而是站在古今中
外、军队内外诸多文化的交汇点上审视各种文化,实现"择优而取""利我而
用"。主流文化要保持其主流地位,就必须与其他文化进行激烈竞争,进行
广泛交流,吸收一切有利于自己发展的因素,使自己不断创新,确保自己发
展的先进性。只有这样,主流文化才能成为一种合理的、现实性的存在。

其次,多元文化有利于满足官兵的多种精神需要。官兵的文化需要是
多种多样的,既有不同种类的需要,又有不同层次的需要;既有一般知识的
需要,又有愉悦身心的需要;既有适应部队建设的需要,又有实现自我、进行
科学发展的需要。这就使某一种特定文化无法满足不同官兵群体的需要,
只有多元文化才能为官兵的文化需要提供宝贵的文化资源。

最后,多元文化有助于部队人际协调与和谐发展。多元文化的存在,是
因为存在着承载各种文化的主体——需要不同文化的人。多元文化能够满
足广大官兵不同的需要,从而使广大官兵对部队为其提供的良好环境感到
满意,更加坚定扎根军营、安心服役、牺牲奉献的信念。广大官兵会更加自
觉地维护这一氛围,从而有利于部队的人际协调,促进部队战斗力的提高,
圆满完成以军事训练为中心的各项任务。所以军队思想政治教育文化的选
择,既需要一元指导,即马克思主义的指导,也需要在一元指导下的多元文
化的共同发展。反之,如果只存在一种文化,不允许官兵有自身合理的文化

---

① 习近平:《在全国民族团结进步表彰大会上的讲话》,人民出版社,2019 年,第 7 页。

需求,不能满足官兵对文化的不同需要,他们就会从思想上和心理上产生抵触情绪或否定态度,这不利于调动官兵的积极性,不利于部队的安全稳定和战斗力的提升。

三、在辩证统一中推进军队思想政治教育文化选择

文化从小众到大众、由简单到复杂的发展过程,无一例外都是一种选择、一种坚持,即选择某一文化、价值为主导文化、主导价值,坚持某一文化、价值为主导文化、主导价值。任何时代占统治地位的思想,不过是物质上占统治地位阶级的思想。

（一）坚持文化一元主导与多样并存的辩证统一

要正确处理一元主导和多样并存的关系。主导性和多样性是事物存在的基本关系,主导性反映事物内在的、共同的本质,多样性反映事物的个性特征。多样性是主导性存在的条件和基础,主导性寓于多样性的发展形式之中,多样性服从于主导性的发展方向,二者辩证统一,不可分割。一方面,主导性决定文化的性质和方向,军队思想政治教育的文化选择必须坚持文化选择的一元主导性。我国的社会主义社会性质决定了必须坚持马克思主义的指导地位,巩固社会主义意识形态的主导性。如果在文化多元和价值取向多样化的条件下,背离主导性的要求或者放弃主导性,文化建设就会迷失方向,就无法把握中心内容和基本准则而陷入混乱。另一方面,多样性丰富、充实了主导性的内容,推动了主导性的发展。主导性如果脱离多样性,或限制多样性的丰富与发展,主导性就会成为形式、教条而缺乏吸引力和感召力,或引起反感,或不起作用。因此,要坚持主导性,还必须带动、促进多样性的发展。我们既要吸取历史上曾经发生过的只讲主导性、排斥多样性的教训,也要防止一些人只讲多样性、忽视主导性的倾向;既要重视文化发展的一元性,在军队思想政治教育中坚持以马克思主义为指导,以社会主义

文化为主导,又不能忽视文化发展的多样性,要鼓励多种文化共同存在,满足广大官兵不同层次、不同品位的文化需求。真正做到在坚持主导性的前提下发展多样性,在发展多样性的基础上坚持主导性。

(二)坚持一元指导,深化社会主义核心价值观培育基础工程

坚持什么样的文化方向,推动建设什么样的文化,是一个政党在思想上精神上的一面旗帜。在军队思想政治教育的多元文化环境中,如果没有一个先进的主导意识来统率全局,必将造成官兵思想混乱、行为失范、生活无序。主导性决定思想政治教育的方向和性质,背离主导性的要求或者放弃主导性,思想政治教育就会迷失正确方向,就会因无法把握中心内容和基本准则而陷于混乱,就会消解思想政治教育的功能。坚持军队思想政治教育的主导性就是坚持军队思想政治教育的原则性和方向性,以习近平新时代中国特色社会主义思想为指导,大力培育和践行符合时代要求、体现军队特点的社会主义核心价值观的"军队样子""军人样子"。

军队的精神文明建设走在全社会前列,这是人民军队的光荣传统之一,也是我军特有的政治优势。为什么人的问题,是一个根本的原则性的问题。作为一支无产阶级性质的新型人民军队,我军从创建之初就把进步的政治工作贯穿于军队之中,着力解决"为谁当兵、为谁打仗"的问题,把全心全意为人民服务作为自己唯一的根本宗旨。毛泽东关于人民军队性质、宗旨、建军原则、作风、纪律等的经典论述,就是对人民军队模范践行党的根本宗旨的一种赞赏和期许。进入新的历史时期,邓小平强调我军始终"要忠于党,忠于人民,忠于国家,忠于社会主义",发扬"五种革命精神",培育"有理想、有道德、有文化、有纪律"的革命军人等。江泽民要求我军做到"打得赢、不变质",倡导开展"爱国奉献、革命人生观、艰苦奋斗和尊干爱兵"教育等。新世纪新阶段,胡锦涛强调要围绕强化官兵精神支柱,大力培育"忠诚于党、热爱人民、报效国家、献身使命、崇尚荣誉"的当代革命军人核心价值观。党的

十八大以来,习近平强调全军官兵要听党指挥、能打胜仗、作风优良,标定了新时代人民军队的文化内核和价值图谱。这些是培育和践行社会主义核心价值观的重要方面,是发展先进军事文化的现实需要。

一种价值观要真正发挥作用,必须融入社会生活,让人们在实践中感知它、领悟它,达到"百姓日用而不知"的程度。习近平强调:"教育引导是培育社会主义核心价值观的基础性工作。要区分层次、突出重点,在全社会广泛开展社会主义核心价值观宣传教育。"①必须把社会主义核心价值观作为军队思想政治教育的重要基础工程抓紧抓好,使我军听党指挥、能打胜仗、作风优良的红色基因得到赓续传承,为促进官兵全面发展和有效履行"四个战略支撑"新时代使命提供强大的精神力量。

(三)注重多样融合,推进军队思想政治教育创新发展

文化多样性是人类社会的一项基本特征。可以说,正是文化多样性才创造出我们这个多彩的世界,多样性的文化是我们人类的共同遗产。因此,我们在进行军队思想政治教育时,首先,要确立多元文化教育的理念。多元文化教育是一种适应和关照多样化文化背景和生活方式的教育,要求教育者时刻意识到广大官兵的多元文化背景,在教育目标中将"多元共存、平等发展"的观念作为官兵发展的素质要求,培养官兵的跨文化适应力;在教育内容上要体现不同文化背景下官兵的不同文化需求,注重不同文化间的交流与整合;在教育过程中要平等对待不同文化背景的官兵,尊重不同官兵的文化习俗,采取多样化教育。

其次,要正确看待多元文化现象,注重多元渗透。邓小平曾指出:"我国历史悠久,地域辽阔,人口众多,不同民族、不同职业、不同年龄、不同经历和

---

① 中共中央文献研究室:《习近平关于社会主义文化建设重要论述摘编》,中央文献出版社,2017年,第108页。

不同教育程度的人们,有多样的生活习俗、文化传统和艺术爱好。雄伟和细腻,严肃和诙谐,抒情和哲理,只要能够使人们得到教育和启发,得到娱乐和美的享受,都应当在我们的文艺园地里占有自己的位置。"①面对文化的多元化,我军的思想政治教育应该像邓小平要求的那样,看它是否"能够使人们得到教育和启发,得到娱乐和美的享受"。在此原则下,努力寻找多元文化的契合点,进行文化整合,发展那些可以陶冶官兵性情、完善官兵道德、丰富官兵日常生活的文化。

最后,要对多元文化正确加以引导和规范。主旋律和多样化相辅相成,相得益彰。没有文化的多元化不足以显示和突出文化的主旋律;同样,没有文化的主旋律,文化的多元化也很难演奏出优美动听的乐章。不能因为强调文化的多元化而模糊社会主义文化的主旋律,应对多元文化正确加以引导和规范,努力促进我军军事文化的和谐发展。

第二节　坚持精英文化与大众文化的紧密结合

作为党在军队开展思想政治工作的主要内容,军队思想政治教育既要始终保持理论上的坚定和头脑上的清醒,注重理论的先进性、指导性,又必须通过教育,使这种理论为广大官兵所理解、所认同、所遵循,注重理论的实践性、大众性。毛泽东曾说:"革命文化,对于人民大众,是革命的有力武器。革命文化,在革命前,是革命的思想准备;在革命中,是革命总战线中的一条必要和重要的战线",强调"文字必须在一定条件下加以改革,言语必须接近民众,须知民众就是革命文化的无限丰富的源泉"。② 军队思想政治教育文

①　《邓小平文选》(第二卷),人民出版社,1994年,第210页。
②　《毛泽东选集》(第二卷),人民出版社,1991年,第708页。

化选择强调精英文化与大众文化的融合，其基本依据在于我军的性质、本质，以及我军在精神文明建设中走在全社会前列的地位和重要性。

一、精英文化及其当前发展

精英文化是否真实存在，是一个众说纷纭的话题。其实，精英文化的存在是一个不争的历史事实和客观现状，否则我们就不能理解为什么在观看《觉醒年代》时，无数人用热泪致敬革命先辈。承认精英文化，并不是否认人民是历史的创造者。时代的精英之所以出类拔萃，归根到底在于他们代表人民、引领时代。

（一）准确把握精英文化的内涵

精英，《现代汉语词典》解释为"出类拔萃的人"[①]，主要是指社会为其设置专门职业或特殊身份的知识生产传播应用者。因此，传统所说的精英文化是以高级知识分子为依托，以追求人类终极关怀为目标，以探讨理想人格价值为主要内容的文化，它代表着一个民族最高的文化成就，塑造着民族的灵魂，承担着民族文化传承创新的重任，是任何社会文化不可或缺的组成部分。

现代社会，随着社会阶层的变化，军人在社会义化贡献中地位的增强，其创造的文化也多数被纳入精英文化范畴。精英文化通常具有以下三种特质[②]：一是前瞻性。精英文化洞悉文化发展的脉搏，它把传统、现实与未来紧密相连。知识分子在超越传统、批判现实的基础上瞻望未来，以其远见卓识和理性思维指导着未来文化的创造与设计。二是理想性。精英文化并不是为现实政治作辩护与论证的工具，它富有浓厚的人文气质与深沉的哲学思

---

① 《现代汉语词典》，商务印书馆，2002年，第668页。
② 也有学者认为，精英文化的特征在于其崇尚人文、鄙弃世俗、追求理性、致力自律等方面。参见吴世彩：《大众文化的和谐价值》，中央编译出版社，2008年，第9页。

辨,在探索中寻求理想的价值建构,因此与现实政治存在一定距离,往往表现出离异取向,难以被大众接受。三是批判性。精英文化始终以独立的品格、严肃的态度和批判的眼光来审视现实社会,从正反两方面评价各种社会现象的精神品格、文化价值和道德水准,对各种不良社会现象和粗俗功利的行为进行抨击。

（二）科学定位精英文化的地位与作用

精英文化是民族精神的维系,是民族发展的哲思。精英文化不是经院哲学,不是书斋思辨,而是深深影响着民族的未来,担负着为社会大众营造精神家园,解决大众的信仰、价值观问题,以及为大众塑造榜样,引领大众瞻望人类光明前程重任的文化。"古往今来,中国的知识精英始终追求一种关怀人伦、度人济世的人文精神,试图通过对天地社会知识的探究来实现社会关注和终极意义追寻,而由这些知识分子创建的精英文化也一直发挥着对社会大众引导、规范、教化的功能。"[1]精英文化以人文关怀为特征,以理性原则为支撑,更多地强调文化的自律性,强调精神自主性及天才灵感等个体因素,是代表正统的、引领社会发展方向的、由主导一个国家或民族的那一部分精英所创造并欣赏的文化,代表着一个民族最高的文化成就,塑造着民族的灵魂,承担着民族文化传承开新的重任,体现了普遍的社会价值。

一个民族、一个社会、一个国家,不能没有精英文化,精英文化所代表的恰是这个民族、这个社会和这个国家的尊严与进步。从文明进步与繁荣富强的角度来说,我们要追求进步,努力上进,就必须追求精英文化。只有朝着精英目标前进,我们的国家才有可能不断进步,逐渐富强起来。如果一个民族、一个社会和一个国家没有精英文化来引导,就没有方向,没有目标,谈不上什么希望。精英文化还承担着社会教化的使命,发挥着价值规范导向

---

① 金民卿:《大众文化论——当代中国大众文化分析》,中共中央党校出版社,2002年,第149页。

的功能。精英文化为全社会确立一种普遍的信念,并负责向全社会提供高尚的精神文化产品、向民众传递社会理想和理性精神、确立价值尺度和审美标准。在文化发展的长河中,精英文化始终是中华民族文化长河的中流砥柱。从孔孟的儒家学说到先秦诸子百家的争鸣,从先辈的鸿篇巨制到圣人先贤的至理名言,都说明了精英文化已成为社会文化发展中的重要角色。精英文化关注人文精神的塑造,关注人类灵魂的诉求,关注人类精神家园的建设。

（三）全面认识精英文化当前发展的境况

改革开放和市场经济为展示精英文化的文化价值提供了机遇。精英文化是先进的、启蒙的高雅文化,它是人类灵魂追寻的最终目标,是人类精神的家园。在很长的一段历史时期,精英文化占据着绝对优势的地位。但进入工业社会以来,随着科学技术的进步,在迅猛发展的市场经济、现代大众传媒的强力推动下,文化市场和文化工业迅速崛起,大众文化迅猛发展,成为主宰人们生活的主要方式,精英文化的优势地位越来越受到大众文化的挑战。

一方面,随着改革开放的深入,市场经济意识越来越深入人心,人们越来越多地关注自己的生活和切身感受,原先那种宏大的教条式的主流话语遭到越来越多人的摒弃,大众文化越来越多地占领了精英文化的精神家园,使得精英文化越来越失宠。知识分子精英原先那种坐而论道的优雅生活方式被市场化的风云涤荡得残缺不全;精英文化原本打算用理性话语的方式来影响甚至支配社会的图谋,也被歌星、影星、体育明星等"现代派"所取代。另一方面,由于精英文化内容的专业性和受众的局限性,使得以深度、抽象、严肃为特征的精英文化逐步向平面直观的大众文化转型,使精英文化中的相当一部分滑向商品化、平面化的大众文化运作,结果造成了精英文化优势地位的日益丧失。同时又要看到,精英文化代表的是人类文化的精品,精英文化的启蒙精神、理性和进步性是大众文化不可比拟的。若要形成一个健康的文化生态,在不排斥大众文化参与的前提下,更需要有精英文化的引导,需要精英文化提升社会文化整体品位。精英文化目前所面临的困境与危机,折射出了文化建设亟待解决的重大问题,精英文化对生活意义的思索和追问,尽管在目前仍是少数知识分子的事业,相信必定会随着物质文明的进步而被越来越多的大众所理解。

二、大众文化及其发展趋势

从本质上说,大众文化是现代工业社会背景之下所产生的、并与市场经济和商品社会相适应的一种市民文化,是现代科学和民主高度发展的必然产物。大众文化广泛地影响着人们的日常生活和风俗习惯,悄然地改变着人们的价值观念、思维方式、道德理想和审美情趣,已成为社会主义文化的主体组成部分。

（一）全面把握大众文化的内涵

大众,《现代汉语词典》解释为"群众,民众"①。关于大众文化的内涵,有学者根据毛泽东在《新民主主义论》中对大众文化的界定,认为大众文化即"这种新民主主义的文化是大众的,因而即是民主的。它应为全民族中百分之九十以上的工农劳苦民众服务,并逐渐成为他们的文化"②。有学者从哲学认识论、价值论,以及心理学、传播学、审美学、功能论、生产消费和内在构成等维度论述大众文化的本质。③ 大众文化是现代工业社会和市场经济社会的产物,是在工业社会中产生的、以都市大众为消费对象,通过现代传

① 《现代汉语词典》,商务印书馆,2002 年,第 239 页。
② 《毛泽东选集》(第二卷),人民出版社,1991 年,第 708 页。
③ 参见孙长军:《新时期大众文化:批评现状、本质及特征》,《商丘师范学院学报》,2001 年第 5 期。

媒传播的、无深度的、模式化的、易复制的、按照市场规律批量生产的文化现象。遵从商品经济的规律,以大众的文化娱乐和消费来谋求商业价值是其价值诉求。主要有以下特征:

一是世俗性。大众文化采取大众喜闻乐见的形式,体现市民大众的情趣追求,贴近世俗生活和普通民众,缺少科学成分与理性分析,淡化政治,远离崇高,排挤高雅文化,忽视理想价值,追求感官刺激和物质享乐,而不探讨文化的深沉含义,精神内涵浅薄、直白。

二是功利性。大众文化的发展与市场经济息息相关,大众文化与市场和资本结合起来,赚钱营利成为大众文化生产的主要动机。文化的生产、流通、传播、消费愈来愈被纳入经济轨道。为了赢取经济利益而一味地刺激迎合消费者的欲望,追逐新潮、制造流行、消弭深度、媚俗从众,甚至不顾产生粗俗淫秽的文化垃圾,无视道德教化的作用。

三是娱乐性。现代竞争社会,社会生活节奏加快,人们承受的压力越来越大,大众文化成了人们消遣娱乐、调节紧张情绪、摆脱压抑的主要途径,大众文化的生产和消费表现出对大众"享受动机"的直接认同。

四是技术性。大众文化主要以电子媒介为载体,复制性已成为技术发展的必然产物。大众文化产品的制作、复制与传播都必须借助现代科技手段,尤其是信息电子技术。

五是流行性。制造时尚进而引领时尚成为大众文化的一个重要生存策略,"东西不是生产以后才会变得流行的,东西是为了流行才生产的"①。大众文化形式多样而又灵活多变,随处可见的流行音乐、影视娱乐、时装表演、网络游戏等丰富多彩的大众文化利用现代传媒优势,借助电视、电台、报纸、杂志等媒介的宣传大量复制,广泛流行。

---

① [匈]阿诺德·豪泽尔:《艺术社会学》,居延安译,学林出版社,1987年,第257页。

六是产业性。大众文化产品是按照固定的套路、模式进行制作的,目的是迅速地生产出来以便能尽快地赚到利润,能创造相当可观的经济效益,国家都将其按产业进行管理。

(二)正确认识大众文化的勃兴

作为一种历史形态,大众文化最早出现在西方,它的产生依赖城市的出现和现代化的科技传播手段。在当代中国,大众文化产生的条件主要有两个:一是市场经济的发展,使文化开始走向市场,走向产业化。大众文化是我国市场经济发展的产物,它与我国改革开放、社会转型相伴而生,是一种大众参与的娱乐消遣性文化。20 世纪 70 年代末 80 年代初,"文革"已经结束,人们从思想禁锢中解放出来,思想空前活跃,我国的文化意识也开始从完全意识形态性的一体化文化向多元文化形态分化。80 年代中后期,我国本土大众文化迅速崛起,逐渐对精英文化形成夹击包围之势,精英文化开始走向衰落。二是传播媒介的发展。传媒由平面走向立体,大众传媒可以把大量信息储存起来,并通过广播、电视、网络等载体,以文字、图像、声音、动作等形式不断重复出现,刺激人们的感觉器官,从而实现强化的效果。高速的经济发展和技术进步,使得大众媒介技术日益普及到生活的方方面面,传播方式由单一平面化走向全方位立体化,如手机、电脑和互联网的飞速普及和平民化,使普通消费者包括青少年也能够成为各种大众文化信息的拥有者和传播者。而且大众媒介技术如手机短信、VR 虚拟技术、FLASH 动画和DV 短片等的直观易用性和感观生动性,使得人们乐于用其表达时尚的情感,以释放压力,沟通人际。

(三)科学定位大众文化的性质

大众文化广泛地影响着人们的日常生活和风俗习惯,悄然地改变着人们的价值观念、思维方式、道德理想和审美情趣,已成为社会主义文化的主体组成部分。大众文化所体现的思想意识、价值观念等往往直接作用于广大人民群众的精神结构,影响着他们精神世界的发展。归根到底,大众文化影响着一个民族的总体素质,制约着一个民族的前进步伐,是一个国家、民族文化软实力的一种体现。当代中国大众文化的本质在于它是中国特色社会主义伟大实践的文化反映,"是社会主义条件下社会大众日常生活、情感体验和精神状态存在,其本质特征在于其社会主义性、真正人民性、民族性等"①。因此,党的二十大报告指出:"深化文化体制改革,完善文化经济改革。实施国家文化数字化战略,健全现代化公共文化服务体系,创新实施文化惠民工程。"大众文化在丰富人们生活,满足人们的精神需求,放松人们的心情,活跃人们的文化生活方面发挥着积极作用。我们在肯定大众文化积极作用的同时,也应看到其不足之处,主要表现在,过度追求感性享乐,淡化理性思考;消解价值体系,造成价值判断的混乱;以市场需求为原则,审美趣味滑向低俗,等等。因此,我们应用理性精神审视、改造大众文化。

一是强化大众文化工作者的历史使命感和人文责任感。邓小平指出:"思想战线上的战士,都应当是人类灵魂的工程师。在当前这个转变时期,在社会主义精神文明建设和整个社会主义建设事业中,他们在思想教育方面的责任尤其重大"②,并要求"要教育人民,必须自己先受教育。要给人民以营养,必须自己先吸收营养"③。大众文化工作者是指大众文化产品的生产者、经营者,以及对大众文化的生产和经营活动进行管理的管理者。具体讲,生产者要出好的产品,经营者则应合法经营,不让种种伪劣的精神产品进入文化市场,而管理者则应具有法律意识和服务意识,通过规范的管理活动,引导大众文化积极健康地向前发展。

二是把时代精神融入大众文化。大众文化必须与时俱进,踩着社会生

---

① 金民卿:《大众文化论——当代中国大众文化分析》,中共中央党校出版社,2002年,第129页。
② 《邓小平文选》(第三卷),人民出版社,1993年,第40页。
③ 《邓小平文选》(第二卷),人民出版社,1994年,第211页。

活的节拍,表现日益丰富的时代内容,反映现代生活的特点,把现代生活观念诸如现代价值观、人生观、审美观等,尤其是法制观念、平等观念、创新观念、个性观念、环境保护观念等,作为大众文化表现的重要内容,贯穿到大众文化的创造中。

三是把科学精神融入大众文化。大众文化在实质上是人文的,它主要体现的是一种人文思考和人文精神。但人文思考需要科学思考来补充和提高,人文精神需要科学精神来整合和校正。事实证明,没有科学精神渗透、整合与校正的人文精神极易走向虚妄、迷信、愚昧和反理性歧途。因此,应在大众文化中融入科学精神,克服其存在的某些盲目自发性因素和反理性倾向。

三、在有机融合中推进军队思想政治教育文化选择

精英文化和大众文化虽是两种不同质地的文化形态,但二者在存在矛盾和冲突的同时,也有一定的互补性。从长远发展来看,它们之间的界线会越来越模糊,相互交差重叠的部分会越来越多,它们在各自的文化实践中寻找和确立自己发展的方向,在人才、产品、平台等方面彼此有机融合。在军队思想政治教育中,要善于谋求二者的有机融合,做到用精英文化引导官兵,用大众文化娱乐官兵,真正实现在精英文化与大众文化的有机融合中推进军队思想政治教育的创新发展。

（一）功能互补,主动融合

精英文化要融合到大众文化之中,提升大众文化的品位;而大众文化也要融合到精英文化之中,以增强精英文化的活力。精英文化出于对社会的使命感和对社会价值理想的关照,主张伦理的严肃性、创造性、个性风格、历史意识的内在规范,因而具有不断超越的精神动力。精英文化渗透于大众文化之中,给大众文化以思想指引、学术滋养、智力支持、观念指导和艺术武

装。因此,精英文化要弘扬和提倡中华民族的传统美德,以马克思主义和中华优秀传统文化为武器,坚决遏制诸如暴力、色情、浪费等大众文化的消极方面,自觉提高大众文化的道德水平和文化品位,弘扬文化真善美的价值取向,强化文化的超越性功能,积极投身于大众文化生活的调查研究、批判改造和积极建构中,让大众文化走上雅俗共赏之路,引导大众文化积极健康地向前发展,使大众文化成为一种具有精英意识、高雅品位、以人文理想为终极价值的大众文化。

大众文化"具有相对独立的大众意识,把自身的生活作为描写对象,不仅表现在对文化的趣味上,同时表现在价值观念上,以独立的、鲜明的个性存在于文化形态当中,在文化趣味上有趋众性、民间性,在价值观念上有独立的生存观"[1]。大众文化的通俗性"抹平了高雅文化的深度,使过去那些极端个人化的、神秘幽玄的、形而上学的,非依靠丰富的知识、特殊的感悟和相当的时间才能领会到的东西一下子变成人人能懂、可感可知的东西,它使审美又回到了生活,使粗糙的生活变得光滑,美与生活的距离缩短了"[2]。大众文化的娱乐功能"赋予青少年乐观的生活态度、广阔的生活空间、多样的生活色彩和广泛的交往机会,使他们在丰富的审美愉悦中释放身心的疲乏,在心灵的陶冶中享受人生与世界的自由并洞悉其微妙的深层意蕴"[3]。因此,应将大众文化融入精英文化之中,为其提供思想资料、刺激动力和应用市场,增强精英文化的活力。

(二)创新形式,有效引导

一方面,要切实提高广大官兵的审美鉴赏能力。"教育乃养成人格之事业也。使仅仅为灌输知识、练习技能之作用,而不贯之以理想,则机械之教

---

① 王菊花:《论大众文化与通俗文化的区别》,《江西社会科学》,2003 年第 7 期。
② 许文郁、朱元忠、许苗苗:《大众文化批评》,首都师范大学出版社,2002 年,第 410 页。
③ 张健:《大众文化对青少年闲暇生活的影响》,《当代青年研究》,2007 年第 9 期。

育,非所以施以人类也。"①蔡元培先生从人的全面发展的角度,从教育作用于人类的高度,总结了教育的本质。大众文化提供的只是感性的娱乐,受大众文化范式的影响,青年官兵常常有创新的激情和勇气,却缺乏以现代科学为特征的理性精神;大众文化以平面和庸俗的方式吸引青年官兵,使他们整天沉溺于大众文化泡沫的虚幻之中,对社会、对生活缺乏理性认识和深层次的思考;大众文化一些违背科学理性的内容,容易使青年官兵忽视事物发展的规律性。因此,军队思想政治教育应把科学文化教育和思想道德教育结合起来,注重提高官兵的科学文化素质,打牢官兵的理论基础,筑牢官兵的思想道德防线;把思想政治教育与审美、艺术教育结合起来,把理论灌输、道德教化与情感陶冶、艺术熏陶结合起来,寓教于乐,注重提高官兵的审美趣味和审美判断力,增强官兵对大众文化的分析、鉴别和批判能力,以美启善,从而自觉抵制低级庸俗的文化产品,树立科学、健康的文化消费和休闲方式。

另一方面,要适时正确引导。必须加强主流媒体建设和新兴媒体建设,形成舆论引导新格局。要从社会舆论多层次的实际出发,把握媒体分众化、对象化的新趋势,以党报党刊、电台电视为主,整合都市类媒体、网络媒体等多种宣传资源,努力构建定位明确、特色鲜明、功能互补、覆盖广泛的舆论引导新格局。互联网已成为思想文化信息的集散地和社会舆论的放大器,我们要充分认识以互联网为代表的新兴媒体的社会影响力,高度重视互联网的建设、运用、管理,努力使互联网成为传播社会主义先进文化的前沿阵地、提供公共文化服务的有效平台、促进人们精神生活健康发展的广阔空间。部队官兵尤其是青年官兵在消费大众文化时,一般是不假思索,随意浏览,没有明确的目的性;大众文化的图像性使得青年官兵对事物的形象一目了

---

① 《蔡元培全集》(第 2 卷),中华书局,1984 年,第 407 页。

然,而失去对事物本质的认识、意义的追问,久而久之将导致青年官兵思维能力的萎缩;影视作品的传播方式具有跳跃性的特点,声音和画面经常随意切换,青年官兵长期观看,有可能破坏思维的连续性,使之变得跳跃、破碎,甚至无逻辑、瞬间性,等等。最终使青年官兵的思维也变得零散、游移、思考力日见萎缩,难以进行艰苦的思想劳动,创造力也逐渐丧失。因此,军队思想教育者要具有敏锐的洞察力,及早准确地发现问题,迅速及时地采取措施,果断地实施调控、引导,提高官兵理性思维能力,避免盲目追从,误入歧途。同时,要重视加强对文化产品生产者和经营者的思想政治教育,增强他们的社会责任感,提高他们的思想觉悟和审美素养,从而自觉地向部队、官兵提供雅俗共赏、活泼健康的精神文化产品。

(三)巧借平台,激发活力

一是尊重官兵的主体地位。"外因是变化的条件,内因是变化的根据,外因通过内因而起作用。"[1]情感是沟通内外的桥梁,通过情感的打动,才会真正实现道德观念的内化。大众文化直接表现为普通人的日常生活和喜怒哀乐,非常贴切大众,有利于道德效仿和道德实践。军队思想政治教育应尊重官兵的主体地位,注重官兵的情感体验和需求,真正把官兵参与教育的积极性调动起来,让官兵参与进来,问题大家摆,方法大家拿,道理大家讲,答案大家找,效果大家评。克服以往过于强调理性化的接受,忽视官兵的情感体验和需求,所导致的教育内容和形式都趋于单调刻板,效果也不尽如人意的弊端。如有些部队针对青年官兵中"00后"和独生子女占多数的特点,把亲情教育作为思想政治教育的一项内容,开展"唱亲情歌曲、看亲情影片、读亲情书籍、写亲情格言"活动,并围绕"父母嘱托为什么、我为亲人做什么"展开讨论,组织"牢记亲人嘱托、争当四有军人"演讲,让千余名官兵登台讲述

---

① 《毛泽东选集》(第一卷),人民出版社,1991年,第302页。

亲情故事,引导官兵把亲情升华到爱党爱人民爱军队的崇高情感上来,做到爱岗敬业,牺牲奉献,思想政治教育效果显著。

二是把握说理教育的多样性。大众文化具有"通俗化"的特点。大众文化的通俗化是"指其文化内容、表现形式是通俗的、娱乐性的,让人们喜闻乐见的"①。中央电视台《百家讲坛》栏目最开始创办时,试图以一种"阳春白雪"的姿态出现,坚持高雅的学术品位,结果未能获得广大观众的认同。后来,该栏目改走"下里巴人"的路线,以一种通俗和娱乐化的方式去诠释宏大的历史问题和严肃的学术话题,取得了极大的成功。军队思想政治教育应该从《百家讲坛》栏目成功的经验中得到启示,教育形式应不拘一格,灵活多样:大范围舆论导向、大课堂系统宣讲是理论教育,个别谈话也是理论教育;纯粹理论论证、分析是理论教育,从基层官兵生活实际出发,从具体生动事例中概括总结,晓之以理,动之以情也是理论教育;用语言文字形式可以引导,用实物、图片展览,用电影、电视活动画面和网上对话等形式也可以引导。对不同层次的官兵要采取不同的教育形式,对基层干部的教育,应选择理论灌输、政治学习、问题探讨、发挥党管思想和党管干部的作用等形式,采用理论辅导、参观访问、讨论辨析、总结述职、民主评议、领导讲评等方法;对军士的教育,主要应采取自我教育、读书指导、谈心交心、讨论交流、定期讲评等方法;对义务兵的教育,可采取讲清道理和规范行为相结合的形式,开展富有青春气息的读书演讲、知识竞赛、走出去参观、请进来作报告等生动活泼的方法进行教育引导,巩固和深化教育效果。

三是注重实践活动培育。"纸上得来终觉浅,绝知此事要躬行。"军事训练具有特殊的思想教育功能,把军事训练同思想政治教育紧密结合起来,是防止"和平病"的一剂良药。新时代,要注重结合军事训练开展思想政治教

---

① 王菊花:《论大众文化与通俗文化的区别》,《江西社会科学》,2003 年第 7 期。

育,把政治训练与军事训练摆在同等重要的位置来抓实抓好。要充分发挥军事训练、部队管理、完成任务等部队实践活动的教育作用,这是对思想政治教育领域的重要拓展。开放的社会需要开放式教育,既可把教育"搬"出课堂,用真情实景启发基层官兵,也可让基层官兵参与实践,用真情实感升华思想境界。如某部在开展理想信念教育时,把官兵带到卢沟桥,使官兵了解卢沟桥的历史变迁,用心感悟它身上所体现的民族精神,收到了较好效果。再比如,2019 年的主题快闪"我和我的祖国",在全国引起了广泛关注、一致好评和强烈共鸣。全军各单位组织官兵参与此项活动,也让官兵深受感染、大受启发。总之,由于部队所处环境、担负任务和历史传统有所不同,官兵思想也存在很大差异,搞教育不能用一个模式来套,应当有什么问题就解决什么问题,什么方法管用就采用什么方法,从而使教育形式丰富多彩,各具特色。

第三节　坚持本土文化与外域文化的和谐融合

我军思想政治教育,立足军事活动实践,坚持以马克思主义为指导,根植中华民族优秀传统文化,吸收人类一切优秀文明成果,在九十余年的发展历程中不断赋予军队思想政治教育文化以鲜明的中国特色和时代特点,在秉持民族特色中赋予本土文化新的时代内涵。

一、扎根本土,传承和弘扬优秀武德文化

（一）本土文化的内涵

所谓本土文化,指一定区域内的本土人民在长期的生存和发展中,经过悠久历史繁衍积淀下来的带有浓郁地方特色的文化。本土文化是文明的逐渐积淀,是特定区域民族生存和发展的基础,是民族性格和民族精神的体

现,是民族价值观和审美理想的反映,是民族情感的载体。

"本土文化"是一个相对的概念,其内涵可以概括为三个层次:第一,相对于全球文化而言,本土文化是指一个国家的民族文化;第二,在一个国家的民族文化内部,不同民族之间在种族信仰和价值观念等方面又有明显的差异性,所以本土文化也指具有相对独立性的种族文化;第三,在一个国家的民族文化内部,不同区域之间又形成不同的相对稳定的文化特征,从这个意义上讲,本土文化也可以指一个国家的民族文化内部具有相对稳定性的区域文化。本土文化的存在形式可以分为物质的和非物质的两种,物质类文化是有形的,如建筑、雕塑、服饰、生活用具、乐器道具等;非物质类文化是无形的,它依托于人本身而存在,以声音、形象和技艺为表现手段,并以身体相传作为文化链而得以延续。本土文化资源既有古老的、历史悠久的文化资源,也有根植于现代生活的文化资源,如具有浓厚地方特色的标志性建筑和现代雕塑。

一定区域的本土文化总是体现出一定的独特性、民族性和地域性。所谓独特性,主要是指某区域的文化属本区域所独有或独创,这种特征以其典型性与其他区域文化特征相区别,并深深打上了该区域文化的烙印。所谓民族性,主要是指每一个民族都有其共同的行为模式、共同的思维方式、共同的生活情趣、共同的价值观念。所有这一切,都是作为一种潜意识、一种内在的思维定式存在于深层的民族心理之中。所谓地域性,主要是指一个区域的人们在长期生产、生活、劳作和社会历史的演进中积淀而成的,在语言、信仰、艺术、道德风俗及生活方式、思想观念等方面彰显其地域的独特特征。在军队思想政治教育中,既要教育官兵汲取中华民族的文化营养,又要不断赋予本土文化新的内涵,通过引导官兵对本土文化的感受和理解,形成自己的文化品格和人格修养,确认自己的文化特性,从而激发自身的生命力和创造力。

（二）传承中华民族优秀武德文化

中华武德文化是中华民族历史文化遗产的一个重要组成部分。在武德文化漫长的历史发展进程中，不同的历史时期、不同的习武群体有着不同的具体内容，但是它的主体内涵却被不同历史时期的不同习武群体所广泛认同，因而表现出较强的稳定性和延续性。尤其在军事实践中所形成的军人武德，是军队战斗力的内在依据。它在激励官兵的爱国精神、促进军队内部团结、激发对敌斗志和提高军队战斗力方面，具有至关重要的作用。具体内容有以下三个方面：

一是贵仁尚义。这是中华民族传统武德的立论基础。先秦社会道德规范中的"仁""义"思想渗透到当时军事实践中，影响着军人的道德思想和行为，从而形成了贵仁尚义思想。"贵仁"，就是强调军事活动中的仁爱原则。"尚义"就是要崇尚正义，以义为重，以义制利；兴正义之师，匡扶天下正义，并以义励士，使三军一心。仁和义的统一，形成了中华武德的仁义原则。中国古代兵家认为，战争虽是"不祥之物"，但有正义和非正义性质之分，要赢得战争的胜利，达到"以战止战"[1]"除乱去暴"[2]之目的，就必须依据仁义原则而兴仁义之师。"是故百战百胜，非善之善者也；不战而屈人之兵，善之善者也"[3]，"师必有名"[4]等论述了仁义原则在战争性质、目的、手段上的具体体现。"仁者无敌"[5]"以仁为胜"[6]等论述了仁义原则中的"人本"在战争中的地位和作用，强调军队要以仁为根本和宗旨。"非利不动，非得不用，非危

---

[1] 《司马法·仁本》。
[2] 《投笔肤谈·本谋》。
[3] 《孙子兵法·谋攻》。
[4] 《礼记·檀弓》。
[5] 《孟子·梁惠王上》。
[6] 《司马法·天子之义》。

不战"①,"黩武穷兵,祸不旋踵"②等论述了衡量战争仁义原则的尺度,揭示了战争的仁义与否,应以国家和民众的利益为基本标准,只有符合国家民众利益,才可以采取战争手段。"战必以义者,所以励众胜敌也"③,"夫惟义可以怒士,士以义怒,可与百战"④等论述了仁义原则在治军作战中的体现,强调了厚施仁爱、体恤士卒,抚慰军属、厚恤遗孤,以仁义励士,可以保持军队强大而持久的战斗力,虽经百战而不殆。"降者勿杀,得着勿戮"⑤等论述了仁义原则在对敌方面的运用,揭示了仁义原则在瓦解敌军、释敌斗志、化敌为我的重要作用和特殊功能,强调对敌国军民要示之以仁义,施之以厚德,卒善而养。

二是忠国利民。这是中华传统武德的核心内容。所谓"忠国",就是忠于国家,报效祖国;所谓"利民",就是有益于人民,服务于民众。"忠国利民"就是为国家、为民族的整体利益勇于牺牲奉献的精神。首先是舍身报国,忧国忘身。军人只有以国家利益为根本的价值目标取向,以报效国家作为一切行为的出发点和立足点,才能最终实现军人的社会价值和自我价值。军人的报国,总是以"辞不忘国"⑥,"愿得此身长报国"⑦,"以身殉国,壹意而已"⑧的忠国志向的树立,以及"公以忘私,国以忘家"⑨,"教以忠义,使士卒皆有亲上死长之心"⑩的道德行为实践为逻辑起点,并且在为国家、民族利益

---

① 《孙子兵法·火攻》。
② 《百战奇略·好战》。
③ 《六韬·龙韬·奇兵》。
④ 《心术》。
⑤ 《六韬·虎韬·略地》。
⑥ 《左传·昭公二年》。
⑦ 《戴叔伦·塞上曲》。
⑧ 《将苑·将志》。
⑨ 《司马法讲义·用众》。
⑩ 《兵录·教练总说》。

奋斗过程中达到"将受命之日忘其家,张军宿野忘其亲,援枹而鼓忘其身"①的最高道德境界。其次是兵民一体,相资相利。"利民"思想从兵与民的职能及在国家社会发展的地位作用上,指出"民为邦本"②,"廉明之将,视兵民为一体,则兵不敢扰民"③的必然性和客观要求,明确了军人只有履行利民的道德责任,才能稳固军队,夺取战争的最后胜利。最后是兵以保民,爱民者强。从如何处理军人与民众的关系上,揭示了"设兵原以卫民"④是军人应尽的道德义务,从"行军之处,必须秋毫无犯,固结民心"⑤,"故带兵之道,以禁止骚扰为第一义"⑥的一般道德要求,到"爱民为治兵第一要义"⑦的最高道德要求,展现出传统武德规范的层次性,也充分表明了中华武德文化广泛丰富的内涵。

三是尚武精艺。这是军人最基本的职业道德要求。"尚武",即崇尚武事,是指要有居安思危、治不忘战、常备不懈的国防观念和尚武精神,随时准备效命疆场,忠武尽职;"精艺",即精习武艺,是要求军人精习武艺,练好杀敌本领,为尽军人之职,不断完善自身的能力素质。"尚武精艺"既是军人最基本的职业道德要求,也是军人担负保家卫国职责的前提和基础。自古至今,"尚武精艺"一直作为中华民族优良的武德思想精髓被历代军人所传承。作为军人,只有精习武艺,提高技能,才会临敌不乱,攻无不克,战无不胜。若军人不习武、不精艺,临阵就没有战斗力,"尚武"也只能是一句空话。"居安思危,思则有备,有备无患"⑧,"用兵,无备者伤,穷兵者亡"⑨等概括了传统武德的尚武思想,把"居安思危、有备无患"的国防观念、国防教育思想同

---

① 《尉缭子·武议》。
② 《将略要论》。
③④ 《皇朝经世文编续编·兵政》。
⑤⑦ 《曾胡治兵语录·仁爱》。
⑥ 《曾文正公全集·杂著》。
⑧ 《左传·襄公十一年》。
⑨ 《孙膑兵法·威王问》。

尚武精艺内在地联系起来,把军人履行职责同忠诚、精艺统一起来。"艺高人胆大"①,"教兵之法,练胆为先;练胆之法,习艺为先"②等揭示了军人履行职责与内在素质、能力的关系,指出军人要完成御敌使命,必须通过练兵提高素质,而习武,不仅要会使用、还要爱护手中的武器装备,使甲坚兵利,装备完善,从而保障军人完成使命。"以不教民战,是谓弃之"③,"凡欲兴师,必先教战"④等提出了爱惜军人生命的道德要求,指出为将者要珍视军人生命,加强训练教育,这是为将之职。作为军人,则要自觉习武精艺,耐劳忍苦,强化爱武尽职意识,提高作战技能,不断完善自身,实现军人自身价值。

需要指出的是,由于受历史时代、阶级地位的局限,在中华武德文化中也存在一些糟粕,不足所取。因此,军队思想政治教育在吸取中华传统武德文化精髓时,不能盲目地一一照搬,要采取唯物辩证的观点,具体问题具体分析,取其精髓,剔除糟粕,达到古为今用,为我所用。

（三）大力弘扬我军优良传统

我军在长期实践中形成和发展起来的优良传统,是现代中国的革命精神与中华民族优秀军事历史遗产相融合的结晶,集中体现了我军的特色和优势。军队思想政治教育必须继承我军优良的文化传统,结合时代要求,不断地创新发展,赋予新的时代内涵。

1. 高举旗帜、听党指挥

军队建设要抓住高举旗帜、听党指挥这个根本,要始终坚持党对军队绝对领导的根本原则和制度,永葆人民军队的性质、宗旨和本色,确保党从思想上、政治上、组织上牢牢掌握部队,确保全军听从党中央和中央军委的指

---

① 《登坛必究·选兵》。
② 《正气堂集·兵略对》。
③ 《论语·子路》。
④ 《百战奇略·教战》。

挥。必须不断加深对"党对军队绝对领导"这一建军根本原则的理解。一是中国共产党是我军唯一的、独立的领导者和指挥者。只有中国共产党有资格、有能力来领导和指挥我军。二是我军的最高领导权和最高指挥权必须集中于中共中央和中央军委。中央军委与中共中央的关系不是平行的,军队必须无条件地置于党的领导之下。三是必须坚持党的政治、思想和组织的全面领导。军队在强调党的思想、政治领导的同时,必须特别强调党的组织领导,要在思想上、政治上、行动上毫不动摇地与党中央保持高度一致,听从党中央、中央军委指挥。在新的历史时期,西方敌对势力出于"西化""分化"社会主义中国的政治目的,极力鼓吹"军队非党化、非政治化"和"军队国家化",妄图使我军摆脱党的领导,改变人民军队的性质,进而颠覆我国的社会主义制度和共产党的执政地位。对此,我们必须高度警惕,必须毫不动摇地坚持党对军队的绝对领导。

2. 牢记宗旨,服务人民

军队打胜仗,人民是靠山。军队的根脉,深扎在人民的深厚大地;人民战争的伟力,来源于人民的伟大力量。1944 年 9 月,毛泽东在《为人民服务》中深刻阐明了中国共产党为人民服务的根本宗旨。在改革开放的新形势下,邓小平赋予了"为人民服务"以新的内容。"中国共产党党员的含义或任务,如果用概括的语言来说,只有两句话:全心全意为人民服务,一切以人民利益作为每一个党员的最高标准。"①新时代,习近平强调:"推进强军事业,必须坚持全心全意为人民服务的根本宗旨,始终做人民信赖、人民拥护、人民热爱的子弟兵。"②他深刻指出:"江山就是人民、人民就是江山,打江山、守江山,守的是人民的心。中国共产党根基在人民、血脉在人民、力量在人民。

---

① 《毛泽东邓小平江泽民论世界观人生观价值观》,人民出版社,1997 年,第 493~494 页。
② 习近平:《在庆祝中国人民解放军成立 90 周年大会上的讲话》,人民出版社,2017 年,第 17 页。

中国共产党始终代表最广大人民根本利益,与人民休戚与共、生死相依,没有任何自己特殊的利益,从来不代表任何利益集团、任何权势团体、任何特权阶层的利益。任何想把中国共产党同中国人民分割开来、对立起来的企图,都是绝不会得逞的! 9500多万中国共产党人不答应! 14亿多中国人民也不答应! 新的征程上,我们必须紧紧依靠人民创造历史,坚持全心全意为人民服务的根本宗旨,站稳人民立场,贯彻党的群众路线,尊重人民首创精神,践行以人民为中心的发展思想,发展全过程人民民主,维护社会公平正义,着力解决发展不平衡不充分问题和人民群众急难愁盼问题,推动人的全面发展、全体人民共同富裕取得更为明显的实质性进展!"①

可以说,人民军队自创立以来,始终把全心全意为人民服务作为一切行动的准则,与人民群众同呼吸、共命运、心连心,保持了人民军队的本色,深受人民群众的支持和爱戴,成为无敌于天下革命军队。新时代随着各种思想文化的相互激荡,社会上一些消极因素通过各种渠道影响和侵蚀官兵的思想,少数官兵心目中的人民概念变得模糊了,为人民服务的观念淡化了。这就警示我们,服务人民的内涵需要与时俱进,但服务人民的宗旨不可改变,必须在军队建设中更加坚定地贯彻服务人民这一根本宗旨。

3.设计战争,遏制战争

军队是为打赢下一场战争而存在的。战争千古无同局,每个时代的战争都有它特殊的作战样式,胜利总是向那些能预见战争特性变化的人微笑。一支不着眼未来、安于定势和守成不变的军队,必将错失发展良机和输掉未来战争。人们常说:一流的军队设计战争,二流的军队应付战争,三流的军队尾随战争。而尾随者是不可能把握战争主导权的,这就要求我们不仅要立足现有条件谋划有效应对现实的战争威胁,还要立足信息化智能化时代

---

① 习近平:《在庆祝中国共产党成立100周年大会上的讲话》,人民出版社,2021年,第14页。

战斗力生成特点和制胜机理,跳出"跟随式""追尾式"的思维方式,以科学的预测、超前的思维和宏观的谋划来设计未来战争,把握打赢未来战争的制高点。

当今时代,人类战争形态进一步由机械化战争向信息化智能化战争演进,军事斗争准备的复杂性更强、难度更大、成本更高,亟须先进军事理论进行指导。我们要准确认识信息化时代军事领域变化的特点规律,把握现代战争的制胜机理,进一步提升军事理论创新的力度、速度和高度,以创新发展军事理论为先导,推进军队转型,引领战争实践,促进军事斗争准备跨越式发展。要注重与未来战场相吻合,与信息化智能化作战环境相匹配,与打仗实际进程相一致,由适应作战向牵引作战转变,用明天的战争"牵引"今天的训练,用今天的训练"设计"明天的战争,借助数字化模拟演练、基地化实战训练,不断缩小训战差距,最大限度地使今天的训练与明天的战争相一致。要立足自我设计克敌制胜的打赢之策。军事上失去自我的盲目追随从来不会带来成功,我军历来强调你打你的,我打我的,扬长避短,克敌软肋。为此,首先要做到"挖坑见底、吹糠见米",在把自己的优势劣势搞清楚的同时,着眼不同方向不同作战需求,以现实的安全威胁和挑战为重点,瞄准强敌,了解敌情、客观分析、科学判断,结合对手特点和战场环境设计作战样式、创新作战方法,有的放矢地准备战争、设计战争、赢得战争。

总之,军队思想政治教育要坚持发扬光大本土文化,对于我军历史来说,最重要的就是赓续我军听党指挥、能打胜仗、作风优良的红色基因,为人民军队切实担负起"四个战略支撑"的时代使命和促进官兵全面发展提供坚强政治保证。

二、学习借鉴外域文化,丰富发展中国特色军事文化

中国特色社会主义文化包括军事文化的发展,不能离开人类文明的共

同成果。对外域文化是采取拒绝、封锁、敌视、仇恨的态度，还是开放、接纳、批判、吸收的态度，体现了民族文化的成熟程度和是否拥有足够的自信。实践证明，对待外域文化的两种极端态度，排斥外域文化、不加选择和批判地照搬外域文化都是有害于本土文化发展的，因为阳光包含七种色彩，世界也是异彩纷呈。每个国家、每个民族都有自己的历史文化传统，都有自己的长处和优势，应该相互尊重，相互学习，取长补短，共同进步。只有加入世界文化的大交流和大融合，才会带来文化的真正进步，才会始终引领先进文化的前进方向。同样，对本土文化最好的保护，就是让它到世界文化的生态大系统中去经风雨、见世面，与时代相适应，与世界大潮相贯通，不断创新发展。

（一）外域文化的内涵

外域文化，是相对于本土文化而言的，根据本土文化的三层含义，相对于特定的民族、国家和地域来说，所谓外域文化是指其他民族、国家和地域的文化。外域文化不代表某种独立的文化形态或文化形式，而是包括了多种不同性质和形态的文化。它是一个泛指的、总体性概念。外域文化体现了不同文化之间的关系。对于一个具体的文化形态而言，它既可以是本土文化，也可以是外域文化，在甲看来是外域文化，在乙看来则是本土文化，其是否是外域文化，和其本身的性质、内容和形式没有必然联系，只有在具体的文化关系中才能确定下来。外域文化具有人类文化通常所具有的特征，如整体性、时代性、民族性、历史性等。此外，外域文化还具有以下特征：

一是相对性。外域文化在创造主体、生长发育的环境、反映的内容等方面都表现出与本土文化的相对性。本土文化的创造主体是本民族和国家，外域文化的创造主体则是相对于本民族、国家的其他民族和国家；本土文化是在本民族、国家生存和活动范围内，在本地区生长和发育起来的文化，而外域文化则是在其他民族、国家和地区生长和发育起来的文化；本土文化是对本民族、国家、地区的自然环境、社会生产和社会生活的反映，而外域文化则是对其他民族、国家、地区的自然环境和社会生产、社会生活的反映。

二是异质性。外域文化由于在主体、内容、生长环境等方面与本土文化不同,因而在文化面貌、思维方式、价值观念、文化精神等方面表现出异质性特征。

三是综合性。外域文化综合了不同民族、国家和地区不同性质和风格的文化,是一个文化的综合体,其中所包含的各种文化彼此之间是相互独立的,相互之间是否有历史继承关系和横向上的吸收、借鉴、融合关系应视具体情况而定,各种文化之间的联系远不如民族文化内部各种文化层次、形式之间的联系来得紧密,因此说外域文化是一个松散的文化联合体,而不是一个层次分明、结构严谨的文化系统。

(二)辩证、科学地看待外域文化

文化是人类的一种特有的生存方式,或更严格地说,文化是"指作为群体或类的人的活动方式……是人的群体或类借以相互区别或与他类区别的依据"①。从空间上看,每一种文化都有一定的立足地域。对军队思想政治教育来说,外域文化不一定一切都是好的。比如,当今文化霸权主义采取文化渗透战略,采取武力征服、自由贸易、民间渗透、国家间的交往、强势外交等形式,有目的地用自己的一套文化和思想的价值体系控制其他国家,使一些充斥着色情、暴力、仇恨、迷信和伪科学、崇尚享乐主义和极端个人主义的西方"文化垃圾"严重污染着社会环境和军营环境,腐蚀着广大青年官兵。这就需要我们正确地认识和区分外域文化中的先进成分和落后成分,坚持扬弃原则,在理性中寻找自己文化和价值的立身之地。

对待资本主义文化要采取科学的态度,要利用世界先进技术和其他一切文化知识为我们服务。邓小平指出:"社会主义要赢得与资本主义相比较

---

① 李述一、李小兵:《文化的冲突与抉择》,人民出版社,1987 年,第 8 页。

的优势,就必须大胆吸收和借鉴人类社会创造的一切文明成果,吸收和借鉴当今世界各国包括资本主义发达国家的一切反映现代社会化生产规律的先进经营方式、管理方法。"①文化领域的东西,一定要用马克思主义对它们的思想内容和表现方法进行分析、鉴别和批判。"同时,我们保持清醒的头脑,坚决抵制外来腐朽思想的侵蚀,决不允许资产阶级生活方式在我国泛滥。"②从这里我们不难看出,邓小平提倡我们既要大胆吸收世界各国的优秀文化成果,不断地扩大对外文化交流,博采众家之长;同时又要坚决维护我们的民族自信心、自尊心和自豪感,保护中华民族的文化特长和优秀文化传统,坚持"以我为主,为我所用"的原则,不断繁荣和发展中国特色的社会主义文化。因此,我们在对待外域文化时,应"用宽广视野吸收人类创造的一切优秀文明成果,坚持在改革中守正出新、不断超越自己,在开放中博采众长、不断完善自己"③。

(三)汲取外域文化中带普遍规律的精华

对于外域文化,既不能采取拿来主义,无选择地全盘吸收;又不能视若洪水猛兽,唯恐避之不及。"这个问题的关键,在于中国人是否能够真正彻底、原原本本地了解并把握西洋文化。因为认识就是超越,理解就是征服。"④现代交通电信技术的发展,打破了不同文化间的时空界限,使越来越多的共同价值超越了民族和阶级的传统理念而上升为人类共识。"资产阶级,由于开拓了世界市场,使一切国家的生产和消费都成为世界性的了……过去那种地方的和民族的自给自足和闭关自守状态,被各民族的各方面的互相往来和各方面的互相依赖所代替了。物质的生产是如此,精神的生产

---

① 《邓小平文选》(第三卷),人民出版社,1994年,第373页。
② 同上,1994年,第3页。
③ 习近平:《在纪念马克思诞辰200周年大会上的讲话》,人民出版社,2018年,第27页。
④ 贺麟:《文化与人生》,商务印书馆,1988年,第7页。

也是如此。各民族的精神产品成了公共的财产。民族的片面性和局限性日益成为不可能,于是由许多种民族的和地方的文学形成了一种世界的文学。"①马克思早就意识到了全球化不仅是物质领域的事,在精神生产和文化领域也同样存在。军事文化领域亦是如此。西方军队尤其是美军作为世界新军事变革的先导者,不仅军队信息化建设走在世界各国军队的前列,而且在军队整体建设和战斗力提升上,也积累了许多值得我军借鉴的有益经验。美军围绕军队建设和战斗力提升所开展的政治性工作,既有其军队性质和本质所规定的内容,也有各国军队建设共有的特点和内容,如在思想政治教育中,都强调要把思想教育渗透到各项工作中去,要把精神激励与物质激励有机地结合起来,要在政治工作中树立人文精神的观念等,都是各国军队思想教育共性的、带规律性的东西,值得借鉴和利用。我们不仅要注重学习中国优秀传统文化,而且要广泛吸收各国优秀文明成果。

---

① 《马克思恩格斯文集》(第二卷),人民出版社,2009年,第35页。

第五章
思想政治教育文化选择的宏观构想

实现中华民族伟大复兴的中国梦,是中国共产党肩负的神圣历史使命,是国家和民族的最高利益。建设一支听党指挥、能打胜仗、作风优良的人民军队,是实现"两个一百年"奋斗目标、实现中华民族伟大复兴的战略支撑。习近平强调:"我军必须为巩固中国共产党领导和社会主义制度提供战略支撑,为捍卫国家主权、统一、领土完整提供战略支撑,为维护我国海外利益提供战略支撑,为促进世界和平与发展提供战略支撑。"①这是党和人民赋予人民军队新的时代使命,是支撑中华民族伟大复兴的战略要求,也是我军全部价值所在。"四个战略支撑"这一新时代人民军队使命任务,不仅拓展了军队的职能,而且强化了军队的功能,体现了军队发展目标的重新定位。这种新定位切合时代发展的趋势和国家战略利益的需求,切合军事发展的规律,对军事文化创新提出了新的更高要求,也为新时代军队思想政治教育注入了新的强大动力。军队思想政治教育的守正创新,需要军队思想政治教育文化选择有所作为、有所突破。易言之,新时代谋划军队思想政治教育文化选择,必须有战略视野,提出具有前瞻性的宏观构想。

---

① 中共中央宣传部:《习近平新时代中国特色社会主义思想学习问答》,学习出版社、人民出版社,2021 年,第 389 页。

第一节 加快军队思想政治教育文化学的建构

学科化,是一个理论发展成熟的标志,也是一个理论科学化的标志。军队思想政治教育文化选择的理论成熟和科学化,与军队政治工作学和军队思想政治教育学学科理论的发展息息相关,同时,也需要从与文化学结合的角度,建构一门军队思想政治教育文化学,以发挥专门学科与文化选择实践的互动,促进军队思想政治教育文化选择的科学发展。

一、加强军队思想政治教育文化学理论建设

新时代军队思想政治教育的生动展开,使得军队思想政治教育呈现一种新文化现象。这就要求军队思想政治教育必须融政治教育、思想教育、道德教育乃至心理教育、社会文化教育为一体,集思想政治教育文化"环境论""载体论""过程论"为一身。这种交叉融合,丰富了军队思想政治教育学科研究的视野,拓展了军队思想政治教育的学科边界,客观上要求我们进一步深化军队思想政治教育文化理论研究,在鲜活的军队思想政治教育实践中汲取丰富营养,加强军队思想政治教育文化学的理论建设,积极构建军队思想政治教育文化学。

(一)建构军队思想政治教育文化学是军队思想政治教育的时代回应

文化是社会发展的重要内容和精神动力。文化的力量,深深熔铸在民族的生命力、凝聚力、创造力之中。一个民族的生机与活力离不开文化的滋养,一支军队的精神和士气离不开文化的熏陶。文化的发展与繁荣,不仅能推动人民生活的进步,更能凝聚民族精神,提升民族素质,铸就时代风尚,打造国家和军队"软实力"。文化的主体是人。一个社会文化发展的最终目标就是为了促进人的个性丰富,实现人的全面发展。军队思想政治教育的宗

旨正是为了提高官兵的思想道德文化素质,培养官兵健康完美的人格,促进官兵的全面发展,进而为部队的全面建设提供强大的精神动力、政治保证和智力支持。从这个意义上来说,军队思想政治教育的目标是与中国特色社会主义文化发展的目标、先进军事文化发展的目标相一致的。"如果说,在特定的历史环境中,文化是一个时代精神的集中体现,那么,思想政治工作就是要让每个人去自觉领悟和掌握这种时代精神。"①正是从这个层面上讲,军队思想政治教育是一种自觉的、有目的的、高层次的文化实践活动。回顾我军九十多年的辉煌历程,作为一种文化实践活动的军队思想政治教育发挥了极其重要的作用,而且这种实践创造了具有鲜明中国特色和时代特点的中国当代军事文化。

新时代,我军思想政治教育既面临着西方敌对势力对我国推行"西化""分化"政治战略的严峻挑战,又面临着我国处于由大向强发展关键时期所产生的新矛盾新问题的复杂考验,也面临着应对社会信息化浪潮带来的深刻影响的艰巨任务。从国际环境来看,西方大国在与我国进行政治、经济、军事交流的同时,也不遗余力地对我进行"文化渗透"和"文化扩张",企图用西方的价值观来影响我国人民,以达到其"不战而胜"的战略目的。从国内环境来看,我国改革发展进入关键时期,经济体制深刻变革,社会结构深刻变动,利益格局深刻调整,思想观念深刻变化。尤其是大众传媒技术的迅速发展和广泛普及,使得当代中国大众文化逐渐从"边缘"成长起来。这种成长的过程,是中国一元文化逐渐消解,多层次、多形态文化越来越为社会大众所接受和参与的过程。可以说,我军自建立以来,从来没有像今天这样迫切要求从文化的视角来调整军队思想政治教育的思路和举措。文化多样,价值多元,理应从文化的视角、文化的层面、文化的内容来给予回应。要深

---

① 余亚平:《思想政治教育学新探》,上海人民出版社,2004 年,第 180 页。

入研究社会、家庭环境对官兵思想、心理和行为方式带来的影响,真正了解他们在想什么、需要什么,有的放矢地做工作。思想政治教育要坚持解放思想、实事求是、与时俱进,积极拓宽视野,拓宽渠道,坚持贴近实际、贴近生活、贴近群众,在教育中生成文化环境,实施文化激活,进行文化选择与文化创新,充分发挥先进文化在思想政治教育中潜移默化的作用,进而增强思想政治教育的科学性、针对性、有效性。

构建军队思想政治教育文化学,要以坚持马克思主义的指导思想、以习近平强军思想和新时代军事战略方针为思想统领。军队思想政治教育文化学要努力实现军队思想政治教育与文化素质教育的有机结合,增加军队思想政治教育的文化含量,努力提升军队思想政治教育的文化品位,赋予军队思想政治教育以丰富的文化内涵,形成军队思想政治教育以文化为先导,政治与文化并重的双重价值取向(当然,就其本义来讲,这种双重价值取向是一致的,是有机统一的。只是在现实生活中,有时两者会发生背离),从而开拓军队思想政治教育的新视野。构建军队思想政治教育文化学,不是对军队思想政治教育价值取向的否定或削弱,而是为了更好地实现军队思想政治教育的目标,更好地为我军的发展服务。构建军队思想政治教育文化学,要坚持用马克思主义中国化的最新成果来指导,坚持学习理论与指导实践相结合,坚持运用理论与发展理论相结合,坚持研究理论与加强思想修养相结合。这是对思想空前活跃、观念激烈碰撞、文化深刻交融的社会大变革时代,先进文化、有益文化与落后文化、腐朽文化同时并存,正确思想与错误思想、主流意识形态与非主流意识形态相互交织的军队思想政治教育文化环境的积极回应。

(二)建构军队思想政治教育文化学是增强军队思想政治教育效益的科学选择

军队思想政治建设不仅需要文化基础,包含文化内容,而且就其更高追求来看,也是为了通过思想政治教育和思想政治工作,统一思想,形成共同价值观和特定的思维方式及行为方式,即形成先进的军事文化。新时代,思想政治工作的自身发展和国内外环境的风云变幻,给我军传统的思想政治教育方式带来了严峻的挑战,"如何提高思想政治教育的效益"成为长期困扰部队建设的一个热点、难点问题。因此,以马克思主义中国化最新成果为指导,积极构建军队思想政治教育文化学不仅是时代发展的要求,学科建设的趋势,也是增强军队思想政治教育效益的科学选择。

思想政治教育与文化教育是相辅相成、相互促进的。思想政治教育的目标就是要提高人的思想政治素质,培养完美的人格,促进人的全面发展。而文化发展的最终指向是提高人的文化素质,促进人性的丰富和完善,从而实现人的全面发展。人的思想活动、精神活动往往最大限度地展现着一个时代、一个社会的文化发展风貌,也可以说,一个时代、一个社会的文化发展决定着人的思想和精神活动。思想政治教育作为指导人的思想、精神活动意向的重要现实实践,担负着更新人的思想观念、熔铸人的精神品格、优化人的文化心理、激发人的创造活力等重要使命。因此,思想政治教育必须遵从整个文化发展的趋向。如果思想政治教育不能了解文化的最新发展成果,不能据此增添新内容、采用新方法,就不能实现自身的进步与发展。另外,思想政治教育的成效要在整个文化发展中得到检验。从一定意义上说,一个时代、一个社会整体文化的发展程度,以及该时代、该社会人们的精神风貌、创造活力反映了思想政治教育开展的状况。因此,一定思想政治教育方式的背后总是有某种特定的文化模式作为支撑;同时,有效的思想政治教育又为文化的发展内在地积聚人文力量。文化发展有赖于思想政治教育的进步,思想政治教育要取得成效则要更加关注文化的发展,二者之间互相推动,共同进步。

我军作为党绝对领导下的人民军队,是执行特殊任务的武装集团,担负着"四个战略支撑"的时代使命。我军的文化素以讲政治著名。在我国社会经济成分、组织形式、就业方式、利益关系和分配方式多样化的今天,部队兵源已经不单单是来自原来的"两个阶级、一个阶层",而是包括一些新的社会阶层成员,如私营企业主、外企从业人员、进城务工农民、自由职业者、民营企业技术人员等。这种变化,造成官兵思想观念、价值取向日趋多元化、现代化。官兵思想既有正确的、先进的、新生的、开拓的、进取的等各种积极向上的观念,又有错误的、守旧的、僵化的、拜金的、享乐的、自私的等种种消极思想。军队思想政治教育只有与时俱进、开拓创新,才能继续获得鲜活的生命力,迎来更长远的发展。文化作为军队思想政治教育的一种载体、一个过程和目的,为官兵所喜闻乐见且乐于参与、乐于创造。军队思想政治教育要寓教育于文化传递、文化创新和文化娱乐之中,通过文化的调节作用提高官兵参加教育的积极性,帮助他们树立正确的世界观、人生观和价值观,从而达到教育的目的,提高教育的效益。

强国必须强军,军强才能国安。军队思想政治教育的根本目的,就是为了确保党对军队的绝对领导,提高广大官兵思想政治觉悟和认知能力,提高部队凝聚力和战斗力,保证各项任务的圆满完成。军人作为一个特殊的社会群体,一样受到灯红酒绿、拜金主义、享乐主义等腐朽文化的影响,再加之各种敌对势力亡我之心不死,有针对性地对我军散播"军队非党化、非政治化"和"军队国家化"等谬论。这就要求我们更加关注军队思想政治教育文化学的建设,突出抓好包括创新文化、和谐文化、阳刚文化在内的当代中国武德文化。构建和完善先进的武德文化,必须认真总结和吸取历史经验,使之与中华民族优秀武德文化传统相继承;必须坚持马克思主义道德思想的指导地位,使之与中国特色先进道德文化相衔接;必须立足军事实践的发展变化,使之与军队的新特点、新使命、新职能、新要求相适应。充分发挥我国传统优秀文化的优势,抵御各种错误思潮,坚定军人的理想信念,为实现我军"四个战略支撑"的时代使命提供强大的精神动力、政治保证和智力支持。

综上所述,构建军队思想政治教育文化学是新时代下提高军队思想政治教育效益的科学选择。构建军队思想政治教育文化学并不会削弱军队思想政治教育的政治地位,反而能够使其以一种更加易于接受的方式得到强化,使军队思想政治教育在政治与文化的双重取向下更好地发挥作用,从而有利于军队思想政治教育目标的实现。

(三)建构军队思想政治教育文化学是提升军队思想政治教育科学化水平的重要举措

学科的横向发展是包括军队思想政治教育学在内的现代各学科的发展趋势之一。从科学进步的内在逻辑来看,超越学科边界,综合多学科的知识,进行跨学科探索,不仅对学术的繁荣,而且对科学文化的发展都将起到促进作用。军队思想政治教育学本身就是综合运用多门学科的研究成果,在实践经验的科学总结提炼中升华而成的一门应用科学。我军的政治工作从建军之初就开始创立,在以后长期的战争和建设实践中不断得到发展,目前已经形成了比较完善的知识体系。然而军队政治工作学要成为一门成熟的科学,还要不断地实现突破和创新。创新是一个民族进步的灵魂,也是一门科学发展的灵魂。当前全球化浪潮汹涌,各种文化相互激荡、融合,人们的思想观念、价值取向发生深刻变化,军队政治工作面临着前所未有的巨大挑战,这就要求政治工作者更要关注军队政治工作学的创新,既要关注军队政治工作基础理论的创新,还要关注军队政治工作相关学科、相关知识的发展;既要关注军队政治工作内容的与时俱进,还要关注军队政治工作方式(包括军队思想政治教育在内)的创新。只有不断创造出符合时代发展特征的教育方式和内容,才能提高思想政治教育的效益,才能适应我军思想政治建设的需要。思想政治教育文化学是研究思想政治教育中的文化取向,从文化学的角度研究如何提高思想政治教育效益、促进政治工作学发展的学科。

众所周知,政治工作学是研究如何促进人的思想政治素质提高的学科,而人的思想政治素质归根到底是由个体的文化素质决定的。因此,政治工作学研究必然涉及一些文化原理、文化运用,这些理所当然是思想政治教育文化学的研究对象。此外,思想政治教育文化学的研究对象还包括对军队政治工作中思想政治教育实践的文化分析。文化学是以研究人的价值观念、行为取向、思维方式、生活方式为基本内容的学科,对社会和人类具有普遍的概括性、适应性和综合性,思想政治教育作为提高人思想政治素质的实践活动,可以运用文化学的原理和方法进行研究。这为军队政治工作研究提供了新的视角,有利于军队政治工作学的发展。

军队思想政治教育文化学作为军队思想政治教育学的分支学科,无论是研究军队思想政治教育中的文化取向,还是从文化学的角度研究军队思想政治教育效益问题,都是为了军队思想政治教育的发展,都是军队思想政治教育研究的一个部分或一个方面。所以军队思想政治教育文化学是军队思想政治教育学的一个分支学科,这是毫无疑义的。当然,军队思想政治教育文化学也是文化学在军队政治工作思想政治教育中的应用,由此看来,军队思想政治教育文化学也是文化学的一个分支。但从军队思想政治教育文化学的研究对象看,它的主要内容还是有关军队政治工作自身的问题,因此把它视为军队政治工作学的分支更为合适。随着时代的进步,社会分工越来越细化,一门成熟的学科往往衍生出许许多多的分支学科作为支撑。军队思想政治教育学目前正处于不断进步发展的阶段,构建军队思想政治教育文化学不但符合学科分工细化的科学趋势,也是军队思想政治教育学学科建设完善的需要。

军队思想政治教育文化学是文化学与军队思想政治教育学的交叉学科,是军队政治工作学新的生长点。现实中我们可以看到,各个成熟学科在高度分化的同时又高度综合,学科交叉的现象非常普遍。这些学科交叉的地带往往容易成为被人们遗忘的角落,但一般这些角落更容易实现突破性的进展。军队思想政治教育文化学就是这样一个被遗忘的、有待开发的角落。只要我们思想上高度重视,实践中加强这方面的研究力度,充分发挥文化学与军队思想政治教育学的优势,实现优势互补,并将其应用于军队思想政治教育实践,相信军队思想政治教育文化学必将成为军队思想政治教育学极具发展潜力的新的生长点,必将更加有利于军队思想政治教育学科体系的建设。

二、强化军队思想政治教育的文化功能发挥

思想政治教育是文化建设的一个重要组成部分,文化是思想政治教育的力量来源,也是思想政治教育改进的根本方向。因此,需要从文化的视角,来考察思想政治教育本身的规律特点,更新教育理念,通过强化思想政治教育文化功能的发挥,来完成思想政治教育文化的建构。

文化能从社会话语、行为规则到器物环境等多维度多层次构成一种宏大的场景,让人的每一种感觉器官都接触到蕴含其中的精神。文化的力量来源于行为体的广泛性、现实的丰富性和时间的持久性。因而从文化的尺度来考察思想政治教育的效果,需要紧贴实际、紧贴生活、紧贴群众,还需要考察历史、面向未来。教育离开实际就会虚幻,离开生活就会单一,离开群众就会枯萎,离开历史就会浮躁,离开未来就没有意义。实际、生活、群众、历史、未来等要素,是思想政治教育作为文化力量的几个关节点。

军队思想政治教育文化功能的发挥,从一般意义上主要体现在以下方面:一是军队思想政治教育的导向作用。这是军队思想政治教育的首要功能。军队思想政治教育作为军队意识形态工作的重要组成部分,肩负着铸牢官兵政治信念、军魂意识和纯洁官兵道德情操、激励官兵战斗精神的作

用。军队建设以什么为指导,怎么建,官兵树立什么样的理想信念以及"为谁当兵、为谁打仗"等,都需要军队思想政治教育来引导。从文化学视角来说,军事文化的发展,离开了军队思想政治教育,就会走偏方向。二是军队思想政治教育对文化的造势作用。宣传是一种教育,教育也是一种宣传。军队思想政治教育传递着主导价值观,宣传着践行主旋律和先进文化的楷模,必然营造着一种积极向上的文化氛围,形成一种文化声势。三是军队思想政治教育对文化的强化作用。教育的力量在于通过灌输和疏导,使受教育者认知、认同、接受所宣示的理论、价值观和思维方式、行为准则,强化着人们的意识和行为。军队思想政治教育对官兵理想信念、思想观念、道德准则和行为方式的强化作用是显而易见的。总之,军队思想政治教育对文化的选择,与其功能的发挥紧密联系在一起。军队思想政治教育对文化的导向、造势和强化,最终都体现在文化选择的过程和成效上。

所谓文化,无外乎是一个运用符号传递价值、形成规范的过程。军队思想政治教育文化建构的实质是建构新时代的军事文化,在路径选择时要牢牢把握实际、生活、群众、历史、未来等要素。紧贴实际主要指的是紧贴思想实际,随着个人生活境遇的变迁,个人的生活习惯、思想方式,以及相应的很多观念都在发生变化,也是文化环境的变化在思想中的反映。因而军队思想政治教育需要体现时代感,依据官兵思想上变化的特点及规律来调整教育内容与方式。紧贴生活主要指的是体现现实的丰富性,现实发展的丰富性决定了人的感受的丰富性。文化与个人的联系最紧密之处就在于现实,现实所体现出来的文化特性是客观的、公正的,也是深切的,构成了每个个体思想的具体历史条件。思想政治教育必须把根扎现实,才能获得生命力量,才能将官兵的思想转化成现实行为规范。紧贴群众,主要指的是文化认同的广泛性,文化建构的基础在于主体间性,主体间性的基础在于主体的广泛性。认同越是广泛,认同的力量就会越强。军队思想政治教育进行文化建构时,必须把关注面始终放在全体官兵上,才能彰显思想政治教育的文化功能。考察历史,主要指的是研究历史、传承历史,让历史告诉现在,让历史预测未来,让历史的逻辑容纳现在,使现实的存在更具合法性,使历史的情感追求能够延续。对历史的考察,从本质上来看是一种解读,是现代人对历史的一种文化建构。军队思想政治教育文化的建构,无疑包涵这种军事历史文化的考察与建构。面向未来,主要指的是对共同愿景的建构。对于一个特殊的文化群体,时刻不能没有共同的愿景。愿景是文化发展的要素,是现实的人的需求之升华,是人的精神不可或缺的支撑。军队思想政治教育文化建构,当然也需要对于实现中国梦强军梦这一共同愿景的建构。

三、完善军队思想政治教育环节的文化机制

文化机制是对文化作为一种有机系统运行发展的模式、原理的总称,对外表现为制度、法规、传统、习惯等要素,整体表现出动态性、体系性、开放性、自适性等特点,是文化的存在方式和客观基础。从本源上来看,机制是实践的、鲜活的,任何理论没有机制的支撑就难以实现真正的发展。文化机制是文化的静态理论向文化动态发展的关键环节,是文化发展能力的集中体现。甚至可以说,离开文化机制的文化就不能称其为文化。文化机制经过时间的积淀,可以在人们当中建构起相应的文化心理结构。"所谓'文化心理结构',归根究底,本就是指在文化传统长期塑造下的人们心理中情理结构的特定状态,它主要表现为自然情欲和社会理性的不同比例、配置和关系的组合。"[①]因此,文化机制的发展与完善,是文化发展的应有之意,是任何文化发展都绕不开的关键环节。文化机制是一种有机的动态的系统,其完善过程是一种战略性工程,需要用系统思维从全局上进行谋划。

---

① 许明、花建:《文化发展论》,北京大学出版社,2005 年,第 181 页。

对于军事文化,也需要从战略层面进行设计,完善文化机制,这是军队思想政治教育文化建构的必由路径。

(一)需要建构一个完整的军队思想政治教育理论体系

该理论体系是思想政治教育运行的基础,是军队思想政治教育文化建构首先要解决的问题。当前,习近平关于军队思想政治教育的重要论述,已经建构起了一个内涵丰富、科学完整的理论体系。学习习近平关于思想政治教育的重要论述,感触最深的有十个方面:

关于地位作用。掌握思想领导是掌握一切领导的第一位。习主席指出,坚持从思想上政治上建设部队,是我军建设的一条基本原则,是能打仗、打胜仗的政治保证;强调思想政治建设是我军的根本性建设,必须始终摆在部队各项建设的首位来抓。这些重要论述鲜明突出了思想政治教育的政治教化功能,为引导官兵自觉把爱国心强军志融入血脉提供了根本指引。

关于目标任务。军队思想政治教育没有自己独立的目标与任务,党和军队的方向和任务,就是思想政治教育的方向和任务。习近平强调,军队思想政治建设就要紧紧围绕强军目标来进行,使思想政治建设成为实现这一目标的强大推力和助力。他指出,立理想信念的过程就是立人的过程。要适应强军目标要求,把握新形势下铸魂育人的特点规律,着力培养有灵魂、有本事、有血性、有品德的新一代革命军人。这些重要论述紧紧围绕党在新时代的强军目标、把人民军队全面建成世界一流军队,明确了思想政治教育培养接班人、砥砺战斗队、塑造子弟兵的三大任务。

关于职责使命。我军是党绝对领导下的执行革命政治任务的武装集团,思想政治教育的核心与本质,就是确保党从思想上政治上建设和掌握部队。习近平强调,军队思想政治建设根本,是毫不动摇坚持党对军队的绝对领导。要坚持从思想上政治上建设和掌握部队,把政治建军要求落实到基层建设各方面和全过程,培养"四有"革命军人,锻造"四铁"过硬部队,确保党对军队的绝对领导直达基层、直达官兵。这些重要论述紧紧扭住思想政治教育的核心使命,为确保思想政治教育的正确方向和着力点提供了根本遵循。

关于基本原则。思政政治教育是做人的工作,要在赢得人心上下功夫。习近平强调思想政治教育的力量在一个"真"字,要用真理说服人、用真情感染人、用真实打动人。这一重要论述深刻把握了思想政治教育的人本主义根本性质,为提高教育质效提供了重要指引。

关于方法路径。思想政治教育要引领风气之先,必须立潮头、察形势、研方法、谋创新,必须因事而化、因时而进、因势而新。习近平强调要深入研究新形势下官兵成分结构、价值取向、行为方式和官兵关系的新情况新特点,提高部队管理教育的科学性、针对性和有效性。要更新教育理念,优化教育内容,改进教育方式,探索构建新时代思想政治教育体系,提高教育针对性和实效性。这些重要论述深刻揭示了思想政治教育的新特点,提出了改进思想政治教育的着力点,为提高教育质量提供了方法论引领。

关于实践要求。思想政治教育只有针对现实问题和官兵活思想扣脉点穴,才能成为打开官兵心灵的金钥匙。习近平席针对当前思想政治教育实践中存在的突出问题,鲜明指出,思想政治理论课建设最重要的是要解决自信问题,强调要着力增强思想政治教育的时代性和感召力。这些重要论述找准了当前思想政治教育的现实堵点、实践难点,将有力促进把思想政治教育工作抓牢、抓实、抓出成效。

关于检验标准。提高思想政治教育实效,建立规范有序、权威公正、激发活力的考核检验标准至关重要。习近平强调的关于对党绝对忠诚要害在"绝对"两个字的标准、关于战斗力这个唯一的根本的标准、关于"四有""四铁"标准等,为加强新时代思想政治教育检验评估立起了根本尺度。

关于法规制度。制度问题更带有根本性、全局性、稳定性和长期性。习近平强调,要推动理想信念教育常态化制度化,要在全军深入开展法治宣传教育,把法治教育训练纳入部队教育训练体系,把培育法治精神作为强军文化建设的重要内容,引导广大官兵把法治内化为政治信念和道德修养,外化为行为准则和自觉行动。这些重要论述抓住当前思想政治教育在法规制度建设方面的突出问题,为确保思想政治教育常态化开展、制度化推进、规范化落实指明了方向。

关于队伍建设。人才资源是强军兴军的宝贵战略资源,教员队伍是思想政治教育工作的关键依托。习近平强调,要充分发挥教师的积极性、主动性、创造性,强调领导干部带好头是无声的示范,各级领导干部要敢于担当、勇于任事,带头真抓实干,带头从严要求,带头廉洁自律,以实际行动带领全军把新时代强军事业推向前进。这些重要论述彰显了教育者必须先受教育的重要性,为教育者坚持言传与身教相统一、充分发挥示范引领作用提供了重要遵循。

关于组织领导。办好中国的事情,关键在党。加强和改进新时代思想政治教育,关键在于各级党委充分发挥政治引领与政治领导作用。习近平强调,要坚持党对军队的绝对领导,加强党的创新理论武装,狠抓全面从严治党、全面从严治军,确保部队绝对忠诚、绝对纯洁、绝对可靠。

这些重要论述,指明了党中央加强思想政治教育工作的着力点,确保了思想政治教育在党的领导下统筹推进、扎实推进、务求成效。习近平关于思想政治教育的重要论述,是习近平强军思想的重要组成部分,为着力培养听党指挥的接班人、砥砺能打胜仗的战斗队、塑造作风优良的子弟兵提供了理论指南和根本遵循。

(二)建构起"三位一体"高素质新型军事人才培育和使用机制

高素质新型人才是先进军事文化的最重要载体,也是军事文化发展最为核心的动力。虽然军队思想政治教育并不是人才培育机制的直接决定者,但是人才培育机制的建构却对军队思想政治教育的发展有着基础性的影响。所以军队思想政治教育文化建构,要积极地去塑造适合先进军事文化的高素质新型人才培育机制。建构高素质新型军事人才培育和使用机制,需要紧紧围绕"人才"这一核心,从理念、观念到制度、政策,再到具体执行、运作,都要遵循人才形成、开发、流通、使用的基本规律,才可能形成"人才"优势。迫切需要完善人才相关政策制度,使军事人才的收益与同类人员具有可比的优势,提高军事人才的进入起点。

党的十八大以来,我军人才队伍建设水平有了一个较大的提升。但同时也应当承认,我军人才队伍整体水平滞后于强军实践发展,能打仗、打胜仗的核心能力与我军新的组织形态、新的使命任务不匹配,领军人才、尖子人才十分缺乏,这已经成为制约军事斗争准备水平的突出短板。院校教育是我军人才培养的主渠道,具有基础性、先导性、全局性作用。军事人才的特殊属性,又内在地决定了新型军事人才培养必须进一步走开军队院校教育、部队训练实践、军事职业教育"三位一体"的路子,提高军事人才培养质量,打造德才兼备的高素质、专业化新型军事人才方阵。

当前,教学实战化程度不高已成为制约军队院校建设发展的瓶颈之一。习近平在全军院校长集训开班式上的重要讲话中强调"立德树人、为战育人",我们应该准确把握"三位一体"人才培养体系的坐标方位、本质内涵和建设重点,充分发挥综合效应。每名同志都应该珍惜学习、训练的机会,不断提高自身政治觉悟、军事素养和思维能力。有机会到院校学习,这是组织对我们的关爱和期待,通过专业性、系统性、前瞻性和实用性的学习,聚焦军事理论前沿,探索带兵、练兵的新的科学路径。参加部队的训练实践,应该自觉强化理论向实践的转变,知识向能力的升华,通过实战演练、执行重大任务等途径提升自身指挥和管理的能力。在构建学习型社会、学习型军营的大背景下,学习是我们毕生的功课。军事职业教育是一个难得的全员、全时、全域教育平台,可以满足每名同志专业岗位个性化需求和成长成才需要。各级党委机关也应该针对目前存在的思想认识不够统一、结构发展不够平衡、衔接联动不够协调、制度机制不够健全等矛盾问题,在发挥"三位一体"新型军事人才培养体系整体效能上下功夫,搞好规划蓝图一体化设计,加强环境条件一体化建设,推进制度机制一体化运行,形成统管分建一体化格局。此外,还要完善军人的退出机制,解决好军人的"后路"问题。退役军人的今天,就是现役军人的明天。在这个问题上,要有足够的认识。深入贯彻落实《中华人民共和国退役军人保障法》,建立健全配套法规制度,使退出现役后的军人,生活有保障,事业有基础、政治有优待、社会有地位。在某种意义上,这是一种虽无声却有效的思想政治教育。

(三)打造一支"品德好、能力强、懂军事、业务精"的高素质军队思想政治教育队伍

军事人才包含政工干部,但是对于军队思想政治教育工作来说,政工干部又是特殊群体,他们是军队思想政治教育文化建构的直接承担者,他们素质的高低对于军队思想政治教育本身的发展具有直接影响。政工干部除了本身要具备政工业务素质外,还需要具备相应的军事素质、人文素质,特别是文化传播素质、科技素质和信息素质,具备建构军队思想政治教育文化的意识和相应能力。

美国文化学家克罗伯认为,文化是一种构架,包括各种外显或内隐的行为模式,通过符号系统习得或传递,而且文化具有清晰的内在结构或层面和自身的规律。"在一定特定的文化内部,总会存在着若干种不同的文化层面,它们之间组合成为一个相互对立而又相互共生的整体。"①从建构主义角度研究文化,主要从文化结构层次入手,厘清文化各层面的关系,通过关系

---

① 王一川:《走向文化的多元化生——以文学艺术为范例》,《社会科学》,2003 年第 1 期。

的塑造,调整内部各文化元素的位置,从而影响整个文化体系的结构,继而优化其外显功能。从建构的角度来看,文化可分为"三个层面:第一,是制度层面,即国家独立自主地选择适合自己国情的政治、文化制度,独立自主地支配利用自己的文化资源,制定和实施对内对外政治文化政策,以及国家发展战略等;第二,是产业层面,即本国文化市场的安全和通过物质载体表现出来的各种文化产品安全,包括历史古迹、建筑艺术、文化典籍、现代书籍、知识产权等;第三,是精神心理层面,即各种无形的观念文化,包括"以理论形态出现的学术思想、知识成果和以价值取向、民族心理、民族性格表现出来的各种精神物质等"①。其中制度层面是文化的关键,产业层面是文化的基础,精神心理层面是文化的核心。从精神心理层面的内部来看,精神文化可分为知识、规范和认同三个层面,其中认同是最高层次。文化通过建构一定的知识或观念塑造社会行为体的身份归属,行为体又在社会实践活动中明晰彼此的身份特征,建立各种行为规范。规范建构起来后,通过岁月积淀内化成为价值认同,内在认同进一步指导行为主体的行为选择,并形成特定的行为习惯和价值追求。

在军事文化的建构中,军队思想政治教育是关键性的主体。军队思想政治教育是党在军队铸魂育人的工作,是党对军队实施思想政治领导的基本途径,这是军队思想政治教育在军队全面建设中的定位,也是军队思想政治教育文化建构的使命与遵循。从文化的角度来看,军队思想政治教育的功能定位,旨在保持人民军队的价值追求和精神品格,本质上是一种文化力量的彰显。军队思想政治教育在进行文化建构时,须以这一定位为追求,以科学发展观为尺度,在教育内容的取舍、教育方法的运用、教育精神的整合、教育效果的检验、教育人才的培养、教育制度的设计等方面统筹好各种关

---

① 于炳贵、郝良华:《中国国家文化安全研究》,山东人民出版社,2007年,第21页。

系,强化自身的文化功能,形成良性发展的文化机制。建立一种良性的文化机制,军队思想政治教育才能在文化世界里站稳脚跟,才能在文化层面有自己的特色领域和发展空间,这就是新时代思想政治教育文化建构的使命。

从一般意义来说,思想政治教育文化的建构,首先是文化内容的选择与建构。要"广泛开展理想信念教育,深化中国特色社会主义和中国梦宣传教育,弘扬民族精神和时代精神,加强爱国主义、集体主义、社会主义教育,引导人们树立正确的历史观、民族观、国家观、文化观"①。这种对各种文化因素的选择与定位,不仅是社会主义文化的建构,也是当前思想政治教育文化选择的建构,贯穿其中的是对中国特色社会主义文化的价值认同。其次是制度与方法的建构。文化建设要"坚持正确的舆论导向,高度重视传播手段建设和创新,提高新闻舆论传播力、引导力、影响力、公信力"。"加强互联网内容建设,建立网络综合治理体系,营造清朗的网络空间。"②"深入实施公民道德建设工程,推进社会公德、职业道德、家庭美德、个人品德建设,激励人们向上向善、孝老爱亲,忠于祖国、忠于人民。"③这就是方法、制度等方面的建构,其中蕴含了主体间性的时代发展和教育概念内涵的变迁。最后是文化产业的建构。文化产业的发展对于文化的传播、发展与兴衰的影响越来越大,甚至可以说是文化发展的基本物质基础。"要深化文化体制改革,完善文化管理体制,加快构建把社会效益放在首位、社会效益和经济效益相统一的体制机制。完善公共文化服务体系,深入实施文化惠民工程,丰富群众性文化活动。"④文化产业的结构性战略,其实质也是文化产业层面文化的建构。

军队思想政治教育文化建构,应当具备一种文化战略的视野和气度,在

①③ 《习近平著作选读》(第二卷),人民出版社,2023 年,第35 页。
② 同上,第34 页。
④ 同上,第36 页。

一种更为宽泛的领域内,谋求一种文化态势,捍卫好自身的文化价值认同。总体来说,就是要坚持科学发展观,在战略层面上统筹好精神文化教育、制度文化建设与文化产业的关系。在精神文化教育层面,统筹好军队思想政治教育文化建构的各要素,实现军事文化的战略主动。具体来说,在教育目标上统筹好围绕中心服务大局与促进官兵个人全面发展的关系,在教育内容上统筹好党的科学理论武装和军事传统文化传承的关系,在教育对象上统筹好军内官兵教育与军外民众教育的关系,在教育方式上统筹好显性教育与隐性教育的关系,在教育过程中统筹好真理力量与人格力量的关系,等等。在制度文化层面,最为重要的是建立健全人才的培养和使用制度。人才是兴军之本,也是文化生存与发展的客观现实基础,因而人才制度对于文化发展往往带有长远性、根本性的影响,是军事文化建构的难点和核心之一。在产业文化层面,军队也要有所作为,文化与经济的结合不仅是经济的需要,更是文化科学发展的必由之路。文化要获得可持续的发展动力,不得不与经济进行"联姻"。军事文化也不例外,不仅需要经济投入,需要经济化运作,还需要有经济效益意识,需要有相应的经济制度安排来保障。这些文化因素的安排需要一种战略性的顶层设计,设计时理所当然要深入贯彻习近平强军思想、新时代军事战略方针,把出发点和落脚点都放在培养"四有"新时代革命军人、打造"四铁"过硬部队上来。

第二节　推进核心价值观向价值文化转化

从党的十六届六中全会首次提出"建设社会主义核心价值体系",到党的十九大强调"培育和践行社会主义核心价值观"战略任务,标志着党在思想文化建设领域的又一次与时俱进。党的二十大报告强调要"广泛践行社会主义核心价值观"。我们应当看到,建设社会主义核心价值体系也好,培育和践行社会主义核心价值观也罢,都是一项系统工程,不能一蹴而就。两者都集中体现了社会主义意识形态的本质要求,体现了社会主义制度在思想和精神层面的质的规定性,凝结着社会主义先进文化的精髓。其中,社会主义核心价值体系规范了社会主义核心价值观提炼的方向和要求;社会主义核心价值观作为社会主义核心价值体系的内核,体现着社会主义核心价值体系的根本性质和基本特征,反映着社会主义核心价值体系的丰富内涵和实践要求,是社会主义核心价值体系的高度凝练和集中表达。核心价值观是价值文化的中心内容,价值文化是核心价值观的重要依托。当前,军队培育和践行社会主义核心价值观,要抓住核心内容,推进核心价值观向核心价值文化的深化。

一、培育和践行社会主义核心价值观是一项系统工程

价值观是人们认识和处理问题所持有的立场、观点、方法的总和,它直接决定人们行为的价值取向、思维方式和生活方式。核心价值观是整个价值体系中最基础最稳定的部分,是一个政党、一个国家、一支军队赖以存在和发展的共同思想基础,在人们的价值观念中发挥统摄和支配作用。社会主义核心价值观是当代中国人最根本的价值观念系统,反映了我们中国人对自身存在意义、价值追求的理解和把握,是思想政治教育建设的重要基础工程。习近平强调:"核心价值观,承载着一个民族、一个国家的精神追求,体现着一个社会评判是非曲直的价值标准。核心价值观,其实就是一种德,既是个人的德,也是一种大德,就是国家的德、社会的德。国无德不兴,人无德不立。如果一个民族、一个国家没有共同的核心价值观,莫衷一是,行无

依归,那这个民族、这个国家就无法前进。"①培育和践行社会主义核心价值观,当前尤其要突出抓好以下五个方面:

（一）不断强化巩固马克思主义的指导地位

习近平强调:"马克思主义始终是我们党和国家的指导思想,是我们认识世界、把握规律、追求真理、改造世界的强大思想武器。"②马克思主义作为我们立党立国的根本指导思想,是全党全国各族人民团结奋斗的共同思想基础。中国革命和建设的实践一再证明马克思主义是颠扑不破的真理:我们党之所以能够经受住各种困难和风险的严峻考验,最终取得革命胜利、改革开放和现代化建设的伟大成就,就是因为我们始终坚持马克思主义的指导地位不动摇。当前,培育和践行社会主义核心价值观,最根本的就是要始终高举马克思主义的伟大旗帜,自觉坚持马克思主义的指导地位。一方面,要坚持不懈地用马克思主义中国化最新成果武装全党、教育人民,使之真正深入头脑、扎根人心,转化为广大干部群众的自觉行动;另一方面,要坚持不懈地推进马克思主义的理论和实践创新,加速推进马克思主义中国化时代化大众化,真正着眼于当前我国改革发展过程中出现的新情况、新问题和新变化,以及广大干部群众关心的热点难点问题,运用马克思主义的立场、观点、方法加以研究和破解,让马克思主义在实践中发挥其巨大的理论威力,用雄辩的事实抵制那些马克思主义"过时论"和"无用论"的鼓噪,让马克思主义在中国特色社会主义这片沃土上焕发出更大的光芒。

（二）始终坚持中国特色社会主义共同理想

理想是一个民族和社会的灵魂所系。在全社会形成共同理想和精神支柱,是中国特色社会主义文化建设的根本。中国特色社会主义共同理想,就

---

① 习近平:《青年要自觉践行社会主义核心价值观——在北京大学师生座谈会上的讲话》,人民出版社,2014 年,第 4 页。

② 习近平:《在纪念马克思诞辰 200 周年大会上的讲话》,人民出版社,2018 年,第 15 页。

是在中国共产党的领导下坚持走中国特色社会主义道路,实现中华民族的伟大复兴,把中国建设成为一个富强民主文明和谐美丽的社会主义现代化强国。这个共同理想,是中华民族多少代仁人志士不懈奋斗的目标和全国各族人民团结奋斗的旗帜。道路关乎党的命脉,关乎国家前途、民族命运、人民幸福。应当承认,在中国这样一个经济文化十分落后的国家探索民族复兴道路,是极为艰巨的。一百年来,我们党紧紧依靠人民,把马克思主义基本原理同中国实际和时代特征结合起来,走自己的道路,历经千辛万苦,付出各种代价,取得革命、建设、改革伟大胜利,开创和发展了中国特色社会主义,从根本上改变了中国人民和中华民族的前途命运。回首近代以来中国波澜壮阔的历史,展望中华民族充满希望的未来,我们得出一个坚定的结论:全面建成小康社会,加快推进社会主义现代化,实现中华民族伟大复兴,必须坚定不移走中国特色社会主义道路。中国民间有句俗语:"鞋子合不合脚,只有脚知道。"一个国家选择什么样的发展道路,是由这个国家的历史传承、文化传统、经济社会发展水平决定的,归根结底是由这个国家的人民决定的。解决中国的问题只能在中国大地上探寻适合自己的道路和办法。我们应当清醒地看到,发展中国特色社会主义是一项长期的艰巨的历史任务,新时代,必须准备进行具有许多新的历史特点的伟大斗争。我们一定要坚守好这个共同理想,与时俱进发展中国特色社会主义,不断丰富中国特色社会主义的实践特色、理论特色、民族特色、时代特色和文化特色。

(三)大力弘扬以爱国主义为核心的民族精神

民族精神是一个民族赖以生存和发展的精神支撑,是一个民族生命力和凝聚力的重要体现。它是一个民族在长期共同生活和实践中形成的思想观念、价值信念与信仰、性格与心理的总和。伟大人民造就伟大民族精神。2018年3月,习近平在第十三届全国人民代表大会第一次会议上的讲话中,把民族精神概括为"伟大创造精神""伟大奋斗精神""伟大团结精神""伟大梦想精神"。他强调:"有这样伟大的人民,有这样伟大的民族,有这样伟大的民族精神,是我们的骄傲,是我们坚定中国特色社会主义道路自信、理论自信、制度自信、文化自信的底气,也是我们风雨无阻、高歌行进的根本力量!"①新时代,弘扬和培育民族精神有着重大的理论和现实意义。首先,民族精神积淀着深厚的民族文化传统,在本质上凝聚着民族文化的精髓。弘扬民族精神的过程,实际就是将民族传统文化中的"精华"发扬光大的过程。其次,全球化给传统民族国家的认同带来了巨大冲击。在互联网时代,国家主权意识受到严重削弱,"国民"往往被一些人等同于"世界公民"。最后,随着改革开放进程的不断深入和市场经济的加速拓展,拜金主义、享乐主义、极端个人主义等西方思潮也对人们传统的价值认同和社会规范产生了深刻影响,进而起着消解民族凝聚力的负面作用,而对一个以实现现代化和民族复兴为目标的民族来说,离开强大的民族精神的支撑,是不可能成功的。

民族精神的培育应尤为注重大力弘扬爱国主义传统。在我国历史上,爱国主义从来就是动员和鼓舞人民团结奋斗的一面旗帜,是国家几千年发展进步的重要力量源泉,是民族生生不息的强大精神支柱。尤其是近现代以来,这种作用愈发突显。在革命战争时期,爱国主义曾经激励无数仁人志士和革命先烈为中华民族的独立而前仆后继、英勇奋斗;在和平时期,爱国主义仍然是动员和促进各族人民进行社会主义建设,实现中华各族人民共同理想的精神旗帜。弘扬爱国主义传统的任务之一,就是要把人民的爱国情感升华为使祖国走向繁荣昌盛的责任感、使命感及时代紧迫感,进而把它作为一种内在动力释放到中国特色社会主义现代化建设中去。需要特别强调的是,在当代中国,爱国主义与社会主义本质上是一致的,因为它们的出发点和归结点都是使中华民族走向强大和复兴。正如邓小平在针对一些资

---

① 习近平:《在第十三届全国人民代表大会第一次会议上的讲话》,人民出版社,2018年,第6页。

产阶级自由化论调时所指出的："有人说不爱社会主义不等于不爱国。难道祖国是抽象的吗？不爱共产党领导的社会主义的新中国,爱什么呢?"①尤其面对西方敌对势力实施"和平演变"的"西化"图谋,坚持爱国主义与社会主义的统一,对于建设巩固的文化国防,尤为重要。

(四)积极培育以改革创新为核心的时代精神

改革开放是党在新的时代条件下带领全国各族人民进行的新的伟大革命,是当代中国最鲜明的特色。党的十一届三中全会以来,我们党以巨大的政治勇气,锐意推进经济体制、政治体制、文化体制等体制和党的建设制度改革,不断扩大开放,决心之大、变革之深、影响之广前所未有,成就举世瞩目。当前改革已经进入攻坚期和深水区,面对新的形势任务,党中央进一步向全党全社会发出了全面深化改革的伟大号召。全面深化改革,需要以更加强烈的历史使命感,最大限度集中全党全社会的智慧,最大限度地调动一切积极因素,敢于啃硬骨头,敢于涉险滩,以更大决心冲破思想观念的束缚、突破利益固化的藩篱,推动中国特色社会主义制度的自我完善和发展。改革呼唤锐意进取的时代精神,需要敢于担当、责无旁贷的创新勇气。实践没有止境,创新也没有止境。没有创新精神,就不可能有改革的成功。但创新不是蛮干,更不是胡思乱想,而是建立于对客观形势的科学判断和客观规律的科学把握之上。改革创新不仅需要尊重人民主体地位,发挥群众首创精神,而且需要认真总结经验,广泛听取建议,深度凝聚共识,严谨科学决策,形成智慧合力。改革创新是我们战胜一切困难的重要法宝。

(五)把社会主义核心价值观融入社会生活

习近平强调:"一种价值观要真正发挥作用,必须融入社会生活,让人们

---

① 《邓小平文选》(第二卷),人民出版社,1993年,392页。

在实践中感知它、领悟它,达到'百姓日用而不知'的程度。"①党的十八大报告提出,倡导富强、民主、文明、和谐,倡导自由、平等、公正、法治,倡导爱国、敬业、诚信、友善,积极培育和践行社会主义核心价值观。社会主义核心价值观的这一表述,是在社会主义核心价值体系的基础上,更加突出核心要素、更加注重凝练表达、更加强化实践导向。它所强调的"三个倡导"二十四个字,是社会主义核心价值体系的内核,是对社会主义核心价值体系的高度凝练和集中表达。它把涉及国家、社会、公民三个层面的价值要求融为一体,其中"富强、民主、文明、和谐"是国家层面的价值要求,它回答了我们要建设一个什么样的国家这一重大问题,为人们展示了建设富强、民主、文明、和谐的社会主义现代化国家的崇高价值目标,体现了社会主义的本质要求;"自由、平等、公正、法治"是社会层面的价值要求,它回答了我们要建设一个什么样的社会这一重大问题,为人们展示了自由、平等、公正、法治这些社会主义制度的本质要求;"爱国、敬业、诚信、友善"是公民层面的价值要求,它回答了我们要培育什么样的公民这一重大问题,为人们展示了爱国、敬业、诚信、友善这些社会主义基本道德规范和社会主义先进文化的本质要求。社会主义核心价值观集中体现了中国特色社会主义的价值目标和愿景追求。要从巩固全党全国各族人民团结奋斗的共同思想基础、巩固党的执政地位的战略高度,把培育和弘扬社会主义核心价值观作为凝魂聚气、强基固本的基础工程,作为一项根本任务,切实抓紧抓好。要通过全社会、全方位的教育引导、舆论宣传、文化熏陶、实践养成、制度保障等措施,使社会主义核心价值观内化为人们的情感认同和行为习惯,转化为推动实现中华民族伟大复兴的强大精神动力。

---

① 中共中央文献研究室:《习近平关于社会主义文化建设论述摘编》,中央文献出版社,2017年,第108页。

二、充分挖掘社会主义核心价值观及其培育的文化内涵

培育社会主义核心价值观,必须充分挖掘其背后的深刻文化内涵,寻求核心价值观背后厚重的文化基础,才能使核心价值观更为丰满,更具活力,才能使广大官兵对社会主义核心价值观的认识不断深化,才能在实践中更加坚定地维护它,践行它。对于新时代的革命军人而言,社会主义核心价值观的文化内涵基础,主要包括政治文化、武德文化、育人文化三个重要组成部分。

(一)充分挖掘社会主义核心价值观及其培育的政治文化内涵

政治文化是一个国家中的阶级、团体和个人,在长期的社会历史文化传统的影响下形成的某种特定的政治价值观念、政治心理和政治行为模式。其中政治价值观在政治文化中处于主导和核心地位,它统摄政治主体在政治体系中所处的地位和作用,并决定政治主体的政治态度、政治情感、政治信仰和政治认同。军队是执行政治任务的武装集团,所以军队为了有效执行它的政治任务而确立的,都是与它的政治文化、政治价值观相关联的。诸如军队接受谁的领导、为谁服务、履行什么职责、发挥何种作用等涉及其根本性质的重大原则问题,实际上都是军队政治文化的问题。习近平深刻指出:"在社会主义核心价值观中,最深层、最根本、最永恒的是爱国主义。"[①]当代中国,爱国主义的本质就是坚持爱国和爱党、爱社会主义高度统一。祖国的命运和党的命运、社会主义的命运是密不可分的。只有坚持爱国和爱党、爱社会主义相统一,爱国主义才是鲜活的、真实的,这是当代中国爱国主义精神最重要的体现。今天我们讲爱国主义,这个道理要经常讲、反复讲。

我军是党绝对领导下的人民军队,党的绝对领导是我军永远不变的军魂。"党的军队",这是对我军听党指挥的政治定位,它深刻揭示了我军性质

---

① 习近平:《在文艺工作座谈会上的讲话》,人民出版社,2014年,第24页。

与建军原则的内在统一。无论在战争年代,还是在社会主义建设时期,我军都要坚定不移地贯彻这一建军原则。邓小平申明我军是"党的军队",就是从根本上确认党领导我们这支军队的绝对性,确认军队听党指挥的内在规定性。"党的军队"这个定位昭示我们,坚持党的绝对领导,永远听从党的指挥,是我军与生俱来的特质。

"人民的军队",这是我军服务人民的政治定位,它深刻揭示了我军性质与根本宗旨的内在统一。我军来自人民,服务人民,是人民的子弟兵,是人民利益的捍卫者。确立和贯彻全心全意为人民服务的根本宗旨,是我军区别于一切剥削阶级军队的显著标志。"人民的军队"给我军服务人民作了永久性的政治定位,从而把我军性质与根本宗旨完全贯通了起来。对于我军来说,除了人民的利益,没有任何属于自己的特殊利益;除了为人民服务,没有任何其他服务对象。任何想把中国人民解放军同中国人民分割开来、对立起来的企图,都是绝不会得逞的! 14 亿多中国人民也不答应!

"社会主义国家的军队",这是对我军报效国家的政治定位,它深刻揭示了我军性质与基本职能的内在统一。马克思主义国家学说认为,军队是国家机器的主要组成部分,是"国家为了进攻或防御而维持的有组织的武装集团"。在中国,社会主义制度确立以后,我们这支由中国共产党直接领导的新型人民军队,便历史地成为社会主义国家机器的有机组成部分。防范和抵御外来侵略,维护国家主权、安全和领土完整,是国家宪法赋予我军的基本职能。确认我军是"社会主义国家的军队",是对我军报效国家的根本政治地位,从军队基本职能的层面赋予的新的内涵。在社会主义条件下,我军作为国家机器所担负的基本职能,是其固有性质在军事实践上的直接反映。

作为涵盖我军性质的政治定位,三者构成了有机统一体,其中"党的军队"是核心,"人民的军队"是实质,"社会主义国家的军队"是形态。"党的军队"是核心,主要是指党的绝对领导始终是我们这支军队存在和发展的灵魂,军队的一切活动都是围绕党的意志这个轴心展开的。"人民的军队"是实质,主要是指我军在本质上归根结底是属于人民的。我国宪法明确规定:"中华人民共和国的武装力量属于人民。""社会主义国家的军队"是形态,主要是指我军已完全纳入社会主义国家的政权体系,始终在国家法律范围内履行国防军的职能。

(二)充分挖掘社会主义核心价值观及其培育的军事文化内涵

中国共产党领导的人民军队是中华民族优秀传统武德文化的继承者、创新者和发扬者,对中华民族尊严和性格的影响具有革命性意义。人民军队的武德文化,是有史以来对中华文化影响最深刻、最广泛、最受世界人们敬仰的先进武德文化形态。它从一个独特视角揭示和展现着中华民族深刻而丰富的文化内涵,凸显出民族文化的普遍品格,有着极其深厚的民族根基、鲜明的大众特色、丰厚的文明底蕴。历史和现实都证明,中华传统武德文化具有强大的民族凝聚力和国际影响力,是建设民族共有精神家园、培育社会主义核心价值观的重要文化资源。

所谓武德,就是从武、用武、尚武之德性,包含政治观念、道德观念、价值观念和行为品质等。最早提出"武德"概念的是楚庄王。他说:"武有七德",即"禁暴、戢兵、保大、定功、安民、和众、丰财"。"武"与"德"二字联用,始见于《国语·晋语九》:"有孝德以出在公族,有恭德以升在位,有武德以羞为正卿……"《尉缭子·兵教》中说:"此之谓兵教,所以开封疆,守社稷,除患害,成武德也。"此处"武德"指的是军人的历史使命,即责任、义务和军人的价值。司马迁在《史记》中赞美秦始皇统一六国的战争是"皇帝哀众,遂发讨师,奋扬武德。"至汉代,曾置有"武德舞",舞人悉执兵器和乐而起,以颂扬除乱而安天下的功德。梁启超认为,武德传统起于炎黄时代,他高度赞扬黄帝"以武德贻我子孙"。为提升中华精神品格,复兴中华民族,梁启超大声疾呼要以"我先民之武德"作为子孙后代的模范。

中华传统武德文化具有深厚的民族文化根基和广泛的社会性、民本性特征。首先，中华传统武德文化是以"仁"为核心的文化体系。在武德文化之"仁"的思想体系中，爱民、爱国是武德的最核心价值，是军人的最高价值追求。中华传统武德文化就是"精忠报国"与捍族保民相统一的文化体系。从楚庄王的"保大""安民"、孔子的"执干戈以卫社稷"，到《国语》中的"为国者利国之谓仁"等，无不揭示出武德文化核心价值的真谛。一部中国古代史揭示，那些被历史讴歌、被人民敬仰的民族英雄，如岳飞、文天祥、戚继光、郑成功等，大多是"精忠报国""扶众安民"的典范。中华传统武德文化又是职业性与广泛的民众性、社会性相统一的文化体系。尤其是以捍族保民为特征的这面爱国主义旗帜，不仅能赢得广大人民群众的认同，而且能产生强大的民族凝聚力。特别是在反对外敌入侵、军队成为民族生存依托的战争时期，军人的"精忠报国"精神对全民族、全社会的价值观念起着重要的导向作用。

爱国主义是我们民族精神的核心，是中国人民和中华民族同心同德、自强不息的精神纽带。面对国家和民族生死存亡，全体中华儿女同仇敌忾、众志成城，奏响了气吞山河的爱国主义壮歌。爱国主义是激励中国人民维护民族独立和民族尊严、在历史洪流中奋勇向前的强大精神动力，是驱动中华民族这艘航船乘风破浪、奋勇前行的强劲引擎，是引领中国人民和中华民族迸发排山倒海的历史伟力、战胜前进道路上一切艰难险阻的壮丽旗帜。当前，随着新形势的发展变化和军队使命任务的拓展，应对多种安全威胁、完成多样化军事任务考验着军队能打胜仗的信心和本领，捍卫国家主权和领土完整、作好充分的军事斗争准备呼唤着军队爱军精武的武德文化。习近平指出："只有实现中华民族伟大复兴的中国梦，家庭梦才能梦想成真。中国人历来讲求精忠报国，革命战争年代母亲教儿打东洋、妻子送郎上战场，社会主义建设时期先大家后小家、为大家舍小家，都体现着向上的家庭追求,体现着高尚的家国情怀。"①为此,培育和践行社会主义核心价值观,实现党在新时代的强军目标,把我军全面建设成为世界一流军队,必须高度重视中华武德的文化价值。

（三）充分挖掘社会主义核心价值观培育的育人文化内涵

大力培育社会主义核心价值观,充分挖掘其育人文化,有利于为广大官兵成长成才、提高全面素质提供正确的价值导向,为官兵的健康成长创造良好的思想道德环境,对于确保我军官兵政治坚定和思想道德纯洁,对于培养造就更多高素质新型军事人才具有重要作用。习近平指出:"核心价值观的养成绝非一日之功,要坚持由易到难、由近及远,努力把核心价值观的要求变成日常的行为准则,进而形成自觉奉行的信念理念。不要顺利的时候,看山是山、看水是水,一遇挫折,就怀疑动摇,看山不是山、看水不是水了。无论什么时候,我们都要坚守在中国大地上形成和发展起来的社会主义核心价值观,在时代大潮中建功立业,成就自己的宝贵人生。"②

人民是历史的创造者,官兵是强军的主体。对于培育社会主义核心价值观来说,充分挖掘社会主义核心价值观培育的育人文化内涵,就是要尊重官兵的主体地位、尊重官兵的创造精神,围绕官兵素质的提升,实现官兵的全面发展,在军队现代化建设中彰显官兵的价值存在,突出官兵的价值地位,营造积极向上、健康纯洁的育人文化。要把推动部队建设与促进官兵全面发展有机统一起来,不断提高官兵的思想道德素质、科学文化素质、军事专业素质和身体心理素质,为官兵成长进步提供良好的环境和条件。军队建设的历史实践反复证明,正是由于军营良好的育人文化潜移默化的影响和熏陶,从而将军人个体培育成为一个道德高尚、人格完整的人。从道德哲

---

① 习近平:《在会见第一届全国文明家庭代表时的讲话》,人民出版社,2016年,第3页。
② 习近平:《青年要自觉践行社会主义核心价值观——在北京大学师生座谈会上的讲话》,人民出版社,2014年,第12页。

学的角度观之,在培育社会主义核心价值观过程中挖掘潜藏的育人文化,能够引导官兵树立远大坚定的革命理想信念,实现自身的全面自由发展。对于官兵个体来说,在实现自身多样化需求的过程中,必须将外化的育人文化内化为内心的自觉追求、行为规范和价值取向,增强自身在推动部队建设过程中的主人翁意识和使命感、责任感,把自身蕴含的巨大积极性和创造性充分挖掘出来、调动起来,凝聚到军队现代化建设上来。因此,在大力培育社会主义核心价值观过程中充分发挥育人文化的功能作用,使官兵在丰富多彩而又紧张有序的军旅生活实践中实现自身全面而自由的发展,不仅可以引导和激励官兵更好地践行核心价值观,也能使他们在军队现代化建设过程中实现自己的人生价值。

三、充分发挥文化选择在社会主义核心价值观培育中的作用

思想政治教育是一种有选择、有目的的信息传递,蕴含在这种选择与传递中间的是价值。可以说,思想政治教育文化与其他教育文化一样,核心是价值文化。所谓价值文化是价值主体在长期的社会实践中积淀起来的用以规范和优化价值客体的所具有的内在规定的特质,是人在改造世界和自身的过程中创造、追求和遵循的价值准则。培育和践行社会主义核心价值观,要充分发挥价值文化的作用。

(一)发挥文化选择在深入学习党的创新理论中的作用

党的创新理论是马克思主义中国化最新成果的集中体现,是我们党领导的革命和建设实践的理论化果实,是全国各族人民团结奋斗的共同思想基础,是指导全面工作前进的根本指针和根本遵循。从马列主义到毛泽东思想,从中国特色社会主义理论体系到习近平新时代中国特色社会主义思想,党的创新理论始终坚持解放思想、实事求是、与时俱进、求真务实的理论品格,一直处于社会主义意识形态的核心位置,指导着全国各族人民团结奋

斗。军队作为党绝对领导下的武装力量,承担着"四个战略支撑"的时代使命,军队思想政治教育在传播和贯彻党的创新理论中,要激发广大官兵争做思想战线先锋的意识和行动,在思想道德和理想信念上,走在社会前列,对社会起到示范作用,为军队维护核心、履行使命提供理论支持和思想保障。

(二)发挥文化选择在弘扬加强革命传统中的作用

现实之所以发展成当下的现实,必有其深厚的历史根源。所以,要强化革命军人的核心价值观,继承和发扬我军优良传统,首先需要强化的就是革命传统教育。中国革命所处的历史条件,各种利益关系之复杂,各种矛盾之激烈,不仅是中国"三千年未有之大变局",在世界范围内也实属罕见。中国共产党就是在这种极其艰难的条件下,以大无畏的理论勇气和实践勇气,把中国革命从星星之火发展成燎原之势,带领全国人民推翻"三座大山"的压迫与剥削。中国革命的胜利,不仅使整个社会面貌焕然一新,更使中国民族文化完成了一次质的飞跃。我们党成为执政党,是历史的选择、人民的选择。我们党的执政地位,是党团结带领全国各族人民经过长期革命斗争、历尽千辛万苦、战胜无数艰难险阻才取得的。处在社会转型时期的中国社会,经济体制深刻变革,社会结构深刻变动,利益格局深刻调整,思想观念深刻变化,与社会结构和组织巨大变化相适应的是军队成分的多样化,新生代官兵来源于不同的阶层,生长在和平时期,缺乏严酷战争环境的考验和复杂局势的锤炼,缺少对我军光荣传统的认识和感知。因此,只有加强革命传统教育,才能更好地坚定当代军人捍卫"军魂"的自觉性,才能让新时代军人更深刻地理解"听党指挥、能打胜仗、作风优良"这一红色基因的丰富内涵。

(三)发挥文化选择在激励民族精神中的作用

民族精神是一个民族赖以生存和发展的精神支撑。一个民族,没有振奋的精神和高尚的品格,不可能自立于世界民族之林。在五千多年的发展中,中华民族形成了以爱国主义为核心的团结统一、爱好和平、勤劳勇敢、自强不息的伟大民族精神。爱国主义是民族精神的集中体现。我们党领导人民在长期实践中不断结合时代和社会的发展要求，丰富着这一民族精神。在当代中国，爱国主义最鲜明的主题就是坚持和发展中国特色社会主义，朝着实现"第二个百年"奋斗目标阔步前进，一步步把中华民族伟大复兴的宏伟蓝图变为美好现实。民族精神蕴藏于每个中国人的心中，是每个中国人之所以为中国人的身份标识，也是中国人最为普遍、最为深层的文化认同。这是一种巨大的精神力量，是一个民族实现共同理想、目标的精神支柱，是我们党完成自身使命不可或缺的核心支撑，也是我们国家增强综合国力，应对全球化新格局，维护国家文化安全的强大武器。民族精神是民族文化的核心和灵魂，但是也需要加强培育，需要有意识有计划地加以弘扬。当今世界思想文化领域正在相互碰撞中交流交融交锋，尤其是西方国家凭借其全球文化主导权，竭力兜售其所谓的民主、自由、人权等，通过各种隐蔽的途径和手段对我国进行意识形态的渗透。作为世界上最大的社会主义国家，由于意识形态上的对立，使我国在冷战结束后一直处在西方敌对势力"和平演变"的前沿阵地。在西方文化思潮咄咄逼人的形势下，培育和践行社会主义核心价值观，必须弘扬优秀的民族精神，根据时代的转型和历史方位的变迁，实现传统与现实的对接，继承与创新的统一，在新时代拓展民族文化的内涵，实现民族文化的现代化。

四、军队培育和践行社会主义核心价值观的实践要求

社会主义核心价值观的培育和养成，绝非一日之功。要坚持由易到难、由近及远，努力把社会主义核心价值观的要求变成日常的行为准则，进而形成自觉奉行的理念信念。

（一）要大力弘扬两个优良传统

"牢固的核心价值观，都有其固有的根本。抛弃传统、丢掉根本，就等于

割断了自己的精神命脉。对于我们来说,博大精深的中华优秀传统文化是我们在世界文化激荡中站稳脚跟的根基。"①对新时代的中国而言,弘扬民族优良传统是中华文化复兴与社会主义核心价值观确立的基础;对中国特色社会主义事业来说,弘扬党的优良传统既是巩固社会主义核心价值观的基础,也是繁荣发展社会主义先进文化的前提。为此,必须重视挖掘利用好两大文化传统资源:一个是具有几千年文明史的中华民族优良传统,一个是中国共产党领导人民奋斗的光荣传统,它们都是我们今天培育和践行社会主义核心价值观的宝贵资源。社会主义核心价值观不是与传统文化相对立的,而以中国传统文化为土壤,以继承和发扬优秀文化传统为存续条件。中华文明绵延数千年,有其独特的价值体系。中华优秀传统文化已经成为中华民族的基因,根植在中国人内心,潜移默化地影响着中国人的思想方式和行为方式。今天,我们提倡和弘扬社会主义核心价值观,必须从中汲取丰富营养,否则就不会有生命力和影响力。当今世界,全球竞争越是激烈,市场经济发展越是深入,我们越要利用好自己民族的本土文化资源,用好老祖宗留下的宝贵财富。我们要用社会主义核心价值观培育的雄辩事实向世人证明:中华民族历史上的文化辉煌并不因为现代化而失去其价值,中国传统文化价值并不因为市场经济而失去意义,社会主义价值理念并不因为苏东剧变和资本主义全球扩张而失去生命力。只有让自己民族的历史文化传统和革命光荣传统具有说服力、凝聚力和向心力,才能让自己的人民信服在自己传统基础上产生的社会主义核心价值观。

(二)要有社会化的载体和组织形式作保证

培育和弘扬社会主义核心价值观,不仅要靠思想教育、实践养成,而且

---

① 中共中央文献研究室:《习近平关于社会主义文化建设论述摘编》,中央文献出版社,2017年,第107~108页。

要用体制机制来保障。培育和践行社会主义核心价值观,不仅仅是理论层面的问题,而更加需要宏大的社会实践,这种实践离不开具有社会化的载体和组织形式。回顾中国革命的历史,为什么从毛泽东到习近平都反复强调"没有一个人民的军队,就没有人民的一切"? 这是因为,党缔造和绝对领导下的人民武装,不仅是战斗队,而且是工作队、生产队。这支新型人民军队,俨然成为马克思主义革命理想的宣传队和革命火种的播种机,所到之处战无不胜、攻无不克、所向披靡。所谓"解放区",不仅仅是人民肉体翻身的解放,更是思想和精神上的解放。在大力培育和践行社会主义核心价值观的今天,我们靠什么来保证? 诚然,党的各级基层组织应该是主体力量,但在各种思潮的冲击下,一些基层党组织却呈现出组织涣散、战斗力薄弱的令人担忧局面。一些党组织地位职能严重弱化、政治学习和组织制度流于形式,党管干部、党内民主、党内监督等被不同程度予以扭曲,甚至个别组织还被家族宗法乃至黑恶势力所控制;一些部门存在严重的实用主义倾向,注重业务能力拓展而忽视思想政治教育,个别领导道德严重败坏,贪污腐败成性;一些基层文化管理单位疏于职能管理,导致在一些地方低俗、庸俗、媚俗之风盛行,核心价值荡然无存。因此,在培育和践行社会主义核心价值观的过程中,应当尤为注重发挥组织建设和组织管理的作用,从建设社会主义文化强国的战略高度重视各级基层党组织建设,充分发挥和利用好各级政府组织和群众团体等社会组织的社会管理职能和文化功能。如果没有这些组织功能和作用的发挥,培育和践行社会主义核心价值观就会沦为口号,流于形式,不可能有什么成效。

(三)贯穿经济、政治、社会、生态等各领域

在全社会大力弘扬和践行社会主义核心价值观,要使之像空气一样无处不在、无时不有,成为全体人民的价值追求。如同文化建设仅仅局限于文化领域难以取得成效一样,培育和践行社会主义核心价值观也需要贯穿经

济、政治、社会、生态等各领域进而形成整体合力。

第一，经济基础决定上层建筑，完善社会主义市场经济运行法则、实行公平公正按劳分配、通过诚实守信合法致富等对价值观的培育至关重要。要在一个热衷投机倒把、权力寻租和腐化成风的环境中培育代表社会主义先进文化前进方向的核心价值观，是不可想象的。

第二，在政治体制改革中，要贯彻立党为公、执政为民的从政宗旨，在国家行政制度、法律制度、参政议政制度、民主监督制度、信访制度等方面，体现人民中心、官民平等、公道正派的价值导向。在这方面，处于执政地位的党的自身价值观塑造和培育尤为重要，其在全社会具有强烈的辐射效应。党员干部不信马克思主义、不讲爱国主义、不搞社会主义，是难以教育和引导广大人民群众爱国、爱社会主义的。

第三，在社会建设过程中，要从促进社会公正和各民族、各阶层团结合作、共同发展的目标出发，建立市场经济中相互竞争下的社会和谐机制，在各民族、各群体、各阶层、各团体之间形成一种共同体意识，加强社会认同，消除隔阂对立，促进社会和谐稳定。

第四，在生态建设中，也要积极贯穿平等和谐理念，让社会主义核心价值观融入生态建设的每一个领域、每一个细胞。只有全社会形成共同合力，培育和践行社会主义核心价值观才能真正在中华大地开花结果。

第三节　实现教育硬件与教育软件的协调共建

教育硬件和教育软件是军队思想政治教育文化的两个重要载体，是实施军队思想政治教育的重要组成部分。就其实质来看，硬件所表现的是一种物质性力量，表现为客观的事物及其数量；软件所表现的是一种精神性力量，与主体的精神状况相联系。教育硬件建设与教育软件建设相互协调，共同促进军队思想政治教育文化选择。要把二者紧密结合起来,在加强硬件建设的过程中加强软件建设,以软件建设推进硬件建设,实现两个建设的协调统一。

一、教育软硬件建设对于军队思想政治教育文化选择的意义

(一)教育软件建设在宏观层面引导文化选择

教育软件是军营文化软实力的重要方面。军队战斗力不仅包括军队武器装备、训练场地、训练器材设施、营院建筑、营院景观规划等这些显性资源产生的巨大潜能和功效(硬实力),还应包括隐性的官兵素质、战斗精神、行政管理水平、后勤保障能力等软实力。教育软件所体现的军营文化软实力是一种特殊的军营文化,是广大官兵在长期的军事实践活动中共同创造和形成的超越物质存在的精神成果的影响力、凝聚力和感召力,是军队战斗力不可分割的一部分。这种精神成果(这里指软件文化),不仅包括政治信念、使命意识、治军理念、价值观念,以及独特的精神和文化氛围,也包括军队长期发展所形成的优良传统、规章制度、作风纪律、服务意识、保障效能等。加强教育软件建设要从以下三个方面入手:

一是要满足官兵的现实需求,为官兵施展才华搭建舞台。开展文体骨干培训班,促进基层官兵文体素质的提高。开展军营文化活动,做到想演讲的有讲台、爱动手的有展台、会表演的有舞台,营造开心愉快的精神"乐园",为官兵成长成才铺路架桥。积极与军内外院校联系,采取培训班设在院校、教授请进军营等方式,建立起多层次、全方位的在职文化教育体系。开展实用技术技能培训等,不断改善官兵的知识结构,提高学历层次,提升综合素质。要建立学习成才专项基金,为官兵提供学习费用,激励官兵健康成长、学习成才。

二是要丰富官兵的精神世界。开展党的基本理论和路线方针政策、人

民军队性质宗旨和优良传统、我军历史使命和军人职责、法制纪律和道德规范、形势任务和遂行任务要求的教育，以党的创新理论武装官兵头脑，打牢思想根基。以我军的光荣历程、优良传统和历史荣誉培养官兵的集体荣誉感，激发官兵的战斗精神。经常组织形式多样、官兵喜闻乐见的文体活动，寓教于文，寓教于乐，充实官兵的业余文化生活。

三是要注重行为习惯养成。行为习惯和作风养成是军人意识和作风纪律的体现。良好的习惯和严谨的作风是软件建设的重点，虽无法量化，却关系着部队的战斗力，是军营文化软实力的重要内容。因此，要教育官兵以条令条例和其他部队规章为准则，从身边做起，从小处做起，从自己做起，养成良好的行为习惯。

（二）教育硬件建设在操作层面实践文化选择

教育硬件主要指部队教育、训练、科研、生活等所需的实体、设施和人为环境，如军队武器装备、训练场地、训练器材设施、营园建筑、营园景观规划等。教育硬件并非毫无生命和感情色彩的客观存在物，它以其直观丰富的形象寄托着官兵的情感，无声而又鲜明地体现了一支部队的文化沉淀和精神追求，潜移默化地影响着每一个官兵。加强教育硬件建设要从以下三个方面入手：

一是加大投入，改善教育硬件。按照"立足现有、打牢基础、循序渐进、提高档次"的思路，遵循多方筹集、量力而行的原则，分阶段、分梯次、有步骤地搞好训练场、图书馆、俱乐部、文化活动中心、指导员之家、运动场所等文化基础设施的建设，优化文化场所的环境氛围，为官兵开展各种文化活动提供物质条件。注重实用性与思想性的结合，使文化设施在适于官兵生活娱乐的基础上辐射理想信念、人生思考、伦理规范和使命追求等文化底蕴。

二是创意设计，增加文化含量。将文化元素纳入设计方案，赋予时代意义，使教育硬件充满文化气息。搞好单位军史馆、纪念碑、英模人物雕塑、画像的建设,让官兵在对历史和先辈们光荣事迹的了解中明确自己的责任和使命,激发爱国主义情感;充分利用文化广场、文化长廊、电视大屏等载体唤起官兵内心的共鸣和震撼,使官兵在耳濡目染中受到激励和感染。

三是整体布局,文化育人。军营教育硬件不仅包括军营里的建筑设计,还包括环境布局、卫生、绿化等,它们是官兵教育训练生活的主要场所,对官兵有着全面、持久而深远的影响。因此,要整合文化硬件,发挥整体效能,使官兵在整齐划一的营房和独特的建筑风格中,深刻感受整齐干练、服从集体的气息;在花园式营院里,提高审美情趣,净化心灵。让党史馆里讲党性,军史馆里话军魂,革命圣地悟初心,练兵场上明使命成为新时代人民军队思想政治教育文化选择新的支撑点。

二、军队思想政治教育文化选择中软硬件及其建设的内容

(一)文化选择软件及其建设内容

软件,按《现代汉语词典》的解释,主要有两层含义:一是指计算机系统的组成部分,是指挥计算机进行计算、判断、处理信息的程序系统或设备。包括汇编程序、操作程序、编译程序、诊断程序、控制程序、数据管理系统等。二是借指生产、科研、经营等过程中的人员素质、管理水平、服务质量等。①本书主要指第二种含义。所谓文化软件即文化的内在构成要素,主要指部队教育、训练、科研、生活等过程中的官兵素质、战斗精神、行政管理水平、后勤保障能力等。具体体现在听党指挥、能打胜仗、作风优良三个方面。

文化软件通常由精神文化软件、制度文化软件、行为文化软件、环境文化软件四个层面构成。精神文化软件主要是由军队优良传统,军兵种文化的影响,战斗精神和广大官兵的品格、气质、生命力和创造力共同孕育的。它

---

① 参见《现代汉语词典》,商务印书馆,2002 年,第 1080 页。

集中体现了一支军队独特、鲜明的个性和治军理念,反映着一支军队的追求和信念,也是军队群体意识的集中体现。制度文化软件包括与部队教育、训练、科研和日常生活相关的法律法规、条令条例、规章制度等,如纪律条令、内务条令、党建条例、政工条例、党委(支部)工作规定、军队思想政治教育规定等。行为文化软件主要指官兵在教育、训练、科研、生活娱乐等活动中产生的文化规则。它包括治军特色,以及在宣传活动、文体活动中产生的文化现象,是治军理念、精神状态的动态体现,也是战斗精神和价值观念的折射。环境文化软件主要是指在军营内营造的训练氛围、育人氛围和舆论氛围。主要体现为勤学苦练的训练氛围、严谨活泼的育人氛围、积极向上的舆论氛围、宽松和谐的人文氛围等。在军队思想政治教育文化选择中,软件建设是核心,起着至关重要的作用,但同时也是比较难于全面把握的部分。正如其内涵所揭示的那样,软件建设更多体现在精神层面、管理层面、制度层面上,虽然难以量化,但日常的生活、训练、学习却"身在此山中",一刻也离不开。

(二)文化选择硬件及其建设内容

硬件,按《现代汉语词典》的解释,主要有两层含义:一是指计算机系统的一个组成部分,是构成计算机的各个元件、部件和装置的统称,也叫硬设备。二是借指生产、科研、经营等过程中的机器设备、物质材料等。① 这里主要指第二种含义。所谓文化硬件,即文化的物质外壳,是文化的物质载体,主要包括部队教育、训练、工作、生活等所需的实体、设施和人为环境,诸如军队武器装备、训练场地、训练器材设施、营院建筑、营院景观规划等。文化的硬件外壳以其直观丰富的形象寄托着官兵的情感,无声而又鲜明地体现了一支部队的文化沉淀和精神追求,潜移默化地影响着每一个官兵,增强了军营文化的吸引力和凝聚力。

---

① 参见《现代汉语词典》,商务印书馆,2002 年,第 1514～1515 页。

在军队思想政治教育文化选择中,硬件建设是不可或缺的一个部分,比较容易得到重视。文化硬件是整个军营生活的物质实体。物质实体是"人们之间本质力量交换的手段和媒介"。军营硬件文化是指军营以物质实体为载体所表现出来的文化形态与特质,它是军营文化建设的基本条件,表征着广大官兵的价值追求、精神风貌和行为准则。军营硬件文化的形成过程,其实也是军人本质力量对象化的过程。也就是说,与所有人类活动一样,军人也"在其创造的物质财富中使自己的知识、经验、理想等等实体化"①。这时的硬件即物质实体,已不是自然存在物,而是马克思所说的"人的物或者说成为物化的人"②。人们在接触文化硬件的同时,必然接触其所蕴含的精神因素,因为"它在满足人的某种需要的同时也负载着关于人,关于特定时代的社会关系的某种信息"③。例如,某部营区内建造的一座由钢枪、钢盔和弹匣组成的凉亭,像一支高约四米的"冲锋枪",枪刺两侧挂着两个帽口向下的"头盔",枪为柱,盔为亭,两个长一米、高五十厘米的弹匣则是供人乘凉的凳子。这种建筑设计已不仅仅代表一种实物,而且含有浓厚的文化底蕴,官兵在此乘凉时,可以激发出男儿的血性与豪迈,引发对职责使命的思考,潜移默化地接受着使命教育。

三、发挥军营文化在军队思想政治教育文化选择中的作用

军营文化是指文化在军营中长期积累下来的精神与物质成果,是包括团队精神、军人的价值观念、军人的行为准则、军人的道德规范、营规营容营貌、军事人才培养使用、官兵文体娱乐活动等在内的有机整体。军营文化赋予部队以生命活力并反映部队历史传统、军人意志和特征面貌,活跃于军营

① [苏]A.H.阿尔诺利多夫:《文化概论》,邱守娟译,中国人民大学出版社,1989年,第21页。
② 《马克思恩格斯全集》(第42卷),人民出版社,1975年,第125页。
③ [苏]A.H.阿尔诺利多夫:《文化概论》,邱守娟译,中国人民大学出版社,1989年,第38页。

内部并归属于军事文化的范畴。军营文化因其自身特性,具有特殊的教育功能,因而要发挥好其教育功能,在军营文化"硬件"与"软件"的协调共建中不断实现军队思想政治教育文化选择的创新。

(一)环境氛围的熏陶培塑功能

军营物质文化是军人生活环境的有机组成部分,它影响和塑造军人,发挥着教化作用。军营物质文化不仅直接规范着军人的言行,而且耳濡目染、潜移默化地引导着军人的意识和行为。它的载体是环境设施及其营造出来的氛围,对军人的思维方式、行为习惯、价值观念、审美趣味有着熏陶培育功能。提高官兵全面素质,首要的是思想政治素质,可以通过营院政治环境建设,发挥环境文化铸魂聚力的功能。

一是营院环境布置应体现政治要求。营院政治环境布置要纳入营区正规化建设规划,富有军营特色,体现时代气息,把思想要求和行为引导结合起来,使政治环境和自然环境交相辉映、融为一体。会议室布置要突出坚持党对军队绝对领导这个主题,做到统一规范、庄重严肃、简洁整齐。军(师、旅、团)史馆、荣誉室的布置,既要注重反映优良传统和发展历史,又要根据部队发展进步及时充实新内容。文化活动中心和俱乐部等文体活动场所的布置要力求适应各活动场地的不同功能,做到格调高雅、内容贴切、美观协调、生动活泼,思想性、知识性、观赏性、激励性相统一。训练场和野外营地布置要紧贴部队职责使命,着力弘扬战斗精神,宣扬爱军习武、精武强能职业道德,体现战斗性、鼓动性和及时性。

二是把思想政治教育主渠道突出出来。政治环境布置要取得理想效果,应发挥思想政治教育培养人、塑造人的作用,结合不同时机、不同场合、不同任务,有针对性地搞好教育,使官兵由感性认识上升为理性认识。以社会主义核心价值观为主线,以理想信念教育铸"魂",解决官兵信仰什么、听谁指挥等原则性方向性问题,引导大家切实从思想理论、客观规律和发展要求上铸牢忠诚于党的思想根基。以职能使命教育固"本",把"有备无患、忘战必危"的道理讲清楚,把"首战用我、用我必胜"的士气激发出来,切实强化官兵献身使命的责任感和紧迫感。引导官兵把军人特殊的先进性要求搞明白,把自身的责任和义务搞清楚,把模范带头的形象树起来,不断强化官兵崇尚荣誉的价值观念。

三是在营造和谐政治氛围上下功夫。对一个单位来说,营造和谐政治氛围,在一定程度上就是抓风气建设。好的风气是推动工作发展的"催化剂",坏的风气是影响建设的"腐蚀剂"。一种良好的风气就是一个"场",它可以把全体官兵吸引在一起,形成凝聚力、向心力。单位风气正,人际关系协调,官兵就容易受到正面的感染和熏陶,干起工作来就心情舒畅,就能最大限度地发挥主动性创造性。反之,正不压邪,官兵就容易受到消极因素的影响。营造良好风气,政治工作者尤其是领导干部责任重大,必须发挥非权力性影响力,注重自身品德修养,以人格力量影响、感化部属。

(二)精神文化的激励教化功能

军营精神文化属于军营文化的观念形态部分,是军营文化的主要内容和底蕴内核,主要包括精神信念、共同价值观、道德情感、军营风气、人际关系、领导者的言行、光荣传统等,最具有凝聚力、向心力和生命力,对官兵思想行为的内化起着关键性的作用。

一是发挥部队光荣传统的教育激励功能。部队光荣传统是在长期革命和建设实践中形成和积淀下来的团队精神、价值准则和作风方法,是经过实践和时间检验的宝贵精神财富,也是思想政治教育的有效载体。要利用驻地和本单位丰富的教育资源,激发官兵的爱国情怀和革命精神;大力宣扬战斗英雄和先进典型,激励官兵的战斗精神和拼搏精神。

二是发挥道德风尚的人格塑造功能。军营道德风尚是社会主义道德体系在军营生活的具体化,是军营生活中的一种重要的精神杠杆。要把传统美德、社会公德、家庭美德和职业道德寓于军营文化之中,引导官兵"做事先做人,百事德为先",帮助官兵模范遵守各种道德准则,知荣辱,明廉耻,以当代革命军人核心价值观塑造健康、完善的人格。

三是发挥领导干部的示范功能。领导者的个人言行深深地影响着官兵的思想行为和价值准则,正所谓"上行下效"。领导者高尚的人格、严谨的作风、扎实的工作都会被官兵看在眼里、记在心里,对官兵产生积极的示范作用。因此,领导干部要言传身教,树立清正廉洁、纯洁高尚的形象,并着力弘扬正气,纠正不良风气,带动官兵永远保持良好的道德风尚。

(三)信息网络的舆论引导功能

随着信息技术和网络技术的迅猛发展,官兵对"网络文化"的要求日益升温。信息网络作为最新的信息传播与宣传阵地,已成为军营文化硬件建设中与时俱进、不可或缺的一部分。与传统军队基层文化活动方式相比,"网络文化"有着鲜明的时代特点,具有传播的快捷性、内容的广泛性、资源的共享性、功能的开放性、组织的便利性等特征,更贴近官兵求知、求美、求新、求乐的文化需求。因而如何建设好网络,利用好网络,抵制信息垃圾,发挥信息网络的舆论引导功能,把网络这个"最大变量"变成"最大增量",是军营文化软硬件协调共建面临的新难题。

一要更新观念,主动建网。在思想观念上,破除网络条件下思想文化工作无所作为的错误认识,树立用马克思主义占领网络思想文化阵地的观念;破除对正面思想文化宣传"皇帝女儿不愁嫁"的优越感,树立正面思想文化宣传也要讲求"适销对路"的市场观念;破除视网络为"洪水猛兽"的排斥主义观念,树立一切手段为我所用的开放观念,不能再去干"过不去网络关"这样逆时代潮流的事了。

二要主动作为,以优取胜。如何占领网络阵地,如何增强网络的吸引力,如何把握官兵思想脉搏,如何实施有效的教育引导,是军队思想政治教育始终关注的话题。设立以网络图书馆、VR、网络游戏、政工沙龙、影视展播、网上书市、心理热线、流行歌坛、聊天室、游艺室等栏目组成的"网上文化社区",开设"网上育才学校",设置"网上赏析园地",开通"网上风光游览",搭建"网上特长舞台"等军营网络文化活动载体,使官兵在娱乐中学习,在学习中娱乐。妥善处理好传统基层文化工作方式与"网络文化"工作方式相统一的关系、广泛借鉴吸收与发展我军特色的关系、集中组织活动与发挥官兵个性的关系。

三要有效管控,确保安全。因特网可以迅速广泛地传播大量有用的信息,但也存在大量垃圾信息和虚假信息。如何区别网络信息的真伪、良莠,科技本身难以做到这一点。因此,一方面,我们要肯定网络文化的主流作用,不能因为它的弊病而将其全盘否定,加强网络思想教育,把增强网上斗争的意识纳入经常性教育之中,重视开展网络行为道德教育与宣传活动,实施有效的思想疏导,帮助官兵树立正确的世界观、人生观、价值观。另一方面,要通过开设内部网站、过滤局域网站、专设网络集体浏览室,采取人防、法防、技防等多种手段,将网上不良内容的危害降低到最低程度。

(四)法规制度的规范导向功能

军营制度文化是指要求军人共同遵守的办事规程、行为准则和文化体系。包括各种军事礼仪,以及社会规范、行为准则意义下的制度文化,如军容风纪、军事伦理规范等。军营制度文化具有规范导向功能,是软件建设的重要组成部分,保证着军队各项秩序的有条不紊。要发挥其载体功能,完善法规制度体系,将思想教化与制度约束紧密结合起来,帮助官兵完成由他律向自律的转化。

一是制定法规制度应体现文化价值导向。制度具有稳定性、持久性、普遍性等特点,体现一定的文化价值导向。作为一个承担着特殊社会使命的组织群体,一个以武力克敌为特征的武装集团,军队对自身成员的日常行为有着不同于其他社会成员的要求。如军队条令条例和规章制度,都体现了军人这一特定主体在社会关系中的特殊要求,价值导向非常明确。因此,法规制度要与教育目标具有一致性,要紧紧围绕促进以战斗力为中心的军队全面建设和促进官兵全面发展进行设计和安排。

二是在落实法规制度中提高官兵道德素质。制定法规制度的目的在于贯彻落实。完善的规范体系对军人的道德修养、行为准则等都作了具体的规定,为军人提高道德水准提供了重要的行为依据。如军容风纪的相关规定对个体军人的言谈举止作出了约束和引导。在军事实践相关的诸多因素中,许多因素的积极功能只有在一定的制度条件下才能得以发挥,而一些因素的消极功能也只有通过一定的制度安排才能被抑制。因此,必须抓好制度落实,在落实中提高官兵道德素质。

三是在遵章守纪中启发官兵自觉。制定制度规范的目的是通过制度的强制力量来传达制度背后的价值观念,启发官兵的自觉行为,其最终目的在于将整个军队凝聚为一体,统一意志,统一行动,履行使命。广大官兵通过教育启发,亲身实践,在日常遵章守纪的过程中感受纪律尊严,获得道德感悟,产生向善的道德心理趋向,养成高尚的道德品质和行为习惯。

第四节　促进中国特色军事文化的不断跃升

"一种文化的建立与发展,不仅离不开总体理论的设计和探讨,同时更离不开这种文化赖以依附的客观历史过程。"①从历史长远的范围来看,客观历史过程对于文化发展的推动更为根本。实现强军目标,把我军全面建成世界一流军队的伟大实践,这是社会生产力不断进步在军事领域的反映,将

---

① 杨善民、韩锋:《文化哲学》,山东大学出版社,2002 年,第 301 页。

强劲地推动军事文化的转型发展。军事文化转型是时代赋予的使命,体现军事文化发展的自觉程度,不仅影响军事文化自身的发展,也深深地影响着军事实践的发展进程。军事文化转型是军事力量转型的重要部分,甚至是军事力量转型的最终尺度。当前我军借助社会工业化、信息化基础,跨越式发展的步子走得很快,特别是进入新时代,陆续列装了很多新型装备,但是与新型装备相适应的理论基础、战术理念等思想行为方式,却有些滞后,存在新装备不会用、不敢用的现象。这种现象告诉我们,精神上的转型比物质上的转型更加复杂。前进道路从来不是一帆风顺的,但掌握了自己命运、团结起来的人民必将战胜一切艰难险阻,不断创造历史伟业。军队思想政治教育要勇敢地担当起这种责任,积极地推动军事文化的自觉,积极地推进军事文化的现代化转型,为军事力量的整体转型做出自己应有的贡献。

一、积极适应军事文化转型和发展的整体步伐

问渠那得清如许,为有源头活水来。在开放的时代,文化转型的动力来自交流和变革。

（一）加强交流,为军事文化的转型发展奠定基础

“文化系统中的任何一部分必须用另外的部分才能得到说明和解释;文化主体——人,是全部社会关系的总和,他的本质表现在与自身之外的社会互动中。”[①]这种关系的互动其实就是一种文化的交流与传播。因此可以说,文化的交流与传播是文化的一种存在方式,也是文化的本质特点之一。在开放的世界中,文化的交流与传播得到了不断加强,特别是在全球化与信息化的推动之下,文化的这种本质得到了前所未有的强化,加速了文化的兴衰历程。在这样一种世界性的文化境遇中,任何文化的存在与发展都需要积

---

① 杨善民、韩锋:《文化哲学》,山东大学出版社,2002 年,第 102 页。

极地交流,以交流的方式改善自我和环境。世界文化不平等格局不可能通过欠发达或发展中国家和地区的文化的自我封闭和隔绝而真正打破,相反,文化全球化所包含的文化冲突和文化对话的机制则可能为消解西方的文化霸权提供条件。只有以这种交流的方式才可能为文化系统的自身整合创造有利条件,文化的整合也必须以文化交流作为前提和保障。文化整合的过程,也就是将各种文化相异因素进行有选择地吸纳,将它们融成一体,实现自身内部和谐的过程。和谐是有机系统的一种存在方式,表征为系统各因子之间良性互动、共生共荣、多元一体。古人云,和生万物,同则不继。和谐程度是文化整合程度的基本尺度,高度整合意味着高度和谐,文化内外不和谐,说明文化整合还有很大空间。文化内外和谐是一种动态的过程,不是一种静止的状态;是一种永恒的追求,不是一种一劳永逸的结果。文化和谐是文化发展的结果,更是文化发展的基础。文化和谐程度也是文化生命力的表征,和谐程度高则文化生命力强,生命力强则自适能力就强,自适能力强则发展能力就强。

军队文化必须充分利用开放世界的特点,积极地与外界交流,特别是要走出国门,与世界各军事强国进行军事文化交流。尤其是我们海军、空军的发展,历史经验少,要实现"弯道超车",从限距到并距,从并距到领跑的跃迁,必须向国外学习。另外,我国农耕型陆地防御式的战略文化,本身所带有的尚武精神弱化倾向,也迫切要求吸纳西方航海型海上进攻式战略文化的优长。这种吸纳,也离不开交流,离不开战略性的文化交流。通过战略性设计,多方面多层次进行交流,是实现军事文化内外和谐的必由之路。

当前文化交流需要把握两方面的重点:一方面要树立"交流育人"的理念,加强新型军事人才的培育力度。现代战争对于军人的素质特别是新型高素质的要求越来越高,有人甚至称现代部队是"精英型部队"。精英型复合人才,必须通过人才交叉培训才可以培育出来。因而我军迫切需要走出军内外、国内外交叉育人的模式,以拓宽人才的眼界,改善人才的知识结构,真正培育出复合型人才。人才交流是军事文化交流的重要部分,通过人才的交流才能从本源上激起文化交流的动力,在更深层次上奠定文化交流的基础。另一方面,要树立"交流建军"的理念,把军事实践的交流纳入常规的军队建设当中。军事虽然是对抗性很强的领域,但它同时也是对联合要求很强的领域。通过军事联合演习、联合维稳、军队代表团的互访等方式,可以让彼此了解对方的作战理念和作战思想,促进彼此共同提高。虽然这种方法可能会暴露我军建设中的一些问题,但是不通过比较,很多问题可能发现不了,更没有改进的机会和可能。敢于对外进行军事实践活动交流,说明了军事文化主体的自信,善于对外交流,也是促进部队建设的有效路径。通过人才和实践的交流,改善文化主体的文化环境,这样才能在更为广阔的领域内吸纳各种积极因素,整合成具有自身特色的文化体系,为军事文化的进一步发展打下基础。

我军思想政治教育要积极地为军事文化交流创造条件,首先是为文化交流作好必要的思想准备。文化交流是文化发展的基础,对于军事文化特别是转型期的我军文化发展具有特别重要的意义。思想政治教育必须引导大家充分认识到这一点,扫除思想上的障碍。其次是为文化交流作好知识准备。文化交流特别是对外文化交流,有很多工作要做,其中重要的是文化交流中知识的了解和把握,比如交流中需要注意的问题和基本技巧等。只有掌握了相应的知识,才可能真正驾驭好文化交流。最后是不断总结交流经验。文化交流作为一种常态化的任务,需要有理论上的指导。理论来源于经验总结,总结的任务必须由思想政治教育来完成。总之,我军思想政治教育在文化发展中,首先要把握好军事文化的交流这一环节,为军事文化的后续发展奠定基础。

（二）力求变革，推动军事文化的创新发展

创新是一种能力，更是一种精神。提高自主创新能力，建设创新型国家。这是国家发展战略的核心，是提高综合国力的关键。要坚持走中国特色自主创新道路，把增强自主创新能力贯彻到现代化建设各个方面。在文化发展上，要大力推进文化创新，增强文化发展活力。在时代的高起点上推动文化内容形式、体制机制、传播手段创新，解放和发展文化生产力，是繁荣文化的必由之路。创新已经成为我们这个时代的典型特征，没有创新就没有未来，没有未来就没有发展。国际经合组织（OECD）认为，知识经济的本质是国家创新体系，或者说，一种新的创新体系构成了知识经济的基本存在方式。创新依赖于人对创造性精神的追求与实践，人的创新能力的发挥需要和谐的文化氛围。在一种宽容、积极的氛围中，人的创造激情才能得到普遍性的最好发挥。真正的和谐氛围，也必然要求充满创新精神。没有创新精神，和谐也难有长远发展。和谐创新的氛围有利于创新思维、创新情感、创新人格的培养，能为科技创新插上健康有力的翅膀。而且观念的创新、科技的创新、体制的创新都要回归于文化的创新，这不仅是逻辑的必然，也是历史的必然。创新是推动文化发展最强劲的动力，文化发展的最本质特点就是创新。

文化传承和发展对科技进步和创新有着直接的重大影响。新时代，国防和军队建设正站在新的历史起点上。如期实现建军一百年奋斗目标，加快把人民军队建成世界一流军队，是全面建设社会主义现代化国家的战略要求。这是一项没有多少历史经验可用的开拓性工程，不管从战略层面设计还是到具体的技术与战术应用，都面临着多重挑战。一方面，需要积极地吸纳国外的先进经验，以尽快跟上世界强国的军队建设水平；另一方面，又需要大胆瞄准前沿，探索自己的路径，以赶超国际先进水平，这两个方面都离不开创新这一核心要素。只有创新才能真正借鉴和吸收外国经验。正如毛泽东强调的："中国应该大量吸收外国的进步文化，作为自己文化食粮的原料，这种工作过去还做得很不够。"①同时要求取其精华、去其糟粕。这种文化整合是一个艰辛的文化创新工作。只有创新才能真正赶超世界先进水平。借鉴和吸纳外国经验，是必不可少的环节，但是仅仅这样，只能是永远地跟在别人后面，永远不可能有赶超的可能。还必须瞄准发展前沿，积极探索，大胆创新，立足自身，才有可能赶超先进水平，才有可能开拓出新局面。

军队思想政治教育必须进一步营造创新的环境氛围，彰显创新的时代精神。一方面，要切实从党和人民事业全局来选才、敬才、取才、育才、用才，为培养和吸纳世界一流人才作好必要的人文环境准备。人才直接关系国家和民族的明天。要牢固树立人才资源是第一资源的观念，充分发挥人才资源开发在经济社会发展中的基础性、战略性、决定性作用。要牢固树立人人都可以成才的观念，坚持德才兼备原则，把品德、知识、能力和业绩作为衡量人才的主要标准，不唯学历、不唯职称、不唯资历、不唯身份。牢固树立"三位一体"育人的观念，把促进人才健康成长和充分发挥人才作用放在首要位置。遵循人才成长规律，不拘一格，广纳群贤，在创新实践中发现人才、使用人才，在创新活动中培育人才、锻炼人才，在创新事业中凝聚人才、成就人才。另一方面，要把创新精神转化为普遍性追求，形成创新智慧竞相迸发、创新人才大量涌现的良好态势。充分发挥党的思想政治优势、组织优势和密切联系群众的优势，为做好人才工作提供坚强的政治保证，更好地统筹人才工作，更好地组织起人才大军。军队思想政治教育要站在完成新时代使命的高度，紧紧围绕创新精神的培育，坚持以习近平新时代中国特色社会主义思想的指导，坚持为部队战斗力服务、为官兵服务的方向和坚持贴近实际、贴近生活、贴近官兵的原则，增强自身工作的主动性、针对性、实效性和

---

① 《毛泽东选集》(第二卷)，人民出版社，1991年，第706页。

时代感,在为实现强军目标、全面把我军建设成为世界一流军队提供强大精神动力、智力保障和人才支持中,积极推动军事文化的创新发展。

二、服务和保证新时代中国军事文化健康发展

当今时代,互联网已成为思想文化信息的集散地和社会舆论的放大器,我们要充分认识以互联网为代表的新型媒体的社会影响力,高度重视互联网的建设、运用、管理,努力使互联网成为传播社会主义先进文化的前沿阵地、提供公共文化服务的有效平台、促进人们精神生活健康发展的广阔空间。在军事文化大整合的背景下,思想政治教育文化整合必须联系所担负的使命,才能实现军事文化和思想政治教育本身的更好发展。各种军事文化整合所面临的挑战,也都是思想政治教育文化整合所要克服的难题。因此,我军思想政治教育文化整合的基点,始终要定在为强军实践顺利发展提供服务和保障上,始终定在"四个战略支撑"时代使命的实现上。我军思想政治教育文化整合的目标,始终要围绕军事文化功能的实现和扩张,努力实现军队思想政治教育的三大功能,即弘扬民族精神与彰显时代精神、关怀生命与引领生活、凸显和谐精神与激发战斗精神。我军思想政治教育文化整合的方法,要始终坚持文化资源整合和文化精神整合两条基本遵循。只有明确了自身发展所具备的条件、目标和路径,军队思想政治教育文化整合才能有效完成自身的使命——服务和保证强军兴军的伟大实践和新时代中国军事文化建构。

(一)整合世界军事文化的先进因素,增强新时代中国军事文化的生命力

思想的锈蚀比枪炮的锈蚀更可怕。回顾我国历史,多少支曾经称霸一时的雄师劲旅在和平环境的腐蚀下,变得弱不禁风。尚武传统及尚武精神在我国历史上呈现一种周期性的强弱起伏,似乎是农耕文明固有的顽疾。

长期的和平环境使我军的战斗精神培育面临着诸多难题,虽然不断进行教育,但当"和平兵"、做"和平官"的思想在一部分官兵中依然存在。作为我军传统优势的战斗精神、战斗士气正面临严重挑战。重新塑造军队的战斗精神,是军事文化整合特别是我军思想政治教育文化整合中不可不重视的焦点之一。

曾几何时,我们可以蔑视一切反动派,可以说他们是"钢多气少"的"纸老虎"。曾经一说到打仗立功,从军官到士兵,从军人到百姓都热血沸腾、跃跃欲试。我们的军队,从总体上说,仍然保持着这种优良的传统,这是不容置疑的。但是同样也应看到,尚武传统在经济大潮的冲击之下,正面临着新的考验,尚武精神在市场经济的冲击下,正面临着许多新的问题。当然,提倡尚武传统,并非一定要像霸权主义和强权思维者那样,到处炫耀武力。提倡尚武精神,是要坚持军队的本色和精神,坚持军队的职责与使命。共产党人永远不当战争贩子,饱受战争磨难的中华民族也备知和平之珍贵。但是任何人都不要低估人民军队维护国家主权、安全、尊严的强大能力和坚定意志。当前,随着强军实践的不断发展,我军的使命任务得到极大的拓展,我军实践活动推向了世界舞台、前台。因此,不管是从扬弃文化传统内在的弱点来看,还是从满足当前强军实践的新需求来看,我们都需要军事文化能够站在世界的层面进行整合,吸纳世界军事强国的先进精神。对于我军思想政治教育来说,也需要站在世界的高度,直面自身文化的不足,虚心吸纳世界先进军事文化因素,使战斗精神的培育拥有世界的大背景,具备世界级的前景。新时代中国军事文化的建构与作用彰显,必然需要一种更为高远的战略眼光,把相对的各种文化特质整合到一起,取人之长、补己之短,也正是军队思想政治教育文化整合的必经之路。

(二)整合传统军事文化,铸造新时代中国军事文化的合和力

人类命运共同体是中华民族应对现代性文化安全危机所提出来的新文

化思维与实践。以文化参与和文化的影响去消解和平崛起过程中出现和产生的各种国际文化力量,以文化全球化的形式和机制实现中国和平崛起的战略目的。这应当成为中国文化在和平崛起上走向世界的战略重点。可以说,人类命运共同体文化凝聚着中华优秀传统文化的精华,在意识形态和心理领域有着强大的吸引力、凝聚力和渗透力,不仅蕴含着维护和拓展中国发展战略机遇期的智慧,而且蕴含着解决生态危机、精神危机等人类现代性危机的智慧。人类命运共同体文化不仅赋予了中国文化发展以新内容和新使命,也赋予了新时代中国军事文化发展以新内容和新使命。

构建人类命运共同体,是"和"文化在新时代的世界图谱,也是中国共产党为世界谋大同的初心与使命。大同,也具有"和"文化的各种特质。"合和"精神对于军队来说,一方面体现于其追求内部关系的和谐,比如"官兵一致"的人际关系原则、诸军兵种一体化联合作战的结构关系原则;另一方面体现于追求外部关系的和谐,比如"全心全意为人民服务"建军宗旨的价值共生追求、"军民融合发展"之现实选择的结构共荣追求,此外还体现于追求世界乃至生态环境的整体和谐,比如与其他国家一起进行维和、反恐等人道的、正义的军事行动,同时,还要作为一种战略力量的存在,保障世界和国家的安全顺利发展。这种和谐精神,深深地蕴藏于我军的古代军事传统之中,也蕴藏于革命军队文化传统之中,需要进一步加以挖掘和整合,使其获得更深刻的内涵,获得更为深远的现实解释力,获得更加强大的现实指导力。而这也正是军队思想政治教育文化整合的使命和路径选择,而且整合之后,还要把这种精神转化为官兵的自觉追求。确立为中华民族谋复兴、为中国人民谋幸福、为世界谋大同的最优文化战略途径,就是把为中华民族谋复兴、为中国人民谋幸福、为世界谋大同作为一种新的民族和国家的文化精神与凝聚力量,用为中华民族谋复兴、为中国人民谋幸福、为世界谋大同来涵养国家和民族新的文化气质和胸襟,从而使和平崛起成为中国的国家战略理念,对内成为每个人的崇高理想和自觉的文化追求。作为国家重要组成部分的军队,应当走在社会的前列。要担此重任,军队思想政治教育文化整合可谓任重而道远。

(三)整合思想政治教育文化,提升中国特色军事文化的影响力

思想政治教育一直是我军的优良传统和政治优势,在漫长的历史中积累了很多经验和做法,形成了自身特有的文化。我军思想政治教育文化不管在革命战争年代还是在和平建设时期,都留下了让世人惊叹的辉煌,一度成为国内外学者和军事专家研究和学习的对象。但是随着历史条件的不断变,人们思想方式的不断更新,官兵对思想政治教育的方式方法提出了更高的要求,一些曾经十分行之有效的做法渐渐失去了其效用。比如,新时代的青年官兵"边界感"很强,对于传统的袒露内心想法的领导谈心方式热情不高,他们更趋向于以一种更为隐蔽的方式来表达自身的思想情绪。再比如,在文化大变迁的时代里,人们普遍感到紧张匆忙,心理问题调适的难度和需求不断增加,这就对传统思想政治教育文化功能提出了更高的要求。随着传播学、网络科学、管理学、教育学、心理学、脑科学等学科的不断发展,在人类认知本质特点的认识上和人类潜能的开发上有了很多新的发现,而且在教育领域和社会现实生活中取得了一定的实践成果。其中很多教育理念和教育方法与军队思想政治教育的传统方法差别很大,而且非常值得借鉴与吸纳。这就需要军队思想政治教育主体要积极主动地去整合,把这些富有鲜明时代特征的文化因素充实到自身系统之中。

新时代中国军事文化不仅凝结着军事文化整合的成果,也凝结着军事文化整合的精神。军队思想政治教育在传播新时代中国军事文化成果时,一方面要传播其理论知识,另一方面要传播其理论精神。理论精神的传播,一方面来自理论形成过程的再现,另一方面来自自身的贯彻示范。思想政治教育作为一种文化,其对理论精神的态度无疑也会影响其传播的效果。

比如在"官兵主体"理念的传播中,思想政治教育本身就有很多事情要做,因为这一理念不仅是落实各项工作的原则和方法,更是思想政治教育本身的指导原则和方法论。教育主体又是教育客体,这种身份决定了思想政治教育需要当好贯彻先进理论精神的典型。综上所述,不管是思想政治教育文化自身发展的需要,还是新时代中国军事文化健康发展的需要,都要求思想政治教育完成自身的整合,以促进文化传播的效益,提升新时代中国军事文化的影响力。

三、努力实现新时代中国军事文化的文化自觉

文化自觉是指文化主体对自身文化有自知之明,明白其历史渊源、形成过程、文化特色、现实境遇及发展趋势,并对文化创新甚至转型具有自主能力,始终保持适应新时代环境的文化自主地位。"文化自觉"概念的提出,得到了学术界的普遍认同,并逐步把它发展成为一种新时代的文化发展观。这种文化发展观,是区别于"文化割据主义""文化霸权主义"的一种新的文化发展观。它蕴含着中国传统优秀文化的基本精神,是在社会文化信息化和世界文化多元化的文化生存境遇下,对西方"文明冲突论"的一种抛弃与超越。文化自觉不仅需要主体内在的觉醒、内心的自信,也需要主体外部环境的许可。在文化霸权主义的强烈冲击下,实力不强的文化,文化上的自觉就难以实现。因此,文化自觉、文化自信、文化发展与文化安全是互为提前、互为条件的相互依存关系,缺少谁都不行,只能在相互促进中共同前进。针对当前我们面临的文化安全危机,牢牢把握文化发展这一环节,用文化来求安全,用安全来求自觉、自信与强大,是我们文化发展的共同选择。

军事文化自觉是民族文化自觉的一部分,在文化自觉过程中必须时刻不忘对民族文化自觉的贡献。当文化走向未来的时候,总离不开对现在的选择,对未来的不同观念。有关未来的各种意向,总是来自对现在各种各样

的文化潮流和趋势所作的选择。当前,我国战略性挑战与战略性机遇并存,军事文化作为民族文化的重要组成部分,对于应对军事上的传统安全威胁和文化上的非传统安全威胁,对于军队及民族的未来命运有着非常关键的影响。新时代中国军事文化不仅要促进军事实力的增强,确保其本身的安全发展,还要为提升民族精神,进而为促进世界和平做出贡献,这是时代赋予军事文化自觉的使命。这就一方面需要新时代中国军事文化充分发展,用发展来谋取安全,化解国家军事上的安全威胁和军事文化上的文化威胁,然后再做大做强,积极地影响民族文化的发展,进而为世界军事文化的和谐发展做出自己应有的贡献;另一方面需要有长远的战略眼光,以一种世界性、历史性的大视野,来谋划军事文化全过程的发展,以吸纳更多更好的文化积极因素,实现自身之美好愿景的战略性聚合。

军队思想政治教育文化自觉,则是军事文化自觉的重要部分和关键环节。军队思想政治教育是军事文化的重要组成部分,也是军事文化自觉的主要推动者之一。所以军队思想政治教育文化选择,应该始终把自己定位在促进军事文化自觉的使命上。一种文化的建立与发展,不仅离不开总体理论的设计和探讨,同时更离不开这种文化赖以依附的客观历史过程。军队思想政治教育推动军事文化自觉,应该遵循两个基本点:一是加强战略层面的设计,以先进的理论和理念来引领军事文化的自觉历程,谋求军事文化的积极发展态势。二是加强对军事实践的适应和引导,紧贴军事的客观历史实践,不断从群众中汲取养分,充实完善文化实力,然后再用文化实力推动实践的发展。坚持这两个基本点,军事文化自觉就可以成功应对各种文化安全风险,在自觉的过程中,实现军事文化跃迁,促进军事实力的强大。

军事理论和文化的创新则是实现新时代中国军事文化之文化自觉的重要手段。理论创新和文化创新对于一个国家和民族的灵魂构造来说,同样具有决定前途与命运的生死存亡的意义。理论创新和文化创新对于军队来说,具有决定前途和命运的重要作用。对于这一点,我们既有成功的经验,也有失误的教训。革命的不断胜利和军队建设的不断发展,得益于正确的理论指导,革命的挫折和军队建设的失误,则来源于指导理论的偏差。但是从总体上看,我军的军事指导理论始终坚持创新发展的原则,这正是我军能克服各种偏差,把正航向的根本原因。新时代,以习近平同志为核心的党中央,针对国际形势复杂多变,以及国家安全的综合性、复杂性和多变性显著增强的趋势,着眼新时代党和国家对国防和军队建设的特殊要求,在强军兴军的伟大实践中实现了人民军队指导理论的又一次与时俱进,形成了习近平强军思想。习近平强军思想立论于马克思主义基本原理,立足新时代国防和军队鲜活实践,深刻回答了强军兴军的使命任务、目标方向、原则制度、根本指向、战略布局、重要路径等一系列根本性问题,是一个逻辑严密、意蕴深远的科学军事理论体系。习近平强军思想既是军事文化新的发展内容,也是军事文化新的发展方向。

军队思想政治教育文化自觉对军事理论和文化的创新起着推动促进作用。其担负的理论武装工作,实质上也是朝着理论指导的方向,不断推进文化发展的过程。从某种意义来说,军事创新指导理论虽然属于上层精英文化,但其形成也有着丰富的群众实践背景,也有着丰富的理论探索背景。因而在传播的过程中,需要从其产生的背景中,整合相应的原始元素,使创新理论在传播过程中更具时间与空间的立体感,从而加深对于理论的理解和贯彻。比如,要教育宣传党对人民军队的绝对领导、人民军队的根本宗旨、新时代的强军目标、"四个战略支撑"时代使命等相关历史和理论,必须让官兵了解其产生的时代背景和来龙去脉,把其中的传统因素、时代因素及其他因素作一定程度的再现,让人更容易理解其精神要旨。这种再现其实也是一种理论还原,需要以创新理论为牵引,追溯其历史形成,连接到相应的文化资源,并从中找到紧要关联。在这个过程中,最为关键的任务是相关资源的有效整合,这也正是思想政治教育文化整合的使命。传播过程中再现理论创新的过程,不仅可以增加理论传播的效率,更可以传播理论创新的精神。理论不只是知识,更是一种精神,精神传播的功用显然要大于知识的传播。所以我军思想政治教育要完成好官兵的思想引导、理论武装工作,对党的创新理论的相应文化资源进行整合,是其必然要求,也正是思想政治教育文化整合的必选路径。

第六章
思想政治教育文化选择的时代际遇

每个时代都有属于自己的问题,每个时代的主要问题构成重大时代课题。把握重大时代课题,解决重大时代课题,才能找到引领时代进步的路标,才能创造一个新的伟大时代。当前,我国安全环境、军事斗争态势、我军使命任务、现代战争形态、军队组织形态、国防和军队现代化目标任务都发生变化。教育在发挥铸魂育人作用的同时,也还存在滞后于信息网络时代发展、脱离官兵成分结构的新变化、游离于备战打仗中心任务的情况。时代变了,对象变了,教育必须跟着变。这种"变",无疑就是一种选择,一种文化选择。这种文化选择只能在党和国家的中心任务、军队的当前任务规定之下来进行。军队思想政治教育文化选择就是要引导全军官兵自觉把思想和行动统一到党中央和中央军委决策部署上来,站在政治和大局高度认识改革、支持改革、服从改革。因此,军队思想政治教育要坚持以学习贯彻习近平强军思想为目标,加大政策解读力度,把改革精神讲全讲透,有针对性地做好解疑释惑工作,引导官兵在解放思想中统一思想,最大限度凝聚改革正能量。

第一节　中国梦引领下的军心士气

梦想是对美好未来的向望、追求和期盼,是前进的明灯,是拼搏动力的源泉。有人类生活的地方,就有梦想飞翔。同样,每个国家和民族都有属于自己的梦想,并在自己的发展过程中赋予其丰富多彩的价值内涵。一个没有梦想的人,如鸟儿没有翅膀;一个没有梦想的民族,注定没有前途和希望。在中国迈向现代化新的历史征途上,习近平将实现中华民族伟大复兴的中国梦上升为整个国家、民族和人民的意志和共识,激活了中华民族五千年文明和中华儿女心灵深处的集体渴望与奋发有为的激情。因为这个梦想,凝聚着近代以来无数仁人志士的探索奋斗,表达出各族人民对未来美好生活的憧憬,包含着中国走向未来的道路自信、理论自信、制度自信、文化自信。美好的梦想需要用汗水去浇灌,需要用行动去证明。实现中华民族伟大复兴的中国梦,既是一个内涵丰富的目标,也是一个与时俱进的目标,其价值必然蕴含着丰富的时代内涵。

一、梦想呈现蓝图——中国梦赋予全国人民以明确的奋斗目标

人奋斗总是要有目标的,为目标而努力,为理想而奋斗,就算再苦再累也会心甘情愿,也会义无反顾。中国梦就为中国社会和中国人民确立了这样一个目标,赋予我们奋斗以意义。那么究竟何谓中国梦？习近平在国家博物馆参观复兴之路展览时指出:"我以为,实现中华民族伟大复兴,就是中华民族近代以来最伟大的梦想。"①梦的内容反映的是追求,体现的是抱负。中国梦的提出,进一步表明了近代以来中华民族从传统向现代转型的自觉意识,进一步展现了我们党对近代以来中国革命、建设所蕴含的价值取向的坚守,进一步强化了改革开放以来我国一直恪守的发展道路和奋斗目标。然而中国仍处于并将长期处于社会主义初级阶段的基本国情没有变,中国

---

① 中共中央文献研究室:《习近平关于实现中华民族伟大复兴的中国梦论述摘编》,中央文献出版社,2013 年,第 1 页。

是世界最大的发展中国家的国际地位没有变。展望未来,要把蓝图变为现实,还有很长的路要走,需要我们付出长期艰苦的努力,要在这样一个漫长的历史征程中始终不灰心丧气、不松懈动摇,梦想激励、理想引领尤为可贵。然而梦想只有成为一种清晰的思想意识和坚定的理想信念时,才能走上向现实转化的道路。因此,我们只有正确认识、科学把握中华民族复兴的丰富内涵、基本特征与时代要求,才能把握机遇和挑战,步伐坚定地朝着这一目标迈进。

(一)要准确理解中国梦的丰富内涵

对近现代中华儿女来说,实现中华民族伟大复兴绝不仅是一句豪言壮语,而是有着十分深刻的内涵。习近平强调:"实现中华民族伟大复兴的中国梦,就是要实现国家富强、民族振兴、人民幸福。"[1]这一论断揭示了中国梦的内涵和本质属性。国家不富强,就会被人欺侮,中华民族就不可能巍然屹立于世界民族之林;民族不振兴,就无颜担当龙的传人,就会缺少前行的灯塔;没有人民幸福,强国梦、振兴梦的实现势必是无源之水、无本之木。中国梦是国家梦、民族梦、人民梦的有机统一,三者唇齿相依,缺一不可。

(二)要科学把握中国梦的基本特征

当代中国所处的发展阶段使中国梦呈现出诸多时代特征。一是人民性。实现中华民族伟大复兴,就是要充分发挥人民群众的积极性、主动性、创造性,让人民群众自己当家做主建设自己的社会,让中国人民过上更加富裕、更有尊严的生活,实现每个人自由而全面的发展。二是创新性。中国梦是人类社会前所未有的一个崭新的梦,其前景在深化改革,必须以开拓创新为支撑,用创新、实干实现新梦想。三是世界性。中国梦不是民族主义的"狭隘梦",而是推动人类文明进步、维护世界和平稳定、增进人类共同利益

―――――――――――

① 《习近平谈治国理政》(第一卷),外文出版社,2018年,第39页。

的重要积极因素,在复兴的伟大进程中,必将为全人类做出新的更大贡献。

（三）要严格遵循实现中国梦的时代要求

梦想不同,圆梦的路径也不尽相同。实现中国梦必须走中国道路,必须弘扬中国精神,必须凝聚中国力量。这是实现中国梦的正确的路径选择。道路问题关乎国家前途、民族命运、人民幸福,关系党和国家事业兴衰成败,坚持中国特色社会主义道路进一步指明了中国梦的前进轨迹;以爱国主义为核心的民族精神和以改革创新为核心的时代精神,是中华民族自强不息、发展壮大的强大精神支柱,也是我们实现中国梦的精神支撑;中国梦作为中国各族人民利益的汇合点,是中国力量的着力点、聚焦点、落脚点,这必将凝聚各族人民的共识、团结汇聚力量,为实现中国梦的宏伟目标而共同奋斗。

二、梦想凝聚共识——中国梦激发了全国人民攻坚克难的动力和勇气

在社会转型分化的背景下,每个人、每个群体、每个阶层都有自己的梦想,这些梦想往往各有诉求甚至大相径庭。同时,民族复兴梦想之路越切近,新情况、新问题就越多:从国内看,我们处于全面建成小康社会和全面深化改革开放的进程之中,人民日益增长的物质文化需要同落后的社会生产之间的矛盾处于质变的关键节点,各种社会矛盾凸显,深化改革面临重重难关;从国际看,我们处于赶超世界发达国家的特殊跨越时期,对全球战略格局正在产生深远影响,国际社会的关注度越来越高,导致遏制我国发展的阻力空前增大。梦想凝聚共识,无论面对什么样的困难,对复兴梦想的不懈追寻始终是我们的动力之源、勇气之源。在我们离民族复兴从未如此之近、遇到阻力从未如此之大的时代背景下,在社会转型观念波动、利益多元社会环境下,需要一个共同梦想,来求同存异,形成共识,凝聚力量。中国梦的提出,可谓恰逢其时。因为这个梦想,凝聚了几代中国人的夙愿,体现了中华民族和中国人民的整体利益,表达了当代中国人民的理想和追求,是每一个

中华儿女的共同期盼。通过中国梦唤起人们美好的憧憬,把不同阶层、不同群体、不同个人的五彩缤纷梦想汇聚为一个共同的追求与愿景,最大限度为实现国家富强、民族振兴、人民幸福而凝聚人心的伟力,给人以团结奋斗、攻坚克难的勇气和力量。

(一)中国梦催生着攻坚克难的强劲动力

人民群众对自己利益的追求是创造历史的强大动力。实现中华民族伟大复兴,呈现了中华儿女不懈追求的美好愿景,描绘了实现好维护好发展好最广大人民根本利益的宏伟蓝图,道出了中华民族内心深处的集体意识,揭示了中国梦最为本质的核心内容。既然是一个梦想,那么它必然是关乎人们尚未实现但又在努力争取实现的事情,并由此催生强烈的奋斗动机和动力。中国人民实现中国梦的动力是强烈而迫切的,共圆中国梦,必将焕发出共同理想、共同目标、共同事业所具有的强大凝聚力。

(二)中国梦提升着攻坚克难的高度自信

中华民族有着悠久灿烂的文明,长期居于世界文明发展的先进行列。虽然近代以来,中华民族遭受了深重苦难,付出了重大牺牲,辉煌不再,但自中国共产党成立以后,中华民族的伟大复兴梦又翻开崭新的一页。经过二十八年艰苦卓绝的奋斗,根本性地解决了"救亡图存"的世纪难题;经过七十多年的建设和改革,各族人民一步步走上小康之路,阶段性地破解了"发展富强"的百年难题。实现中国梦的征途不是坦途,但人们已经看到实现中国梦曙光在前,再也不是遥不可及的幻梦。正如习近平所指出:"现在,我们比历史上任何时期都更接近实现中华民族伟大复兴的目标,比历史上任何时期都更有信心、更有能力实现这个目标。"①

---

① 《习近平谈治国理政》(第一卷),外文出版社,2018年,第50页。

（三）中国梦激发着攻坚克难的巨大勇气

追梦是因为现实不尽如人意,圆梦就要去直面现实、改造现实。面对不满意的现状,我们很多的时候不是因为没有办法改变,而是因为没有改变的勇气。在社会主义初级阶段的背景下建成小康社会,在 14 亿多人口的国度中实现共同富裕,在为西方主导的世界格局中实现大国的和平发展等,所有这些没有攻坚克难、勇于创新的巨大勇气难以实现。中国梦将唤起人们美好的憧憬,激发人们攻坚克难的巨大勇气。

三、梦想融通世界——中国梦树立了与世界共同和谐发展的新范式

每个人有每个人的梦想,一代人有一代人的梦想,一个民族有一个民族的梦想。梦想的内容或许不同,但梦想的精神却能穿越任何政治和文化的隔阂。"一花独放不是春,百花齐放春满园。"中国梦是和平、发展、合作、共赢的梦,与世界各国人民的美好梦想有相融相通地方。"我们要实现的中国梦,不仅造福中国人民,而且造福各国人民。"[1]中国梦坚守中华民族爱好和平、珍惜和平、维护和平的优良传统、美好愿望和坚定意志,打破了历史上"国强必霸"的历史定律,不会走西方殖民者掠夺他国资源的老路,不会走军国主义者侵略他国的歧路,也不会走霸权主义的邪路;中国梦倡导人类命运共同体意识,开创了当代社会主义坚持和平发展、开放发展、合作发展、共赢发展的新境界,在追求本国利益时兼顾他国合理关切,在谋求本国发展中促进各国共同发展;中国梦坚持把中国人民利益同各国人民共同利益结合起来,以更加积极的姿态参与国际事务,共同应对全球性挑战,共同破解人类发展难题。总之,中国梦的实现是复兴而不是复古,是崛起而不是威胁。中国梦始终秉承与维护世界的"和平梦"、促进人类共同发展的"进步梦"同步,

---

① 《习近平谈治国理政》(第一卷),外文出版社,2018 年,第 56 页。

树立了中国与世界和谐发展的新范式。

一是既要注重铸造自己的梦想,更应善于阐释自己的梦想。相融相通的前提是彼此了解,而了解的基础则是价值分享。目前,外界有些人对中国梦存在一些误解和曲解,很大一部分原因就在于不了解。在世界多极化、经济全球化深入发展,文化多样化、社会信息化持续推进,科技革命孕育新突破的背景下,中国梦不仅靠我们自己苦干实干来铸造,还要善于跟世界沟通中国的梦想,告诉世人中国梦是世界梦的重要组成部分,向所有关心关注中国发展的世界民众展示自己的梦想,让世界感受中国梦的实现本身是对人类社会的巨大贡献的梦想进程。

二是既要与世界各国共享战略机遇,更需共同应对挑战。在各国利益高度融合的时代实现中国梦,要在努力追求并维护自身的重要战略机遇期的同时,还应摒弃"独占""独有""独霸"思维,树立"共有""共享""共赢"理念,善于把中国的机遇转化为世界机遇。同时还要看到,当今世界一个国家或地区的发展面临的风险,往往也会波及其他国家或地区。因此,在实现中国梦的历史进程中,应站在全人类共同利益的战略高度,不对外转嫁危机,树立团结协作意识,携手应对共同面临的危机和挑战,体现惠济天下的大国胸襟和分担全球责任的铁肩道义。

三是既要关注自己的发展,更要关心人类文明的进步。复兴不仅是经济政治的复兴,更是文化文明的复兴。在漫长的历史进程中,中华民族为人类文明做出了杰出贡献。复兴的中国将继续立足自身,努力奋斗,主动吸收借鉴人类一切先进的文明成果,实现中华民族的伟大梦想。同时,我们在实现中国梦的历史进程中,要积极倡导人类命运共同体意识,增进人类共同利益;始终不渝走和平发展道路,坚持在和平共处五项原则基础上全面发展同各国的友好合作;始终高举和平、发展、合作、共赢的旗帜,坚定不移致力于维护世界和平、促进共同发展;等等。以此丰富、拓展推进人类文明发展的新途径,为推动人类文明跃升提供有益借鉴。

第二节　强军兴军的历史性大考

军事领域是竞争和对抗最为激烈的领域,也是最具创新活力、最需创新精神的领域。习近平在全军政治工作会议上强调:"要紧跟深化改革进程,有针对性地做好思想政治工作,引导官兵坚定信念、强化责任、听令而行,坚决拥护改革、积极支持改革、自觉投身改革,确保改革任务顺利推进。"①在这次会上,习近平将深化国防和军队改革称之为"考试"。如何突破思想观念的束缚、利益固化的藩篱、条条框框的桎梏,是实现党在新形势下的强军目标、深化国防和军队改革无法回避的一场历史性考验。只有着力解决制约国防和军队建设发展的突出矛盾和问题,才能为实现新时代的强军目标,建成世界一流军队提供强大动力和体制机制保证,才能在这场大考中向党和人民交出一份成绩优异的答卷。

一、突破思想观念的束缚

只有不断适应战争发展、突破思想禁锢的军队,才能始终保持建设活力、不断增强战斗力。当前,世界主要国家都在加快推进军队改革,谋求军事优势地位的国际竞争进一步加剧。在这场世界新军事革命的大潮中,谁思想保守、故步自封,谁就会错失宝贵机遇,陷于战略被动。近代以来的中国历史告诉我们:没有一支强大的人民军队,便没有民族的一切、国家的一切、人民的一切。如果我们因循守旧、安于现状,必将错失发展战略机遇期,导致军事上的落后,进而对国家安全造成致命的影响。习近平强调国防和

---

① 《习近平谈治国理政》(第二卷),外文出版社,2017年,第404页。

军队建设"必须到中流击水"。这就要求我们进一步解放思想,冲破思想观念的障碍,不因老教条"权威"而因循守旧、安于现状;不因土教条"管用"而守株待兔、缘木求鱼;不因洋教条"现代"而食洋不化、故弄玄虚。说一千道一万,就是要以强军目标为根本遵循,立足国防和军队建设实际,以时代的视角、世界的眼光、战略的高度和中国的智慧,开启强军新征程。

一要进一步解放思想。古今中外,任何军队改革的成功,莫不发轫于思想解放。思想解放的深度决定军队改革的力度,推进国防和军队改革深入发展,必须把握好解放思想这个贯穿始终的"总开关",以思想解放引领强军新征程。我军从建军那天起,就在党的坚强领导下,积极适应形势任务变化,不断解放思想,努力推进军队改革创新。在三湾改编中,着眼破除旧式军队的习气,确立了"党指挥枪""支部建在连上"等一套崭新原则和制度,创造性地探索出建设新型人民军队的道路。在抗日战争的艰苦岁月,我军以巨大勇气和魄力,在党的统一战线战略方针指导下,实行精兵简政,开展大生产运动,为夺取抗战胜利打下了坚实基础。解放战争期间,我军立足抗战胜利后的新形势、新情况,开展新式整军运动、立功运动、团结互助运动、民主运动等,开创了军队建设新局面,有力推进力了全国的胜利。可以说,人民军队建设发展的历史,就是在不断解放思想的基础上推进军队改革的历史。当前,世界主要国家顺应新军事革命潮流,加大军队改革步伐,竭力抢占军事竞争制高点。因此,我们更要勇于解放思想,挣脱思想禁锢的牢笼,打破陈旧观念的枷锁,特别是要破除按部就班的惰性思想、墨守成规的惯性思维和形式主义的怪圈,通过掀起新一轮军事革命的思想风暴,推动国防和军队改革向深水区挺进,向新型新质要战斗力。

二要真正实事求是。解放思想就是要使思想和实际相符合,使主观与客观相符合,就是实事求是。可以说,解放思想与实事求是在本质上是一致的,两者是相辅相成的。只有解放思想,才能更好地实事求是,背离了实事求是,解放思想只能是空谈,思想解放的过程就是实事求是的过程。思想是否真解放,不是脱离实际的空想、空谈,不是看"拿来"了多少舶来品,最根本的是要看符不符合实际。解放思想不能当"客里空"、凭主观感觉,各级领导干部要争做实事求是的模范实践者,办什么事情,都要深入调查研究,从世情、国情、党情、军情出发,从本单位具体情况出发,坚持理论与实际、主观与客观相符合,决不能超越现实,提出不切实际的口号,制定达不到的目标,要使军队改革的各项举措都有很强的针对性和可行性,经得起时代和实践的检验。

三要勇于担当。突破思想观念的束缚,不仅要解放思想、实事求是,更要勇于担当。是否具有担当精神,是否能够忠诚履责、尽心尽责、勇于担责,是检验每一个领导干部身上是否真正体现了共产党人先进性和纯洁性的重要方面。勇于担当是一种责任、一种精神,更是一种能力。深化国防和军队改革,深度和广度、风险和挑战前所未有,对全体官兵的责任担当要求也前所未有。缺少担当的品质,再好的梦想也只能是南柯一梦,再好的蓝图也只能是空中楼阁,再好的机遇也会失之交臂。面对实现中国梦强军梦的伟大使命,面对实现民族复兴千载难逢的历史机遇,每一位官兵都应用担当书写对军队的热爱,用担当支撑对事业的追求,用担当印证对党和人民的忠诚,做到面对挑战考验,挺身而出;面对困境迷局,冲锋在前;面对羁绊重重,敢于突破,以此推动国防和军队建设又好又快发展。

二、冲破利益固化的藩篱

习近平指出:"必须以更大的政治勇气和智慧,不失时机地深化重要领域改革,攻克体制机制上的顽瘴痼疾,突破利益固化的藩篱。"[①]当前军队改革重点是打破长期形成的大总部制、大军区制、大陆军制,实现了人民军队

---

① 《习近平在湖北武汉主持召开部分省市负责人座谈会》,《人民日报》,2013 年 7 月 24 日。

重振政治纲纪,重塑组织形态,重整斗争格局,重构建设布局,重树作风形象的历史性变革。但当改革涉及自身利益时,一些单位部队和个人往往又瞻前顾后,左攀右比。如何妥善解决好长期积累的体制性障碍、结构性矛盾、政策性问题,是深化国防和军队改革必须要解决的问题。军队要以逢山开路、遇河架桥的精神,破除各种利益障碍,坚决深入推进军队各项改革。

(一)增强大局意识

大到一个国家的发展、一场战争的胜负,小到一个地区的发展、一项事业的兴衰,乃至个人的成长进步,大局意识都是至关重要的。古人云:"不谋万世者,不足谋一时;不谋全局者,不足谋一域。"讲的就是大局意识的重要性。在全面深化改革的新时期,我们要增强大局意识,自觉做改革的拥护者、实践者和捍卫者。

增强大局意识,就是要有坚定的政治方向和政治立场,坚持党对军队的绝对领导。改革中的利益调整,不仅是思想认识问题,更是党性原则问题。深化军队改革,优化现有体制结构和资源配置,不免涉及权力和利益重新分配等问题,既会触动灵魂,也会触动利益。因此,要通过强有力的组织领导和制度规范,对现有领导体制、资源配置和工作机制进行优化整合,真正将国家利益、民族利益和军队长远利益置于部门利益、单位利益和个人利益之上,搞好磨合,缩短"阵病期",防止战斗力陡降缓升现象的出现;把思想统一到党中央、中央军委决策部署上来,以高度的政治自觉、思想自觉和行动自觉积极投身改革实践。

增强大局意识,就是要把握国家安全和发展战略全局,推动国防和军队建设科学发展。要着眼于世界新军事革命,贯彻落实党在新时代的强军目标,科学筹划指导军队建设、改革和军事斗争准备的各项政策措施,为有效维护国家主权、安全、发展利益,切实保护人民生命财产安全提供保障。

增强大局意识,就是要坚持把国家主权和安全放在第一位,坚持军事斗争准备为龙头。全军要深刻认识军队在国家安全和发展战略全局中的重要地位和作用,坚持把国家主权和安全放在第一位,坚持军事斗争准备的龙头地位不动摇,全面提高信息化智能化条件下威慑和实战能力,坚持把军事训练摆在战略位置,坚持战斗力标准,不断提高部队实战化水平,坚决维护国家主权、安全、发展利益。

(二)增强使命意识

使命意识决定着一个组织、个人的目标和努力方向,是组织或个人思想和行为的指挥中枢。在复杂的社会环境下,每一名军人都必须树立起使命意识,这就是坚定理想信念,把党和国家、人民的利益放在第一位,把个人的发展和追求融入党和国家发展的伟大事业之中,把使命意识贯穿于一切行动之中。增强使命意识,必须以强烈的历史使命感,最大限度地调动一切积极因素,敢于啃硬骨头,敢于涉险滩,推动军队各项改革的顺利进行。要破除安全利益的局限,真正聚焦强军目标,坚决完成担负的各项军事斗争任务,以国家核心安全需求为导向,按照"能打仗、打胜仗"的要求,真抓实备、常备不懈,扎实推进军事斗争准备各项工作。要增强官兵抓学习、强素质、长本领的危机感和紧迫感,以贯彻中央军委军事工作会议精神为契机,激发官兵在近似实战的环境中严格训练,在重大军事行动中磨砺战斗意志,提高打赢信息化智能化战争的能力。始终扭住战斗力标准,突出培育战斗精神这个重点,大力激发官兵英勇顽强、不怕牺牲、敢打必胜的革命精神,引导官兵牢固树立当兵打仗、带兵打仗、时刻准备打仗的思想,使想打赢、谋打赢、练打赢成为官兵的自觉行动。

(三)增强协同意识

面对世界新军事革命大潮,面对国防和军队现代化建设愈来愈重的任务,我们还有较大差距,需要在改革中不断强化协同意识,提升军队建设的整体化水平。国防和军队建设作为国家治理体系的重要组成部分,是一项庞大的系统工程,需要围绕组织形态、制度安排、体制编制、武器装备、军民融合等方面统筹兼顾、精心谋划、科学决策、全面建设。必须按照全面建设的思想,努力推进军队的革命化、现代化、正规化建设,不断提高军队建设整体水平。推进军队改革,增强协调意识,应特别注重加强超越部门、超越利益之上的总体设计,自上而下强力推动,防止把总体设计变成各部门自行设计的简单叠加,防止改革变形和走偏。

三、打破条条框框的桎梏

在军事领域,体制机制不仅是战斗力构成的重要方面,也是影响战斗力生成和提高的根本因素之一。当下正在深入发展的世界新军事革命,归根结底是军事领域体制机制的革命。谁赢得体制机制优势,谁在这场革命中就能掌握或取得主动权。要着力解决制约国防和军队建设发展的突出矛盾和问题,为实现强军目标提供强大动力和体制机制保证。实现强军目标,除了突破思想观念的束缚、冲破利益固化的藩篱外,还必须打破条条框框的桎梏。条条框框大都以体制机制的面目出现,往往以与"常识""规定""惯例"不符为由而拒创新于千里之外,消战斗力生长于无形。究其原因,无外乎条条框框与思想观念紧密相联、与大小利益密切相关。中国特色社会主义的成功,有一条重要的经验就是打破了条条框框的桎梏。比如,"计划经济是社会主义的特殊属性,社会主义不能有市场,资本主义不能有计划"这种假马克思主义之名的"常识",在很长时期内都是不容讨论的,致使许多有悖于社会主义的机制体制得以"合情""合理""合法"地存在,严重影响了我国社会主义建设事业的进程和声誉。直到邓小平南方谈话后,这一"不容讨论"的条条框框才被最终打破。在军队,类似的条条框框不在少数。诸如"这个不准""那个严禁",凡事搞一刀切的简单思维;不分青红皂白的"一票否决"等就是典型例子。近些年,形式主义、官僚主义在部队有如过街之鼠,但是规范化、制度化的形式主义在一些单位、一些部门屡见不鲜。对新体制机制运转中的利弊进行权衡和取舍,做到该坚守的就执意坚守,该革除的就坚决革除,该完善的就积极完善,该创新的就大胆创新,努力为我军赢取应对世界新军事革命挑战的体制机制优势。

一要牢牢把握战斗力这个唯一标准。战场打不赢,一切等于零。能打胜仗是军队的根本职责和价值所在,是军队对国家和社会发展最核心的价值,也是衡量军队建设的根本价值标准。坚持战斗力标准就是以是否有利于生成和提高战斗力为衡量国防和军队建设的基本尺度。那种以牺牲战斗力为代价消极保安全的倾向,那些和平时期逐渐形成的诸如按部就班的惰性思想、墨守成规的惯性思维、形式主义的怪圈等积弊,那些机械化半机械化的陈旧理念,那些图省事的"一刀切"规定等,都与能打胜仗的战斗力标准格格不入,无论它们是在什么背景下形成的,都必须一一破除。每一名军人、每一个部门、每一种工作必须时时谋打赢、一切为打赢。正如习近平所指出的:"我们军队的军事、政治、后勤、装备等各方面的工作,最终都要有利于提高部队打仗能力,如果不能落实到这一点,那做得再多也是虚功啊!"①

二要始终坚持党性高于一切的原则。打破条条框框的桎梏,需要党性。我军作为党绝对领导下的人民军队,听党指挥是永远不变的军魂。习近平强调:"要确保部队绝对忠诚、绝对纯洁、绝对可靠,永葆人民军队的性质和本色。"深化国防和军队改革、实现强军目标,要求每个单位、每名官兵都必须始终在思想上政治上行动上同党中央保持高度一致,坚决为拥护党中央和中央军委权威,一切听从党中央、中央军委的指挥。以高度的政治自觉、思想自觉和行动自觉积极投身改革实践,以壮士断腕的勇气、自我革新的胸怀,跳出条条框框的限制,克服部门利益的掣肘,自觉讲党性、顾大局、守纪

---

① 总政治部:《习近平关于国防和军队建设重要论述摘编》,解放军出版社,2014年,第137页。

律,正确对待利益得失,正确对待进退去留,无论遇到多大阻力,无论有多大困难,都要坚决服从、坚决落实,切实在深化国防和军队改革的大考中交出合格的答卷。

三要努力学会统筹兼顾的方法艺术。打破条条框框不是国防和军队某个部门、某个领域、某个方面或某项工作的选择性改革,而是思想观念、利益、制度机制等全领域、全方位的改革,具有很强的系统性、整体性、协同性。必须强化"一盘棋"意识,提高"弹钢琴"的艺术,区分轻重缓急,搞好统筹兼顾,通过强有力的组织领导和制度规范,对现有领导体制、资源配置和工作机制进行优化整合。要自觉坚持以突破利益格局、部门权力掣肘为突破口,围绕组织形态、制度安排、体制编制、武器装备、军民融合等方面,统筹兼顾、精心谋划、科学决策、全面建设,在统筹兼顾中推进国防和军队改革,为实现建军百年目标进而实现强军目标、建成世界一流军队做出新的更大的贡献。

第三节 "四个全面"战略布局下的思维方式

任何一种理论都有与之相匹配的思维方式,这些思维方式既是该理论赖以产生的思维工具,也是该理论内在的隐性的逻辑支撑,更是该理论转化为物质力量的重要中介。因此,要真正地掌握和运用一种新的理论,不仅要了解它所赖以产生的现实基础,更要把握支撑该理论体系的内在的思维方式。习近平新时代中国特色社会主义思想,坚持马克思主义立场观点方法,坚持科学社会主义基本原则,科学总结世界社会主义的经验教训,提出一系列具有开创性意义的新理念新思想新战略,内容丰富,思想成熟,系统完整,总系统和子系统有机联系,体现理论逻辑、实践逻辑、历史逻辑的集成统一,形成了"一块整钢",彰显科学体系,以崭新的思想内容丰富和发展了马克思主义,是当代中国马克思主义、21世纪马克思主义。作为新时代坚持和发展中国特色社会主义的战略布局,"四个全面"不仅表征着马克思主义与中国实际相结合的新飞跃,是实现中华民族伟大复兴中国梦的战略指引,还在于它构建了奠基于人类社会发展规律、中国共产党执政规律和社会主义现代化建设规律之上的新的思维方式。"四个全面"战略布局内含着多种思维方式,如辩证思维、战略思维、系统思维、底线思维等。确立这些思维方式,是领会和把握"四个全面"战略布局的内在锁钥,更是实践和贯彻落实它的重要前提。因此,贯彻落实"四个全面"战略布局,最为关键的就是要把其内在的科学思维方式内化为我们自觉的思维方式,形成符合客观实际的发展理念、发展思路、发展举措,只有这样才能转化为巨大的物质力量。

一、确立辩证思维,自觉照辩证法办事

辩证思维方式,是主体按照事物辩证法则进行思维,注重从事物的有机联系、对立面的统一和斗争及其运动、变化和发展中,去反映和把握事物的方式。它要求用全面的、发展的、联系的观点看待世界一切事物,克服"用孤立的、静止的、片面的观点去看世界"。"四个全面"是党中央立足中国实际、总结中国经验、针对中国问题提出的新的战略布局,处处体现辩证思维的精髓。

其一,"四个全面"战略布局作为统领中国发展总纲,是党中央客观分析国内外形势发展的深刻变化,统筹把握改革发展稳定的重大关系,在治国理政方面作出的顶层设计,可以说既有目标又有举措,既有全局又有重点,既有全面推进又有重点突破,体现了辩证思维的全面性。

其二,"四个全面"战略布局的提出,是党的十八大以来,党中央站在历史和时代的高度,不断总结经验、深化认识,科学判定当代中国发展的历史方位和世界发展形势,精准把握时代精神,不断实现理论创新和实践创新的良性互动,探索回答了什么是民族复兴、怎样实现民族复兴的基本问题,开

辟了中国特色社会主义理论发展的新境界。它是在继承与创新的有机统一中谋划发展,既是对历史的继承又为未来奠定基础,体现了辩证思维的发展性。

其三,"四个全面"战略布局立足治国理政全局和根本,着眼于现代化建设和民族复兴长远,正确处理治国理政若干重大关系,统筹治党治国治军、内政外交国防、改革发展稳定之间的有机联系,进一步提升了我们对中国特色社会主义建设规律的认识,体现了辩证思维的联系性。

确立辩证思维,是学习贯彻"四个全面"战略布局的重要窗口。一要着力提高辩证思维能力。我们的事业越是向纵深发展,就越要不断增强辩证思维能力。要认真学习掌握辩证唯物主义关于唯物辩证法的根本方法,不断提升我们的辩证思维能力,深刻理解"四个全面"之间的内在逻辑和辩证统一关系,正确处理"四个全面"之间的关系,避免单兵突进、各自为政,既区分轻重缓急,又不顾此失彼,真正促使"四个全面"协调推进。

二要善于把认识和化解矛盾作为打开工作局面的突破口。当前,我国进入了发展的黄金期、改革的攻坚期和矛盾的高发期,"四个全面"是从我国发展现实需要中得出来的,是从人民群众的热切期待中得出来的,是为推动解决我们面临的突出矛盾和问题提出来的。这就要求我们树立对待矛盾的正确态度,发扬担当精神,把破解矛盾作为推进事业发展的基本动力,真正做到"面对复杂形势和繁重任务,首先要有全局观,对各种矛盾做到心中有数,同时又要优先解决主要矛盾和矛盾的主要方面,以此带动其他矛盾的解决"。

三要在工作中自觉坚持两点论与重点论的有机统一。就整体而言,"四个全面"不是简单的平列关系,而是有机联系、相互贯通的顶层设计和运行机制。在"四个全面"中有战略目标,有战略举措,战略举措是为实现战略目标服务的,协调推进"四个全面",必须始终围绕战略目标,不能丝毫偏离方向;必须紧紧抓住三大举措,任何一个都不能松、不能弱。推进"四个全面",

就要坚持"两点论"和"重点论"的统一,善于从"两点"中把握"重点",抓重点带一般,既注重总体谋划,又注重牵住"牛鼻子"。

二、确立战略思维,站在战略的高度谋划落实

战略思维是指研究全局性、长远性和根本性认识规律的思维方式,是人们分析和解决宏观性、前瞻性、政策性等重大战略问题的立场、观点和方法。"四个全面"战略布局,是我们党立足治国理政全局,抓住改革发展稳定关键,确立的新时代党和国家各项工作的战略方向、重点领域、主攻目标。它统领中国发展,事关中国的长远发展、全局发展和根本发展,为推进中国特色社会主义建设和民族复兴的伟大事业提供了总的依据和遵循,充分体现了战略思维的基本特征,即战略全局与局部的整体性结构、战略目标与战略举措的效用性结构、现在与未来的预见性和发展性结构的统一。"四个全面"作为引领中国发展的战略布局,全面建成社会主义现代化国家是战略目标,全面深化改革、全面依法治国、全面从严治党是战略举措,全面建成社会主义现代化国家作为战略目标,对三个战略举措起着统摄和牵引的作用,三个战略举措为全面建成社会主义现代化国家战略目标提供强大的支撑,推动着这个战略目标的实现。可见,"四个全面"的四个部分,是相辅相成、相互促进、不可分割的有机整体,是宏伟战略目标和重大战略举措的高度契合。同时,它从根本上决定着"两个一百年"奋斗目标和中华民族伟大复兴的实现,体现了现在与未来的预见性和发展性结构的统一。

贯彻落实"四个全面"战略布局,就要学习和运用"四个全面"战略布局所蕴含的战略思维,站在战略的高度谋划"四个全面"的贯彻落实。

一是要努力形成宽广眼界,做到胸有全局。要以马克思主义的基本立场、观点和方法为指导,以从历史与现实对接中形成的开放而与时俱进的世界眼光,善于从政治上认识和判断形势,观察和处理问题,努力增强总揽全

局的能力，真正领会"四个全面"战略布局是坚持和发展中国特色社会主义道路、理论、制度的战略抓手，是实现中华民族伟大复兴中国梦的战略指引，不断增强历史责任心和历史担当精神。

二是要善于把握发展机遇，善做善成。机遇在事物发展中有着重要的作用，它不仅影响事物发展速度，而且影响事物在可能性空间中的发展方向和结局。抓住了机遇，战略思维就能成为现实；抓不住机遇，再好的发展战略都无法实现。综观国际国内大势，我国发展仍处于可以大有作为的重要战略机遇期。但重要战略机遇期的内涵和条件发生了新变化，抓住并用好战略机遇期，必须排除一切干扰，协调推进"四个全面"战略布局，加速建成全面建成社会主义现代化国家，迈好实现中华民族伟大复兴中国梦的关键一步。

三是勇于实践，善于总结。战略思维方式从本质上来说是人们的实践方式在思维中的内化。因此，我们不仅要自觉地加强学习，提高理论修养、增加知识积累，坚持更新理念，更要善于在实践中锻炼，在实践中总结经验，开创协调推进"四个全面"战略布局新的工作方法，不断提高贯彻落实"四个全面"战略布局的能力。

三、确立系统思维，谋求贯彻落实的系统效益

系统论认为，系统是由若干相互联系、相互作用的要素按一定方式组成的具有特定功能的统一整体。系统具有整体性、层次性、动态性等基本特征。所谓系统思维方式，是指在思维过程中，运用系统观点把对象作为多方面联系的具有一定结构和功能的有机整体加以考察，以实现对事物的最佳处理，寻求系统结构与功能的最优化。运用系统思维方式，就使系统处于最优的运行状态，达到最优的运行效果。从系统思维上看，"四个全面"战略布局是一个大系统，每个"全面"又是一个相对独立的小系统。全面建成社会

主义现代化国家是"四个全面"中的中枢目标,全面深化改革是实现中枢目标的动力系统,全面推进依法治国是实现中枢目标的保障系统,全面从严治党是实现中枢目标的控制系统。整体不等于部分的简单相加,"四个全面"也不是四个部分的简单组合,而是有机的统一。全面建成社会主义现代化国家是我们的战略目标,决定着我们的发展方向;全面深化改革、全面依法治国、全面从严治党是实现战略目标的三大战略举措,缺一不可;"四个全面"相辅相成、相得益彰,统一于党治国理政的伟大实践,统一于建设中国特色社会主义的伟大实践。

用系统思维来理解把握"四个全面"战略布局,是协调推进"四个全面"战略布局取得最佳效益的基本要求。

一要把握系统的整体性,关注每个"全面"相互之间的关联性、耦合性、协同性,聚合协调推进的正能量。尽管每一个"全面"的内容各不相同,分属不同的范围和领域,但它们是一个不可分割、相互依赖、相互支撑的有机统一体。全面建成社会主义现代化国家、全面深化改革,都离不开全面依法治国,同时又要让全面深化改革、全面依法治国如鸟之两翼、车之两轮,共同推动全面建成小康社会的事业滚滚向前;而全面从严治党,则可以使我们党始终在全面建成社会主义现代化国家、全面深化改革、全面依法治国中发挥好领导核心作用。

二要把握系统的层次性,从整体着眼,部分着手,各方协调,达到整体的优化。"四个全面"不是简单的并列关系,有战略目标,有战略举措,战略举措是为实现战略目标服务的;同时,就每一个"全面"子系统的内在要素看,也不是完全并列的,也有工作的着重点、侧重点。比如,在全面建成社会主义现代化国家的诸项目标中,经济持续健康发展始终是整个目标体系中起决定性作用的重点目标,只有这个目标实现了,才能筑牢国家繁荣富强、人民幸福安康、社会和谐稳定的物质基础。因此,我们要着眼整体,从重点部分入手,协调推进"四个全面",达到整体的优化。

三要把握系统的动态性,善于筹划,努力做到眼前和长远统筹,渐进和突破衔接。"四个全面"统一于我们正在进行的具有许多新的历史特点的伟大斗争的实践中,其每一个"全面"的演进都是一个过程,它的整体协调推进也将是一个过程,而且这个过程是不断发展变化的。在实践中协调推进"四个全面",就要坚持实践的观点、发展的观点,具体情况具体分析,一切以时间、地点、条件的变化为转移,以重要领域和关键环节为突破口,绵绵用力,久久为功。

四、确立底线思维,牢牢把握贯彻落实的主动权

底线是指不可逾越的红线、警戒线,限制范围、约束框架。底线一旦被突破,就会出现行为主体无法接受的坏结果,甚至导致彻底失败。所以从唯物辩证法的角度来看,底线是由量变到质变的一个临界值,一旦量变突破底线,即达到质变的关节点,事物的性质就会发生根本性的变化。"底线思维"则是以底线为导向的一种系统战略思维,它不仅指出什么是不可跨越的底线,按照现行的战略规划可能出现哪些风险和挑战,可能发生的最坏情况是什么,以做到心中有数;而且它还立足全局、突出重点,从而善于取舍,看到事物的远景并有相应的对策,做到守住底线、远离底线、坚定信心、掌握主动、化风险为坦途、变挑战为机遇。底线思维的最大特点在于它是一种关注矛盾转化的思维和决策过程,着眼于负面后果,建立防范体系;在防范的同时,更在于积极转化,从坏处准备,向好处努力。当前我们前所未有地靠近世界舞台中心,前所未有地接近实现中华民族伟大复兴的目标,前所未有地具有实现这个目标的能力和信心,但前进道路绝不会一帆风顺。我们离世界舞台中心越近、离民族复兴的目标越近,遇到的压力和阻力就越大,功亏一篑的风险也越大。党的十九大报告提出了"我国社会主要矛盾已经转化

为人民日益增长的美好生活需要和不平衡不充分的发展之间的矛盾"这一科学论断,并强调,"我国社会主要矛盾的变化,没有改变我们对我国社会主义所处历史阶段的判断,我国仍处于并将长期处于社会主义初级阶段的基本国情没有变,我国是世界最大发展中国家的国际地位没有变"①。"四个全面"战略布局正是基于中国发展历史方位的变化,从我国发展现实需要中得出来的,是从人民群众的热切期待中得出来的,是为推动解决我们面临的突出矛盾和问题提出来的,突出体现了底线思维的要求与特征。

"四个全面"为早日实现中国梦画出清晰的路线图。我们要运用底线思维,及时防范化解协调推进中的各种风险,牢牢把握贯彻落实的主动权。

一要有强烈的忧患意识,深思忧患谋长远。善用底线思维是以积极的态度前瞻风险、守住底线、防患未然,然而没有强烈的忧患意识很难做到这一点。"君子以思患而预防之",有备才能无患。因为强烈的忧患意识有助于我们保持理智清醒头脑,有助于自我加压、自我革新、永葆活力,有助于增强等不起、慢不得的紧迫感和使命感,有助于我们只争朝夕抓工作,埋头苦干求实效,努力创造经得起检验的业绩。实现伟大的中国梦,曙光在前。但我们必须清醒地认识到,我们正处在改革攻坚期、矛盾问题的叠加期,只有在守住底线的前提下攻坚克难,我们才能长风破浪,驶抵胜利的彼岸。

二要有强烈的问题意识,以解决重大现实问题为导向。"凡事预则立,不预则废。"无论做什么事,都要预先知道事情的可能发展前景,预先看到事情发展可能遇到的困难,预先防止可能发生的最坏情况,为争取事情最好发展结果而作好各方面准备。我们确立底线思维,首先要树立问题意识,强化问题导向,着力研究协调推进"四个全面"战略布局面临的一系列突出矛盾

---

① 习近平:《决胜全面建成小康社会 夺取新时代中国特色社会主义伟大胜利——在中国共产党第十九次全国代表大会上的报告》,人民出版社,2017 年,第 12 页。

和问题,提出强有力的解决举措,防患未然,化风险为坦途、变挑战为机遇。

三要求有强烈的责任意识,勇于担当迎挑战。底线思维不仅要求防范风险,而且要求主动出击,以实际行动化解风险。只有善用底线思维,才能充分发挥底线思维鲜明而又强烈的责任取向、全局取向、实效取向的功能;才能从全局和战略高度,深入分析世情、国情和党情,既看到有利的一面,又看到不利的一面,坚定信心,迎接挑战;才能永远将国家、社会、人民放在首位,有所担当、勇于承担职责、善于履职尽责。

第七章
思想政治教育文化选择的实践认知

当前,我国进入新发展阶段,我军正在向建军一百年奋斗目标迈进。面对实现中华民族伟大复兴的战略全局和世界百年未有之大变局,面对战争形态、作战样式和军事斗争任务的深刻变化,面对广大官兵的新特点新需求,军队思想政治教育及其文化选择如何适应这些发展,跟上这些变化,切实增强军队思想政治教育时代性和感召力,构建新时代人民军队思想政治教育体系,既需要在强军兴军的鲜活实践中总结经验,也需要从理论上进行积极探索,进而推动理论与实践的双重创新。

第一节　新时代基层思想政治教育的理想境界

新修订的《军队基层建设纲要》(以下简称"新《纲要》")明确新时代基层建设应当遵循的原则首要的就是思想领先、政治引领。重视思想政治教育是我军的优良传统和政治优势,也是抓基层、打基础、建强基层的一条行之有效的宝贵经验。早在革命战争年代,毛泽东就曾讲:"掌握思想教育,是团结全党进行伟大政治斗争的中心环节。"①伴随着强军兴军的坚定步伐,基

①　《毛泽东选集》(第三卷),人民出版社,1991 年,第 1094 页。

层建设站到新的历史起点上,使命任务要求、建设内涵、日常运行状态、部队组织形态、官兵成分结构、外部社会环境等发生深刻的新变化,如何抓住思想政治教育这个中心环节凝心铸魂,是政治工作必须回答和解决好的一个重要的时代课题。越是形势复杂、任务艰巨,越要抓住这个中心环节不放。积极探索建构新时代基层思想政治教育的理想境界,无论是对教育的目标指向、原则确立、内容设定、方法选择、评估反馈、总结提高,还是增强基层思想政治教育时代感召力,都有着至关重要的理论支撑和实践指导价值。

一、基层思想政治教育主体与客体的高度能动

新《纲要》强调:"充分尊重官兵主体地位和首创精神,带着对官兵的深厚感情做工作,着力增强基层内生动力和工作主动性。"尽管有关于思想政治教育"双主体""主体间性"等问题的讨论,但是这并不影响一切教育活动中主体和客体共存并相互作用。基层思想政治教育组织者(主体)的一切活动,归根到底要靠基层官兵(客体)的思想行为来体现、来检验、来实现。新时代基层思想政治教育应该把新《纲要》精神融会贯通,形成教育主客体高度互动的运行机制。

(一)发挥教育组织者的能动性,全面贯彻落实"教育者先受教育"的要求

任何有意义的教育,都不可能"以其昏昏,使人昭昭"。这种特殊的军队思想政治教育,是我们党在军队中开展的理论武装和思想引导工作,当然也不例外。教育者必先受教育,这是我党我军开展思想政治教育的一条基本原则。毛泽东曾强调要当人民的先生,先当人民的学生。其实,这句话也揭示了思想政治教育的一条基本规律。在现实生活中,没有谁生而知之,所有的教育者,都必须经历"受教育"的时期;基于教学相长,所有的教育者只有在教育中善于当学生,才能继续当先生;否则,必将在"教育"与"受教育"的

波浪式前进、螺旋式上升的过程中被淘汰。这里有一点必须指出,那就是组织教育的过程,不能当作"教育者先受教育"。要防止和杜绝那种以参与计划制定、教案编写、授课辅导、组织活动等为借口,致使思想政治教育出现"灯下黑""特殊人"的现象。2014年古田全军政工会上,习近平也着重指出了一个时期内军队政治工作中存在的"教育者本身受教育不够"的问题。应该说,经过全军上下近六年的努力,这个问题已经有了根本的好转。但同时也应当看到,部队中仍然不同程度地存在着一讲教育,以为就是"上级教育下级,机关教育基层,领导教育群众"而忽视教育者本身先受教育的现象。包括理论水平、思想觉悟在内的政治素质,并不会随着军龄的增长而自然提高,也不会随着职务的提升而自然提高。必须严格遵循新《纲要》所强调的新时代基层建设标准,思想政治教育者率先受教育,坚持党对军队的绝对领导,深刻领悟"两个确立"的决定性意义,增强"四个意识"、坚定"四个自信"、做到"两个维护",贯彻军委主席负责制,争当听党指挥、献身强军事业的"党代表""排头兵""实干家"。

（二）调动受教育者的积极性,不断提升基层官兵在思想政治教育中的参与感

政治工作既是党掌握军队、领导军队的工作,也是群众参与、发挥作用的工作,具有广泛的群众性。政治工作的这种与生俱来的群众性,是由我军的性质宗旨所决定的。我军政治工作杰出代表——罗荣桓曾反复强调政治工作就是群众工作,没有群众路线就没有政治工作的效力。2014年古田全军政工会上,习近平指出的我军政治工作优良传统"十一个坚持",就包括坚持官兵一致、发扬民主和坚持群众路线的根本作风。新时代,基层官兵民主意识增强、信息获取时差消弭、自我教育日益强化,这就要求思想政治教育工作者从"我讲你听""我打你通""我高你低"等"独角戏""主角戏"的单向度思维惯性中摆脱出来,切实把我军政治工作的群众立场、群众观点、群众

利益、群众路线贯穿基层思想政治教育的各个方面和全过程，努力实现教育中基层官兵人人参与，个个发挥作用。习近平在中央军委基层建设会议上强调，"要充分尊重官兵主体地位和首创精神，带着对官兵的深厚感情做工作"，"用信任的眼光、欣赏的眼光、发展的眼光看待基层官兵"。① 基层思想政治教育理应把新《纲要》和军队思想政治教育条例落细落实，彻底克服那种图简单、好省事的"一刀切""大锅饭""大呼隆"式的教育弊端，坚持问计问效于基层官兵。我军著名的"诉苦三查""王克勤运动""立功运动""互助组"等政治工作经典案例，都提示我们思想政治教育光靠上课不行，必须把基层官兵吸纳进来，做到"问题大家摆""是非大家辨""成果大家享"，提升基层官兵在教育中的参与感。

（三）聚力教育效果的提升，切实增强基层官兵在教育中的获得感

思想政治教育的获得感，就是基层官兵参加教育中在思想上、心理上、行为上产生的持续的、正向的主观体验。这种主观体验，可以是思想上解开扣子，可以是理论上答疑释感，可以是心理上甩掉包袱，也可以是行为上"见贤思齐，见不贤而内自省之"。思想政治教育的获得感，离不开基层官兵在教育中的被尊重感、参与的愉悦感、结果的实在感和成长需要的满足感。从这个意义上讲，质量是基层思想教育的生命。一场有质量的教育，就是基层官兵喜闻乐见的教育，就是基层官兵有获得感的教育。受教育者在教育中的获得感，不仅直接决定教育效果的转化，而且影响受教育者在今后教育活动中的认同感、参与度和积极性。新《纲要》强调："积极适应信息网络时代特点，创新理念方法手段，用好用活网络平台，增强教育管理工作的主动性、针对性、实效性。"要防止"为教育而教育"的应付心态、逃避现实的"鸵鸟心态""一招鲜、吃遍天"的功利心态，教育中坚持把自己摆进去，把官兵摆进

---

① 《习近平出席中央军委基层建设会议并发表重要讲话》，《解放军报》，2019 年 11 月 10 日。

去,把任务摆进去,奔着现实问题和活思想去搞教育。适应信息网络时代思想文化交流交融交锋加剧,特别是网生一代官兵特点,坚持主题教育与经常性思想教育相融通,课堂教育与随机教育相契合,理论灌输与启发自觉相促进,面对面与键对键相结合,用好全媒体资源和现代信息技术,活跃群众性自我教育,真正走进官兵、引领官兵、赢得官兵。要实现思想政治教育宗旨的复归,把教育的出发点、落脚点和评价标准重新定位为"人"——每一名基层官兵——争当"四有"新时代革命军人,进而为强军伟业提供不竭的精神动力、人才支持。

二、基层思想政治教育内容与使命的高度吻合

马克思曾指出:"人们的观念、观点和概念……随着人们的生活条件、人们的社会关系、人们的社会存在的改变而改变。"①变化着的环境决定了思想政治教育内容需要结合当时所处的环境作出选择与调整。新《纲要》强调:"基层单位应当加强对官兵的政治引领,紧紧围绕政治工作时代主题和基本任务,结合本单位实际,扎实做好思想政治工作。"

(一)紧贴职能使命

标志着人民军队政治工作成熟的《谭政报告》指出:"整个军队的方向就是政治工作的方向。因此,政治工作的任务,只能根据我军的基本任务与当前具体任务去规定,不能在我军基本任务与当前任务以外再有所谓政治工作的独立任务。"②这是我们开展思想政治教育的理论遵循和实践依据。军队的根本职能就是打仗,只有敢打硬仗、善打胜仗,才有存在的价值和意义。不同的军兵种、地区、单位、部门,在不同的任务和任务执行的不同阶段,开

---

① 《马克思恩格斯文集》(第二卷),人民出版社,2009年,第50~51页。
② 总政治部办公厅:《中国人民解放军政治工作历史资料选编》(第七册),解放军出版社,2001年,第429页。

展思想政治教育都理应有所区别。基层官兵反映的"同一句话,有时让人笑,有时让人跳,有时让人闹",其实就是这个理。围绕中心、服务大局永远是思想政治教育发挥威力的"制胜密钥"。人民军队要想切实担负起"四个战略支撑"的新时代使命任务,必须紧紧围绕军队政治工作的时代主题,充分发挥思想政治教育这个"中心环节"的作用。培养"四有"新时代革命军人,锻造"四铁"过硬部队,永葆人民军队性质、宗旨、本色。不断增强官兵的职能意识,激发想打赢、谋打赢、练打赢、敢打必胜的能力。仗可以长期不打,但兵不能一日不练,使官兵明确能战方能止战、能战方能言和的道理。各部队必须结合自己承担的职责任务,大力开展针对性的安全形势和战备教育,增强职能意识,激发提升岗位能力的动力。安不忘危,治不忘乱。通过开展经常性的战备形势和使命任务教育,使官兵深刻认识我国安全的复杂性、多变性和综合性日益增强的现实,认清我国安全面临的现实威胁,认清军事斗争准备的长期性、艰巨性,不断强化官兵的忧患意识和使命意识,自觉做到脑子里永远有任务,眼睛里永远有敌人,肩膀上永远有责任,胸膛里永远有激情。

(二)培塑职业精神

所谓职业精神,简而言之,就是从事某种职业理应具备的行为规范、道德准则和价值追求。在过去很长一段时间内,我军思想政治教育都"讳言"军人是一种职业,仿佛承认军人的职业特性就等于承认军事职业也不过是一种"谋生手段",与我党我军所倡导的官兵要立志"巩固国防""献身国防"格格不入,这样会让军队、军人"掉了份""蒙了羞"。其实,军事职业作为一种特殊的职业,强调官兵培养职业精神,不仅不影响人民军队的性质、宗旨、本色和作风,而且有助于官兵纠治和平积弊,夯实"当兵打仗""练兵打仗""带兵打仗"的思想根基。俗话说,铁打的营盘流水的兵。应当看到,随着我国综合国力的提高和国际影响力的扩大,我国发展面临的国际阻力也在增大。国际社会高度关注我军现代化建设的每一步进展,并为此运用各种手段和方式对我施加各种压力。西方敌对势力还加紧对我军进行意识形态渗透,销蚀我军的军魂意识和战斗精神。同时,我国社会主义市场经济的深化发展,社会结构多元化、利益关系的深刻调整、价值观念多样化等,对官兵世界观人生观价值观,以及作为军人社会身份的认识带来了巨大的冲击和影响,在一定程度上消解着官兵的战备意识和战斗精神。新《纲要》明确"全军开展争创'四铁'先进单位、争当'四有'优秀个人活动",按照军官、士兵、学员、文职人员对"四有"基本条件进行了区分。因此,必须在积极适应军事人才现代化要求,系统设计基层官兵职业发展路径的基础上,大力培育职业精神,这是中国特色强军之路的内在要求,也是思想政治教育一个新的生长点。

（三）打造强军文化

人创造了文化,文化也塑造着人。环境熏陶与浸化是促进部队战斗力生成的重要因素,也是影响部队全面建设和官兵成长进步的重要方面。历史和现实都告诉我们,只有不仅具备强大物质硬实力,而且具有强大精神软实力的军队,才是真正强大的军队。任何一种文化,都是实践的产物。实践的发展,必然带动文化的发展。党的十八大以来,在以习近平同志为核心的党中央的坚强领导下,人民军队的强军实践日新月异,方兴未艾。一项没有文化支撑的事业难以长久。强军文化是强军的文化建构和文化强军实践的有机统一。强军文化作为彰显军队形象和军人精神的火炬,是一种内化于心、外化于行的强大精神力量,能够创造、支撑、提升军队的凝聚力和战斗力。新《纲要》强调"坚持以文化人、以文育人,贴近任务、贴近实际、贴近官兵,抓好基层文化建设",既为新时代强军文化在基层落地生根指明了方向,也为进一步加强和改进基层思想政治教育提供了抓手。笔者以为,所谓文化,无外乎利用符号、传递价值、形成规范的一种过程。要贯彻好《传承红色基因实施纲要》,加强党史、新中国史、军史和光荣传统教育,加强战史、战例、战将研究和战斗精神培育,打造具有我军特色、彰显时代精神、支撑打赢制胜的强军文化。要坚定官兵革命意志、升华官兵思想境界、纯洁官兵道德情操,引导他们争当"四有"新时代革命军人,自觉建功强军实践。思想政治教育应在注重思想性、政治性的基础上,遵循教育规律,提升思想政治教育的文化内涵。充分发挥强军文化在凝魂聚气、怡情益智、校正价值取向、激励军人斗志、提升官兵素质等方面的涵养教化作用。

三、基层思想政治教育目的与手段的高度统一

思想政治教育的理想境界,无疑也是合规律性与合目的性相统一的。新《纲要》强调:"坚持用党的科学理论建连育人,做好用习近平新时代中国特色社会主义思想和习近平强军思想武装官兵工作,紧贴现实问题和活思想,用真理说服人、用真情感染人、用真实打动人,增强思想政治教育的时代性和感召力。"

(一)融合真理力量与人格魅力

真理是人世间最伟大的力量,真理的传播及其实践,又离不开高尚的品德、光辉的人格。只有真理魅力与人格魅力相得益彰的时候,思想政治教育才能大显神威。否则,教育中就会出现"唱功好,做工差","台上他讲,台下讲他","你说的都对,但我听你个鬼"的尴尬。我们党作为马克思主义执政党,不但要有强大的真理力量,而且要有强大的人格力量;真理力量集中体现为我们党的正确理论,人格力量集中体现为我们党的优良作风。科学理论之所以科学,科学理论之树之所以常青,就是因为始终紧密结合新的实际,回答新问题、指导新实践、开创新局面。新《纲要》强调:"深化理论武装,推动党的科学理论大众化、普及化,坚定理想信念,锻造绝对忠诚的政治品格。"打铁还得自身硬。思想政治教育工作者的能力素质、人格人品是影响教育效果的重要因素。应当承认,部分单位教育效果不好,固然有方式方法

问题,但与领导干部自身素质不过硬有着直接关系。"舍己而教人者逆,正己而教人者顺。"教育者做到"我说的一定是我信的,我信的一定是我照着做的",就可以不仅说的让人信服,而且做的让人佩服,才能让人心悦诚服。思想政治教育工作者要把真理力量和人格力量统一起来,大力弘扬战争年代冲锋在前、吃苦在前的优良传统,以身作则、处处表率、严于律己的优良作风,自觉做正确处理个人利益和革命利益关系的模范,不怕艰难困苦、不怕流血牺牲、英勇作战的模范。按照"会知兵、会施教、会谈心、身教好"的要求,切实把基层思想政治教育队伍做大做强,提高做好新时代基层思想政治教育的本领。

(二)彰显实践伟力和集体合力

任何一种科学的理论,都只有在实践中才能得到印证,也只有在实践中才能得到检验和不断发展完善。事实胜于雄辩,历史就是已经发生的事实。历史是最好的教科书,也是最好的营养剂、清醒剂。开展基层思想政治教育要善于学史、明史、用史。通过回顾中国共产党成立前后国家历史命运的比较,引导基层官兵认清没有共产党就没有新中国,只有社会主义才能救中国;通过回顾改革开放以来中国发生的巨大历史性变化、历史性进步,引导基层官兵增强中国特色社会主义的理论自信、道路自信、制度自信和文化自信;通过回顾党的十八大以来所取得的历史性成就、所发生的历史性变化,引导基层官兵进一步坚定对马克思主义的信仰,对坚持走中国特色社会主义道路的信念,对以习近平同志为核心的党中央的信赖,对实现中华民族伟大复兴中国梦的信心。回顾人民军队九十多年的光辉历程,我军思想政治教育从来都不是"单打独斗""分列式",而是讲究集体育人、合力育人。这里,至关重要的一点在于必须"使群众认识到自己的利益,并且团结起来,为自己的利益而奋斗"。融入一个集体,就选择了一种生活。基层官兵常说的"要么出色,要么出局","要么合群,要么出群",其实就蕴含着集体合力在基层思想政治教育中的地位作用。新《纲要》强调："要保持和发扬尊干爱兵、官兵一致政治优势和优良传统,深入开展尊干爱兵、兵兵友爱活动",巩固和发展团结、友爱、和谐、纯洁的内部关系。要建好师旅团级单位军史长廊、营连荣誉墙(室)和班排荣誉柜,激发基层官兵的认同感、归属感、荣誉感和战斗力,把官兵带得很有血性,把部队带得虎虎生威。

(三)促进军旅出彩与人生精彩

基层思想政治教育的对象是官兵。官兵作为军事实践活动的主体,每名官兵的成长进步是部队建设发展的基础。在我军九十多年从小到大、由弱到强、从胜利走向胜利的辉煌历程中,思想政治教育彰显"中心环节"的地位作用,绝不是靠"耍嘴皮子"的空洞说教,也不是靠"望梅止渴""画饼充饥",而是在于它同现实生活和人民利益(当然也包括官兵自己)密切联系,在于它能够用科学理论引导人们正确认识自身的利益,正确对待切身问题,并且团结起来为自己当前和长远的利益而奋斗。革命战争年代,正是那些与民族共命运、人民同奋斗者本着"要么当英雄,要么成烈士"的执着,才有今天来之不易的民族富强、国家独立、人民幸福。新时代,虽然较长时期的和平环境容易让人有"赶上了盛世享太平"的错觉,但是战争从来不曾远离。一代人有一代人的际遇,一代人有一代人的责任。习近平强调:"实现中华民族伟大复兴,是中华民族近代以来最伟大的梦想。可以说,这个梦想是强国梦,对军队来说,也是强军梦。"①强军梦是国家的梦、军队的梦,也是每个官兵的梦。"得其大者可以兼其小。官兵只有把个人的理想抱负融入强国强军的伟大实践、把个人成长与强国强军紧密结合起来,才能有真正出彩的军旅人生。可以讲,正是基于"官兵成长进步是部队一切工作健康发展的前提与基础"的认识,新《纲要》突出强调了"师旅团级单位应着力解决官兵学习

---

① 《习近平谈治国理政》(第一卷),外文出版社,2018年,第219页。

成才、文化生活改善"等实际困难。从思想政治教育的角度来讲,就是要把教育搞得既有时代的高度,又有生活的温度;既有历史的厚度,又有使命的硬度;既有发展的速度,又有思考的角度,尊重基层官兵、信任基层官兵、依靠基层官兵、为了基层官兵。加快构建"三位一体"新型军事人才培养体系,用好基层实践平台,抓好群众性练兵比武活动,激发官兵立足本职岗位成长成才,加固强军兴军的人才支撑。

第二节　构建新时代思想政治教育体系的三重维度

基层是部队全部工作和战斗力的基础,基层官兵既是基层建设的主体,也是开展基层思想政治教育的根本依据和决定因素。习近平在中央军委基层建设会议上的重要讲话中强调:"要用信任的眼光、欣赏的眼光、发展的眼光看待基层官兵,探索构建新时代思想政治教育体系,提高教育针对性和实效性。"①军队思想政治教育要想切实担负起在强军兴军伟大征程中的"中心环节"使命,理应紧紧围绕培养有灵魂、有本事、有血性、有品德的新时代革命军人,锻造具有铁一般信仰、铁一般信念、铁一般纪律、铁一般担当的过硬部队来开展,来创新,确保人民军队永葆忠于党、忠于人民的政治本色和敢打硬仗、善打胜仗的优良作风。

一、不断提升基层官兵在思想政治教育中的获得感

马克思指出:"人们为之奋斗的一切,都同他们的利益有关。"②军队思想政治教育是在官兵头脑中搞建设的灵魂工程,只有紧紧抓住基层官兵切身

---

① 《习近平出席中央军委基层建设会议并发表重要讲话》,《解放军报》,2019 年 11 月 10 日。
② 《马克思恩格斯全集》(第 1 卷),人民出版社,1956 年,第 82 页。

利益这只"看不见的手",不断提升基层官兵在思想政治教育中的获得感,才能触及官兵灵魂、启迪官兵心灵、熨帖官兵心坎、浸润官兵心田。

(一)思想政治教育是党掌握人民军队的中心环节

军队思想政治教育主要包括理论武装和思想领导两个方面,是党从政治上、思想上掌握军队的主阵地和主渠道。党对人民军队绝对领导的根本原则和制度,发端于南昌起义,奠基于三湾改编,定型于古田会议,是人民军队完全区别于一切旧军队的政治特质和根本优势,是我军的生命所系、力量所依、灵魂所在。回顾人民军队走过的辉煌历程,不难发现:我军之所以能够战胜各种艰难困苦、不断从胜利走向胜利,最根本的就是坚定不移听党话、跟党走。早在抗日战争时期,毛泽东就曾强调:"掌握思想教育,是团结全党进行伟大政治斗争的中心环节。如果这个任务不解决,党的一切政治任务是不能完成的。"①习近平多次强调"掌握思想领导是掌握一切领导的第一位",要切实从思想上政治上牢牢掌握部队。我们党历来高度重视用先进理论和革命思想教育部队,注重把"进步的政治精神贯注于军队之中",这是我们党的特有优势,也是我军的重要法宝。我军在成立之初,成分十分复杂,思想非常混乱。以毛泽东同志为主要代表的共产党人,通过大量艰苦细致的思想工作,通过与各种错误思想的坚决斗争,把官兵思想统一到马克思主义科学理论上来,把官兵意志凝聚到党的旗帜下,极大激发了军心士气,加强了革命纪律,最大限度地发挥了我军技术和战术水平。历史反复证明,一个党要长期执政,一支军队要蓬勃发展,就必须牢牢掌握思想领导这一中心环节,一旦思想防线失守了,其他防线就很难守住。苏联解体前,苏共主动放弃了马克思主义的指导地位,把军队思想搞乱了,以至于关键时刻军队同党离心离德,留下血的教训。当前,敌对势力把我军作为意识形态渗透的重

---

① 《毛泽东选集》(第三卷),人民出版社,1991年,第1094页。

点,鼓吹"军队非党化、非政治化"和"军队国家化"等错误观点,对此我们应当警钟长鸣,时刻绷紧讲政治这根弦,坚决防止思想上的"温水煮青蛙",始终在思想上政治上行动上与以习近平同志为核心的党中央保持高度一致。

(二)思想政治教育是成就强军伟业的重要抓手

任何一项伟大事业的开创与成功,都离不开精神力量的支撑与推动。通过思想政治教育,可以使官兵深刻理解党在新时代的强军目标的科学内涵与重大意义,深刻理解"五个更加注重"的战略指导,持续激发官兵的革命精神、奋斗激情、创造热情,凝聚强军兴军的磅礴力量。思想政治教育夯实军魂根基,使官兵牢固树立对马克思主义、共产主义的坚定信仰,这种信仰是理论上的彻底性、目标上的向心性、行动上的自觉性的高度统一,是军魂永驻的根本保证。思想政治教育聚焦备战打仗,宣扬官兵看得见、感受得到的强军故事、精武标兵,引领部队按照对战斗力的贡献率统筹各项建设,激励官兵把能打仗、打胜仗作为终身课题。思想政治教育传承红色基因,使官兵牢固树立马克思主义的战争观和生死观,赓续革命传统、保持优良作风,始终保持为人民服务的宗旨本色、艰苦奋斗的前进姿态,始终保持为正义而战、为和平而战、为人民而战的血性胆气,永远充盈一股劲,一股革命精神。历史是最好的教科书、最好的清醒剂、最好的营养剂。党史军史反复出现一个带有规律性的现象,即凡是军事斗争、军事训练、军事准备搞得好的时期,都是人民军队思想政治教育搞得好的时期。思想政治教育与军事中心工作总是相辅相成、互促共进的。要锻造听党话、跟党走的过硬基层,确保党对军队的绝对领导直达基层、直达官兵,思想政治教育只能加强不能削弱,只能前进不能停滞,只能积极作为不能被动应付。这是党从思想上政治上建设和掌握部队的内在要求,也是成就强军伟业的重要抓手。

(三)思想政治教育是官兵个人成长进步的现实需要

《谭政报告》指出:"从人们思想的进步才能进到行动的进步。""差不多可以说,思想的进步过程,就是工作的进步过程,就是群众情绪的进步过程。那里的思想改造做得愈彻底,那里的工作,那里的群众情绪,那里的工作作风的进步也就愈彻底。"①思想进步是一切进步的前提,思想素质是一切素质的基石。思想政治教育可以提高官兵的文化素养。文化素养离不开科学的理论思维,善于去伪存真、去粗取精,由此及彼、由表及里的理性思想,善于运用正确的立场、观点、方法对各种纷繁复杂的问题作出科学的分析和判断。军队思想政治教育通过系统地灌输马克思主义基本原理和党的创新理论,可以使官兵逐步理解历史唯物主义和辩证唯物主义,掌握认识世界、改造世界的锐利思想武器,这是引领官兵打开真理之门的"金钥匙"。思想政治教育可以帮助官兵拧紧世界观人生观价值观的"总开关",使官兵"心不动于微利之诱,目不眩于五色之惑",练就金刚不坏之身,始终保持高尚的道德情操和健康的生活情趣,自觉远离低级趣味,坚决抵制歪风邪气。思想政治教育可以帮助官兵保持良好的心理状态。通过系统思维、辩证思维、底线思维的灌输与训练,可以帮助官兵避免一叶障目、不见泰山,正确看待得失成败,学会换位思考,驱散偏激情绪,战胜非理性冲动,始终保持平和阳光的健康心态。至为重要的一点是,通过思想政治教育,强化官兵的政治意识和政权意识,认识到国家好,民族好,大家才会好;认识到自从我们在党旗军旗下举手宣誓,我们的前途命运就和这个党、这个军队紧密相连;认识到只有自觉学习强军思想,建功强军实践,才会在军旅生活中放飞梦想、实现理想。

二、切实强化基层官兵在思想政治教育中的参与感

教育是一个灵魂唤醒另一个灵魂,是一个你来我往、相互碰撞的过程。

---

① 总政治部办公厅:《中国人民解放军政治工作历史资料选编》(第七册),解放军出版社,2001年,第420页。

提高思想政治教育的质效,不仅需要教育者不懈努力、春风化雨,而且需要基层官兵主动响应、积极参与。运用群众的力量来教育群众自己,发挥基层官兵的能动性与积极性,切实强化基层官兵在思想政治教育中的参与感,既是党的群众路线在部队思想政治教育中的具体运用,也是贯彻我军政治民主的必然要求。

（一）基层官兵是思想政治教育的依据

军队思想政治教育是为解决官兵的思想认识问题而存在的,在解决问题中发挥引领人激励人塑造人的功能,是其根本价值所在。我军思想政治教育具有注重从官兵主要思想矛盾出发来解决思想认识问题的优良传统。1929 年古田会议针对当时不少官兵中存在的单纯军事观点、极端民主化、绝对平均主义等错误思想,鲜明地提出了思想政治教育的一整套理念、思路和措施,使我军思想政治教育基本定型。抗日战争全面爆发后,红军改编为国民革命军第八路军,要摘下红星八角帽,换上青天白日徽。许多基层官兵想不通,有抵制情绪。刘伯承为此专门为他们上了思想政治课,指出:"帽徽是白的,可我们的心永远是红的!"迅速统一了官兵思想。在我军思想政治教育史上,这样的例子还有很多。做好新时代思想政治教育,同样要把基层官兵作为基本依据。习近平指出:"思想政治教育年年搞,但打下的烙印不是很多。主要问题是有的教育接地气不够,联系实际不紧,说不到官兵心坎里,激不起思想共鸣,没有找准穴位,打鼓没有打到点子上。"①这一重要论述为提高思想政治教育质效指明了方向,要求我们必须端正教育动因和指导思想,尊重官兵主体地位和创造精神,切实奔着现实问题和思想去,用真理说服人、用真情感染人、用真实打动人,拓展党的思想理论,掌握官兵的广度力度深度。

---

① 总政治部:《习近平关于国防和军队建设重要论述选编》,解放出版社,2014 年,第 228 页。

（二）基层官兵是思想政治教育的主要参与者

确定受教育者为主体，发挥受教育者的主体性，是现代思想政治教育的基本指导思想。基层官兵是部队建设的主体，也是思想政治教育的主体。只要把基层官兵中蕴藏着的智慧与力量、意愿与热情充分激发出来，就没有搞不好的教育。要切实端正对待基层官兵的根本态度，不做高高在上的"教师爷"，切实改变那种"我讲你听""我打你通""我说你记"的单向度教育模式。坚持基层至上、士兵第一，用信任的眼光、欣赏的眼光、发展的眼光看待基层官兵，不断厚植对基层官兵的感情，切实尊重他们在思想政治教育中的主体地位、民主权利和创造精神。要调动基层官兵参与教育过程，纠治"牛不喝水强按头"的旧套路，教育前应与基层官兵广泛谈心、开展调研，引导官兵把自己摆进去、把职责摆进去、把工作摆进去，采取启发式、讨论式、情景式等教育方法，努力做到问题官兵摆，是非官兵辨，答案官兵找，使官兵自觉接受科学理论的熏陶。要针对基层官兵实际精准施教，改正"大水漫灌""一锅煮""一刀切"的教育方式，针对各个部队、各个地域基层官兵的思想行为特点，努力做到因人施教、因材施教、因时因地施教。要提高基层官兵的教育参与度，克服教育者唱"独角戏"的现象，利用饭前饭后、读书读报、训练间隙等点滴时间灵活组织"干部小讲堂、士兵微课堂"等活动，努力让基层官兵人人上讲台，时时受教育，个个受触动。

（三）基层官兵是思想政治教育中的自我教育者

最好的教育，是教会人"自我教育"。军队思想政治教育作用的实现，离不开基层官兵的自我教育。没有基层官兵的自我教育作用的发挥，思想政治教育者所传播的教育内容就不可能为基层官兵所真正理解和接受。从某种程度上讲，没有自我教育，便没有真正的思想政治教育。我军历来重视官兵自我教育，1947年冬至1948年夏开展的以诉苦和"三查三整"为主要内容的大规模民主整军运动，广泛采取了官兵自我教育的形式，取得了良好效果。信息网络时代,全媒体及其所携带的海量信息既为官兵自我教育提供了便利途径和丰富内容,也为坚守思想政治教育的政治属性、政治定位、政治导向提出了新的挑战。随着我国改革开放不断深化,基层官兵自主意识、独立意识明显增强,既为发挥官兵在教育中的主体地位创造了条件,也对教育组织者发挥其在教育中的主导地位提出了新的挑战。新时代进一步发挥基层官兵的自我教育作用,就要充分相信官兵的基本觉悟,相信我军长期以来形成的思想政治教育体系与制度的科学性,放手发动基层官兵进行自我教育,引导他们把心里话讲出来,把思想疑惑摆出来,自己解扣子、找答案,在相互讨论辨析中启发觉悟,共同提高。要充分发挥党组织在官兵自我教育中的主导作用,精心设置议题,严密部署讨论过程,扎实组织基层官兵深入学习党的思想理论、方针政策,主动提供反映国防和军队建设成就的数字、图表等,提高基层官兵在自我教育中的思想站位和思维水平。通过运用官兵喜闻乐见的方式、内容、时机,用好全媒体资源和现代信息技术,进一步活跃强军兴军语境下的群众性自我教育。

三、不断增强基层思想政治教育的时代感

思想政治教育是一项常讲常新的工作。面对我军使命任务要求、建设内涵、日常运行状态、部队组织形态、官兵成分结构、外部社会环境等方面出现的新情况新变化,思想政治教育创新发展的关键,就是要突出其时代性和感召力。

第一,系统安排教育目标。教育目标是基层思想政治教育预期的目的和结果,是开展基层思想政治教育的前提,决定着基层思想政治教育的方向和任务,规定着基层思想政治教育的基本内容,也是形成基层思想政治教育合力的价值基础。历史和现实反复告诉我们一个简单而又深刻的道理:理想化地搞教育,教育效果往往不理想。想把每名官兵都培养成思想家、理论

家,既无可能,也无必要。要防止一些单位调门高、表态快,过高设置教育目标,致使思想政治教育在基层"高高举起、轻轻放下","流于形式、走了过场"。要搞好思想政治教育的顶层设计,充分发挥思想政治教育的核心功能。罗荣桓元帅1956年在解放军政治学院的讲话中说过:"军队要生存,就要靠政治工作。政治工作要保证部队的行动符合党的要求,按党的政策办事。"聂荣臻元帅曾指出:"知道自己为了什么而斗争的军队是不可战胜的。"作为党缔造和绝对领导下的人民武装,基层思想政治教育理应强化我军的性质、宗旨、本色、作风和使命教育,并使之成为教育目标的核心落点。

第二,科学设置教育内容。马克思反复强调"'思想'一旦离开'利益',就一定会使自己出丑"①。《谭政报告》也指出:"在一定物质基础上,思想掌握一切,思想改变一切。"②这就告诉我们:思想政治教育要取得实效,就要奔着现实问题和活思想去,有的放矢、增强实效。建军九十多年来,人民军队在科学设置、教育内容上积累了丰富的经验,尤其是在强国强军新的伟大征程上,成绩更是可圈可点、有目共睹。但也应当看到,教育内容重复率高、时效性不强、针对性偏低等情况仍然不同程度地存在。还应该从教育内容设置的角度防止和克服理论武装中出现自满松劲、浅尝辄止、理论武装低层次循环等倾向。教育内容应该紧紧围绕教育目标来展开,旗帜鲜明讲政治,拥护"两个确立",增强"四个意识"、坚定"四个自信"、做到"两个维护",贯彻军委主席负责制;应该一切为了提高战斗力,把思想政治教育贯穿到军事力量建设和运用的各领域全过程;应该关注官兵个人成长进步,把部队建设全面发展与官兵个人发展有机结合,充分调动强军兴军的每一细胞、每一分子的活力。

---

① 《马克思恩格斯全集》(第2卷),人民出版社,1957年,第103页。
② 总政治部办公厅:《中国人民解放军政治工作历史资料选编》(第七册),解放军出版社,2001年,第420页。

　　第三,灵活运用教育方法。教育也好,文化也罢,在一定意义上来说,就是一种传播。离开了传播,便没有生生不息的教育,便没有千姿百态的文化。最好的传播方法,大概要算"共情传播"。马克思强调:"人不仅用思维,而且用全部感情向自己证明对象世界。"苏联著名教育家苏霍姆林斯基也曾指出:"思想不是在它被记住的时候就会成为神圣而牢不可破的,而是在它们生存于充满朝气的思想和情感的波澜之中、自下而上于创造和行动中的时候才成为神圣而牢不可破的。"历史和现实反复告诉我们,思想政治教育的力量在一个"真"字,要用真理说服人、用真情感染人、用真实打动人,在强化感情共鸣中增进思想共识。在这个"传播为王"的信息时代,基层思想政治教育必须适应信息网络时代思想文化交流交融交锋加剧,特别是网生一代官兵的特点,坚持课堂教育与随机教育、理论灌输与启发自觉、面对面与键对键相结合,奔着现实问题和思想创新思想政治教育。

　　第四,严格规范教育评估。评估是思想政治教育一个不可或缺的重要环节,也是解决现实生活中存在的思想政治教育"说起来重要,做起来次要,忙起来不要"现象的一个"硬指标"。当然,这里的评估,绝非"数人头、看篇数、翻本子、查记录",或者是看"教育搞了多少天、稿子上了多少篇、活动抓了多少个、经验出了多少条"。而是通过科学反馈,对教育过程和效果进行实事求是的分析。既不能把教育当作"包治百病"的灵丹妙药,也不能将教育视为可有可无的"软指标"。部队教育效果不好,固然有方式方法问题,但与领导干部自身不过硬有着直接关系。教育效果很大程度上取决于教育者、领导者以身作则和单位政治生态。只有不仅说得让人信服而且做得让人佩服,这样受教育者才能心悦诚服。教育的评估标准,就是看是否转化为拥护"两个确立"、增强"四个意识"、坚定"四个自信"、做到"两个维护"的高度自觉,是否转化为不忘初心、牢记使命的执着信念,是否转化为学习强军思想、建功强军实践的实际行动,是否转化为坚持问题导向、推进强军事业的实际成效。

第五，积极回应时代课题。问题是时代的声音，也是工作的导向。一个时代有一个时代的问题，一代人有一代人的使命。网络技术的日新月异，深刻改变着时代的文化记忆、文化建构，也深刻改变着每一个人。在互联网进军营之后，思想政治教育如何建网、用网、管网，已经成为每名官兵必须面对的日常问题。政治工作过不了网络关，就过不了时代关。在这个信息时代，基层思想政治教育必须坚持守正创新，增强思想政治教育时代性和感召力。一方面，要积极顺应这个信息时代，既要学会信息时代的迭代思维，又要努力提升信息素养；既要把握信息时代的传播特点，还要跟进信息时代的话语变迁；既要入圈入群成为基层官兵的好友，还要及时准确发声引导舆情。另一方面，又要积极教育引导基层官兵准确对待网络新兴事物，诸如网购、网游、网恋、网贷、网赌等，开展好消费观、休闲观、婚恋观和党纪、国法、军规、家风教育。

第六，切实讲好强军故事。文化是一个运用符号、传递价值、形成规范的社会过程。任何一种文化，总是依托于特定符号——文化产品来参与社会机体运行的。综观古今中外，无论是口口相传还是文字记载，故事凝结和传递的都是一个民族、一个时代的价值标准和行为准则。强军故事，是新时代国防和军队建设的印记，承载和传播着强军实践的价值追求、精神动力与行为规范，是中华优秀传统文化、社会主义先进文化、革命文化在新时代军事实践中的文化凝结，是强军文化的重要故事形态体现。一项没有文化支撑的事业难以长久。伟大的强军实践，客观上提出了打造强军文化的时代要求。无疑，讲好强军故事对于凝聚起强军行军的磅礴力量具有重要作用，是打造强军文化的重要内容。这就需要我们坚持问题导向，增强强军故事的"粘性"和"张力"。讲好强军故事，必须把握新时代军队的"力量之问"，围绕新时代军队的"使命之问"，回答新时代军人的"价值之问"，以达到走心入脑、行有所范的效果。

第三节　增强军队思想政治教育实效性的四个向度

思想政治教育作为提高官兵思想政治觉悟的主要途径,是部队政治工作的一项重要内容。增强思想政治教育实效性,是指教育者依据受教育者的特点,从其实际情况出发,以适当的内容、适宜的方式方法在恰当的时机场合,对受教育者进行教育引导,切实增强思想政治教育的吸引力、感染力和说服力,最终实现教育的目的。面对强国强军新的伟大实践,加之官兵生活方式和价值观念的深刻变化,要充分发挥思想政治教育特有的功能和作用,构建新时代人民军队思想政治教育体系,研究探索提高新时代思想政治教育科学性有效性的方法途径,让"中心环节"融入"中心工作"发力显威。

一、利益相关:增强军队思想政治教育实效性的现实基础

马克思主义认为,利益是人类生存的基础,也是人们进行其他社会活动的最基本条件。因为利益是人类进行社会实践活动的直接动因和最终目的,追求它贯穿于人类社会发展的整个过程。马克思曾经说:"人们奋斗所争取的一切都同他们的利益有关。"[1]利益是思想的基础,利益决定思想,"'思想'一旦离开'利益',就一定会使自己出丑"[2]。利益是一切关系的核心,"每一既定的经济关系首先表现为利益"[3]。作为经济关系的直接体现,社会矛盾集中表现为利益矛盾,但为了调节矛盾、为了人类整体和长远的生存发展,要求人们暂时放弃某些局部的、眼前的利益,服从整体、长远的利

---

① 《马克思恩格斯全集》(第 1 卷),人民出版社,1956 年,第 82 页。
② 《马克思恩格斯全集》(第 2 卷),人民出版社,1957 年,第 103 页。
③ 《马克思恩格斯选集》(第三卷),人民出版社,1995 年,第 209 页。

益。这就要求人们在追求自身利益的同时,还必须正确认识和处理好各种利益关系。然而教育对象由于受思想境界所限,对利益的确认、发现与合理实现,不是一个纯粹客观的自发现象,而是在社会意识形态的教化下,通过人的意识、意志和行为在社会关系中以人们自觉意识到了的利益体现出来。基于此,军队思想政治教育输出的思想信息必须是与教育对象利益相关的信息,否则其反应可能是迟钝的,甚至是无动于衷的。但是如果思想政治教育仅仅着眼于满足官兵个人、眼前的利益,既违背了思想政治教育的根本职能,也降低了思想政治教育的格调。因为军队思想政治教育的价值主要体现在对长远利益与眼前利益、整体利益关系与个体利益的正确认识和处理上。因此,在思想政治教育过程中,当教育对象还没有正确地认识到自己的利益时,没有准确地认识到利益实现的合理原则时,就要通过各种教育活动使其尽快认识到这一点,进而实现由利益认同到价值认同。正如毛泽东指出:"马克思列宁主义的基本原则,就是要使群众认识自己的利益,并且团结起来,为自己的利益而奋斗。"①当前教育有时效果不理想,难以调动官兵积极性,其中一个重要原因就是没有找准找好国家、军队和个人的利益交汇点,致使官兵觉得教育内容空洞,不合实际。

事实上,我军思想政治教育之所以具有强大的生命力和号召力,就在于教育人们为阶级的、民族的、国家的根本利益而奋斗的同时,注意关心人民群众和干部战士个人的、眼前的物质利益,并把两者很好地结合起来。早在井冈山时期,针对"左"倾分子只知道向群众要粮要物要人,丝毫不顾群众疾苦、不关心人民大众生活痛痒的错误倾向,毛泽东就指出,一定要关注群众的切身利益问题,从关心"柴、米、油、盐"等基本的生活物资做起,并提出了"打土豪,分田地"的政治口号,从而使群众真正认识到我们党是为群众谋利

---

① 《毛泽东选集》(第四卷),人民出版社,1991 年,第 1318 页。

益的,从内心里理解和接受我们党的政治号召,在行动上紧紧团结在党的旗帜之下。抗日战争时期,我们党在领导人民群众进行艰苦抗战的同时,开展了轰轰烈烈的大生产运动,实行了减租减息、拥军优属、拥政爱民等一系列政治、经济政策,有效地减轻了民众的负担。正是靠实实在在地为人民谋利益,才出现"妻子送郎上战场,父母送儿打东洋"的感人场面。解放战争时期,开展以"诉苦三查"为核心内容的"新式整军运动",把个人命运与阶级、国家命运联系起来,把个人利益升华为阶级和民族的利益,在此基础上最终提出了"打倒蒋介石,解放全中国"的政治目标。抗美援朝时期,针对新中国成立后,军民普遍存在"建设小家园,过好小日子"的心理,政治教育提出了"抗美援朝,保家卫国"的政治口号,引导大家认识到,援朝就等于保卫自己的国家,有国才有家、卫国才能保家的道理,起到了巨大的导向和激励作用。可见,在不同的历史时期,我党我军的政治教育都很好地把个人利益与党、军队的任务结合在一起,激发广大军民的利益认同和官兵听党指挥、能打胜仗、作风优良的政治热情,起到了很好的动员效果,从而赢得了一次又一次辉煌胜利。

"每一历史时期的观念和思想也同样可以极其简单地由这一时期的生活的经济条件,以及由这些条件决定的社会关系和政治关系来说明。"①随着市场经济理念和市场运行机制的完善,人们心理的期望值越来越高,也越来越物质化。这些问题解决不好,就会直接影响部队的稳定和战斗力的提高。必须着眼于官兵的全面发展,牢牢抓住不同利益关系的交汇点,来加强和改进思想政治教育。

一是准确把握义和利的交汇点。"义",即官兵的牺牲奉献的精神;"利",即官兵的物质利益。只讲"义"不讲"利"是精神万能论,易引起官兵

---

① 《马克思恩格斯选集》(第三卷),人民出版社,1995 年,第 41 页。

反感;只讲"利"不讲"义"是物质至上论,易导致官兵理想信念的迷失。因此,在思想政治教育实践中要坚持利义合一,在个人利益与整体利益、局部利益与全局利益一致的情况下,通过讲物质利益,来激发官兵的自我意识,为实现自我价值而奋斗;同时引导官兵树立科学的奉献观,不仅做到以义节利,而且深化对利益的追求,为了国家的公利而勇于牺牲自己的私利。

二是准确把握国家、军队和个人利益的交汇点。部队作为执行政治任务的武装集团,必须强调讲大局、讲牺牲、讲奉献。这就要求我们全体干部战士摆正个人利益、军队利益和国家利益的关系,自觉地以个人利益、军队利益服从国家利益。没有这个服从,就是没有思想觉悟,最终也会损害个人利益。但是讲大局、讲服从、讲奉献,绝不是否定官兵正当的物质利益,在具体操作上必须划清个人理想和名利思想、正当的物质利益和个人主义的界限,在强调和保证国家利益、军队利益的同时,也要尊重和维护官兵正当的物质利益,从而有效地引导官兵为实现理想而爱国奉献。

三是准确把握眼前利益与长远利益的交汇点。眼前利益是人们首先看到的利益、是实际存在的利益,否认这一点便不是唯物主义者。因此,无论是革命,还是建设、改革与发展,都必须给官兵以看得见、摸得着的利益,这样才能调动其积极性。但是绝不能过高地估计眼前利益的作用,如果忽视长远利益的地位和作用,最终将影响眼前利益的取得,甚至导致眼前利益的得而复失。历史唯物主义认为,利益是在历史过程中发生和发展的,今天的眼前利益是以前历史发展的结果,是以前利益客体满足利益主体需要的结果。随着新的客体的产生和变化,就要求主体重新能动地改造客体,进而实现新的利益即长远利益。因而在进行思想政治教育时,教育者首先必须立足长远利益,着眼眼前利益,寻求两者的交汇点,教育才能收到事半功倍的效果。

二、思想相切：增强军队思想政治教育实效性的根本基点

军队思想政治教育是一个系统工程，它是由多层次的链条组成的。按照系统论的原理，任何一个系统工程总有一个中心环节或基点。思想政治教育这个系统工程，中心环节和基点是"思想"。因为人们"行动的一切动力，都一定要通过他的头脑，一定要转变为他的愿望的动机，才能使他行动起来"①。这就是说，人们的一切行为都是受思想支配，思想是内部动力，行为是外部表现。而军队思想政治教育的基本任务就是要帮助官兵树立正确的思想、观点和立场，克服错误的思想、观点和立场，纠正不良的行为，从而实现思想政治品德认识到思想政治品德行为的转化。然而支配人们行为的思想，并不是头脑里固有的，"总是在客观上被历史状况所限制，在主观上被得出该思想映像的人的肉体状况和精神状况所限制"②。也就是说，人的思想的形成和发展既受到客观外界条件即一定的社会环境和物质生活条件的影响，又受到主观内部因素如人们的生理和心理发展状况的制约。可见，影响思想变化的因素很多，如物质因素、精神因素、政治因素、社交因素、个人本身的性格、气质、智能、兴趣、习惯等因素，都会对人的思想变化产生一定的影响。因此，要想搞好新时期的思想政治教育，必须大兴调查研究之风，认真分析形势变化，及时掌握官兵思想动态，对官兵产生的思想问题，做到知面、知心、知源，采取切合官兵思想问题的解决方法，对症下药，进而取得入耳、入脑、入心的教育效果。

在思想政治教育实践中，我党我军历来就注重剖析重大形势与任务变化给官兵思想带来的问题，选择切合官兵思想实际的内容与方法，以加强思

---

① 《马克思恩格斯选集》（第四卷），人民出版社，1995 年，第 251 页。
② 《马克思恩格斯全集》（第 20 卷），人民出版社，1971 年，第 40 页。

想政治教育的针对性和有效性。比如,经过大革命失败的洗礼后,中国共产党开始认识到武装夺取政权的重要性。在毛泽东的领导下,开始建立革命根据地。此后,革命根据地日益扩大,党的组织和红军也不断扩大。但是随着根据地和红军的日益扩大,党和军队内的干部队伍成分发生了变化,大量农民或其他小资产阶级分子进入党内,来自旧军队的官兵带来了浓厚的雇佣军队的旧思想、旧作风,组织成分的复杂决定了思想状况的复杂。毛泽东在《古田会议决议》中分析了红军中存在的一些问题:单纯的军事观点、极端民主化、非组织的观点、绝对平均主义、主观主义、个人主义、流寇思想和盲动主义的残余等,并指出:"党内种种不正确思想的来源,自然是由于党的组织基础的最大部分是由农民和其他小资产阶级出身的成分所构成的;但是党的领导机关对于这些不正确的思想缺乏一致的坚决的斗争,缺乏对党员作正确路线的教育,也是使这些不正确思想存在和发展的重要原因。"①基于对当时红军的思想政治面貌洞悉得非常清楚准确,因此在纠正错误思想的方法上、在采用教育培训的材料和手段上,都非常切合被教育者的思想实际和生活实际。比如,为克服"机会主义"思想,当时强化了形势任务教育,促使官兵的思想不"囿于四军的局部环境"而应认识整个革命形势;为克服"流寇主义"思想,加强对党员的马克思列宁主义理论和党的正确路线的教育,使官兵认识到其已经为"今日环境所不许可";对于有偏见的、受处罚的、伤兵、新兵、俘虏兵,以及对工作不安的、思想动摇的同志,则要求和他个别谈话,并规定谈话前,须调查谈话对象的心理及环境,谈话时,须站在同志的立场,用诚恳的态度和他说话。正是实事求是地分析了当时的情况和官兵存在的思想问题,有针对性地采取解决其问题的措施与办法,易于为教育对象所接受,从而为正确处理党内、军内的思想政治问题奠定了基础。

---

① 《毛泽东选集》(第一卷),人民出版社,1991年,第85页。

新时代官兵思想呈现出多变性、多样性、隐匿性等特点，这就要求我们必须加强对官兵思想行为特点和合理需求的研究，采取切合官兵思想实际的措施，以增强教育的实效性。

一是善于调查研究，把准思想脉搏。毛泽东特别强调在思想政治教育前必须先调查研究。他说："做宣传工作的人，对于自己的宣传对象没有调查，没有研究，没有分析，乱讲一顿，是万万不行的。"[①]思想政治工作是做人的工作，只有对人们在社会生活中所表现出来的认识、态度、行为等进行调查研究，做到心中有数，方能有的放矢，对症下药，收到实效。"射箭要看靶子，弹琴要看听众"[②]，就是这个道理。有些教育效果之所以不理想，一个重要的原因是对群众的真实思想没有摸透，对不同类型群体人员的思想脉搏没有号准，教育无的放矢，收不到实效。因此，调查研究是思想政治教育工作的基本功，是思想政治教育之母，不会做调查研究的思想政治教育工作者，是一个不称职、不合格的思想政治教育工作者。

二是善讲道理，及时开导。思想工作是开导人的工作，讲道理则是开启人们心灵大门的钥匙。做群众思想工作应多讲道理、善讲道理，通过讲道理去开导群众，实现以理服人、以理育人的目标。对此，要把道理讲明，做到理论问题通俗化，把"天文"变成"地理"，将道理融入事理，将情理融入法理，使群众能够听得进，记得住，学得会，用得上，干得了，这样才能增强吸引力、说服力和感召力；要把道理讲实，做到贴近生活、贴近官兵、贴近实际，对官兵关注的热点难点问题，必须作出实事求是的、科学合理的、令人信服的回答，不能文不对题、随意拔高；要把道理讲新，讲传统道理要赋予其新的时代内容，把尚未完善的补充完善，把讲片面了的讲全面，把新的东西及时加进去，

---

① 《毛泽东选集》（第三卷），人民出版社，1991年，第837页。
② 同上，第836页。

增加新的内涵,只有这样官兵才会觉得更真实、更具体、更生动,因而更愿听、更想听、更爱听。

三是把解决思想问题与解决实际问题结合起来。想群众所想,急群众所急,从根本解决由实际问题引发的思想问题,帮助他们解决最急切需要解决的问题,要想方设法为群众排忧解难,使他们没有后顾之忧,多做"雪中送炭"的事,既送物质亦送精神,有什么困难解决什么困难,把党组织的温暖真正送到每个人的心坎上,使思想工作真正做到点子上。

三、感情相融:增强军队思想政治教育实效性的前提条件

人的情感作为对客观事物的一种态度体验,不仅直接影响着人们的喜怒哀乐等心理活动,还无时无刻不在人的理智活动和具体行为中起着驱动作用。正如马克思所指出的:"激情、热情是人强烈追求自己的对象的本质力量。"①缺乏情感的支撑,人们坚定的理想信念很难树立起来,高尚的道德行为也难以产生。苏霍姆林斯基曾说:"情感是道德信念、原则性以及精神力量的核心和血肉。没有情感,道德就会变成枯燥无味的空话,只能培养伪君子。"②军队思想政治教育是在教育目标的调控下,教育双方主体间以教育内容为中介进行对话,借助于各种符号系统所传递的教育信息而相互作用、相互影响和相互理解,达成共识、共享,实现共同提高的精神交往互动过程。这一过程的参与者,无论是处于主导地位的教育者,还是处于主体地位的教育对象,都是有血有肉、有感有情的生命个体。因此,教育活动不仅是教育双方间思想、政治、道德知识信息的传递,更是双方情感上的沟通与交流。教育者一般是把情感与思想政治教育的目标、内容交织在一起,通过适当的

---

① 《马克思恩格斯全集》(第 42 卷),人民出版社,1982 年,第 29 页。
② 蔡汀:《苏霍姆林斯基选集》,教育科学出版社,2001 年,第 127 页。

方式对受教育者施加影响；受教育者则是通过对思想政治教育内容的理解和对教育者情感的鉴别，形成自己的情感认知。鉴于此，教育双方只有心心相印、情感交融时，才会引起彼此感情上的共鸣，进而达到"爱其生倾其力，亲其师信其道"的良好效果；反之，在教育双方心理需要相抵触、情感交流多梗阻的情况下，必然会引起教育对象在接受上的抵触性，情不通则理不达，情感相悖，任凭教育者苦口婆心，也不可能达到认同的效果。列宁深刻地指出："没有人的情感，就从来没有，也不可能有人对真理的追求。"①可见，情感贯穿思想政治教育的始终，是教育双方之间合作的纽带，是教与学的桥梁，是教育过程的"催化剂"。在思想政治教育的过程中，教育者应通过情感传递、情绪感染等努力营造一个适合思想政治教育运行的情感氛围，并促使双方由情感共鸣上升到思想共识。

　　回顾我军思想政治教育的发展历程，注重营造教育双方情感相融的环境，充分发挥教育双方情感沟通的积极作用，使教育在和谐的人际氛围中进行，不断增强教育的实效性，是一条重要的成功经验。这一点在我军政治工作早期经典文献《古田会议决议》中就得到充分体现。由于当时红四军的许多军官都是从旧军队中改造过来的，还明显带有旧军阀主义残余，军中官兵不平等、官长打骂士兵盛行，教育双方的地位、人格不平等，教育对象的接受动力很弱。为了让党和军队的思想政治工作取得实效，《古田会议决议》强调，在红军内部"官兵之间只有职务的分别，没有阶级的分别，官长不是剥削阶级，士兵不是被剥削阶级"②，提倡官兵平等，在军队内部实行民主制度，确立了士兵在革命队伍中的主体地位，红军内部官兵关系因此得到根本性的改善，士兵自觉接受思想政治教育的主动性、积极性也大为提高。同时，该

---

① 《列宁全集》（第20卷），人民出版社，1958年，第255页。
② 总政治部办公厅：《中国人民解放军政治工作历史资料选编》（第一册），解放军出版社，2002年，第356页。

决议还提出坚决废止肉刑,对于伤病兵要优待,"官长、特别是和士兵接近的连以上官长,应当随时看视病兵,送茶水给他们吃,晚上替他们盖被窝";对行军落伍的伤兵,"禁止任何人对他们怒骂或讥笑……"这些规定充分反映了以情感人、以情动人的思想政治教育方法。再如,抗战胜利后,由于参加过与国民党十年内战、经历过残酷阶级斗争的老红军在部队中的比例很少,加之抗日战争中加入中共军队的大批抗战干部和战士主要接受的是民族主义思想,他们对日军作战勇敢、富有战斗热情,但是经过抗战胜利后几个月的国共和谈,很多人都有解甲归田过太平日子的想法,以致解放战争开始时,很多人不知道为什么与国民党作战。同时,由于战事紧张激烈,对"解放战士"往往来不及充分整训,使得国民党军队中存在的纪律败坏、骚扰百姓等坏习惯被带到解放军中,个别干部甚至走向腐化堕落。为此,我们党及时开展的以"诉苦三查"为中心的新式整军运动,将诉苦分为引苦、诉苦、挖苦根三个步骤,积极发动官兵揭露国民党反动统治的罪恶、阶级压迫的残酷。特别是诉苦会、挖苦根、算剥削账、讨论谁养活谁等活动,从人的情感出发提高官兵的思想觉悟,这些活动在很大程度上对情感起到了激发和固化功能。经过宣传教育和诉苦运动,广大官兵摆脱了旧的思想观念,深刻认识到谁剥削谁的道理,揭露了地主阶级和国民党反动派残酷压迫剥削的累累罪行,广大官兵的革命热情又被激发了出来。

应当看到,少数基层干部存在日常生活不想兵、身在兵中不知兵,不出问题不找兵、出了问题惩罚兵等不良现象,这些不仅导致官兵之间的感情疏远,而且直接影响思想政治教育的效果。为此,一要融情于爱,以爱育情。热爱教育对象是教育者必不可少的、最主要的品质。罗素曾说过,凡是教育工作者缺乏爱的地方,无论受教育者的品格还是智慧都不能够充分地或者自由地发展。一个让教育对象深切地体味到了爱的教育者,必然会获得教育对象充满深情的情感信赖。但"爱"需要处于主导地位的教育者去激发、去培养、去引导、去传递,这就要求教育者必须具备施爱于教育对象的艺术。要从点滴爱起,"于细微处见真情";不仅在教育中施爱于教育对象,而且要爱在教育之余;不仅要爱在表扬之中,而且在批评之中也要充满爱。

二要融情于理,以理导情。思想教育有赖于以情感交流为先导,但情感代替不了道理。著名教育艺术家黄家燦认为:"理是可以治病的良药,情是药外带有香甜味的糖皮。无情,理难以下咽;无理,情就失去了存在意义。只有两者紧密结合才能增强教育效果。"①为此,教育中要融情于理,理中带情。既要晓之以理,又要言情恰当;既要将"理"转化为平实可信的"情",以情感的沟通促进理性交流,又要以理性思维驾驭情感交流,因为没有明理的情感会导致低格调的庸俗之情。

三要融情于行,以行激情。"其身正,不令而行。其身不正,虽令不从。"②要培养官兵的高尚情感,教育者首先要有健康的情感,尤其是要有高尚的道德情操。教育家乌申斯基曾说:"教师的人格对于年轻的心灵来说,是任何东西都不能代替的,教师的人格是教育事业的一切,只有人格才能影响人格的发展和形成。"③因此,教育者无论在生活中,还是在知识的传授中,都要以自己的人格力量使官兵直接体验到积极情感的满足,这样才能激发官兵追求高尚人格和远大理想的情感,为高尚的行为提供情感基础。

四要融情于境,以境生情。情感总是在一定情境中产生,情境中的各种因素往往对情感发生综合的作用,致使情感常受所处情境的制约。为此,教育者平时应注重多与官兵交往,关心其学习和生活,既做良师,又做益友,搭起情感的桥梁,加强彼此沟通。同时,尊重并满足官兵的情感,使受教育者在

---

① 《黄家燦教育艺术之五》,《中国教育报》,1991 年 10 月 15 日。
② 《四书章句集注》,上海古籍出版社,2006 年,第 185 页。
③ 〔俄〕杰普莉茨卡娃:《教育史讲义》,华东师范大学教育系教育史教研室译译,华东师范大学出版社,1958 年,第 375 页。

情感上容易接受、认同教育内容，进而实现教育双方情感的融通，官兵才会把对教育者的情感迁移到其所指导的领域、所传授的知识、所提出的要求和期待上，从而提高对教育内容的接受程度进而转化为自我教育的内在动力。

四、身份相符：增强军队思想政治教育实效性的重要因素

从一般意义来讲，身份是指人的出身、地位与资格。从理论意义来讲，身份是个人自我概念的一部分，它包括个体对自己作为某个（或某些）社会群体成员的身份认识，以及附加这种成员身份的评价和情感方面的意义。可见，身份是自我关于"我是谁"的观念，其"核心"就是个人的认知体系，换句话说，身份就是一个人理解周围环境的标准，也是一个人实践的动力及决定事物对其是否有意义的源泉，因为"我是谁"决定了"我想要什么"和我以什么样的方式生存。自我是一系列身份的集合，每一个身份都代表着特定的角色。人在社会上可能获得由职业赋予的身份，如军人、企业家、政府公职人员等；也可能获得由家庭赋予的身份，如妻子、丈夫等。以不同的身份出现，意味着扮演不同的角色，行为方式也就有所差别，这是由社会对不同的群体有不一样的期望与要求，单个的群体成员甚至在某种程度上会被社会放大为群体的代表所引起的。但如果一个人的身份确立模糊和身份认同受阻，他在群体中便无法找到自己的位置，也不能从个人承担的身份中感受到荣誉感和成就感，因此就没有参与群体行为、开展工作的积极性，甚至从事各种与身份无关的行为，当然也就降低了群体的整体水平。而作为社会行动者的每个人对自我的身份建构与认同都有两个轴：一是"共时性的"，和我们即时即地所处的背景有关系，它有个既定的空间，具有某种文化特征；二是"历时性的"，每个行动者都有自己的经历、过去，这些在其身为社会行动者的"身份"中的分量同样沉重。也就是说，他不仅根据其当下的背景和与他人的互动来界定自己，而且也根据其个人的和社会的经验来界定自我。

这就要求我们在军队思想政治教育实践中,要根据国家和军队赋予官兵不同身份的期望与要求,以及官兵自身的经历阅历来设置教育内容,采用灵活的方法,深化官兵对自身身份本身意义、内涵的认识,理解这一身份所应具备的能力、政治与道德标准,所享有的权利与应履行的义务,进而提高践行自身身份的能力。就此而言,思想政治教育的着力点应是解决官兵对自身"身份认同"的问题。

我军在长期的思想政治教育实践中,十分注意教育内容、方法与教育对象的身份角色相匹配,以解决官兵对自身身份角色的认同问题。土地革命时期的《古田会议决议》,从宏观层面上讲,就是要广大红军指战员自觉认清从"农民和其他小资产阶级出身的成分"到无产阶级革命战士这一"身份"的变化,按照建设一支新型人民军队的要求,用无产阶级思想去纠正各种非无产阶级思想;从微观层面上讲,就是要求党员、干部、士兵各自根据自己的"身份"要求扮演好自己的角色,因此在思想政治教育内容与方法上,根据不同的教育对象进行了有针对性的规定,比如针对党员、干部的党内教育,主要侧重于运用马列主义的观点认识、分析和解决问题,教育内容包括:政治分析、上级指导的通告的讨论、红军党内八个错误思想的纠正、群众工作的策略和技术、马克思列宁主义的研究、革命的目前阶段和他的前途问题等;在教育方法上采用党报、支部大会、党员大会、政治讨论会等十八种方法。正是通过这些有针对性的教育内容与方法,使广大党员干部认清了群众与组织赋予自己身份角色的职责与义务,深刻认识到自己与组织要求的差距与不足,自觉纠正各种错误思想,自觉提高担负重大战斗任务的能力。针对士兵进行政治训练的内容,该决议也作了十九项规定,限于篇幅这里不一一列举。抗日战争爆发后,国内的形式发生了根本性的变化,只有全民族实行抗战,才是我们的出路。为此,我军着力进行了抗日民族统一战线教育,教育干部战士忠实于民族解放事业,忠实于劳苦人民的利益,忠实于共产党的路线主张,自觉适应红军改编为国民革命军这一"身份"变化的要求,既一致抗日又保持自己的独立性,从而保证了我党我军的发展壮大和抗日战争的胜利。

随着强军兴军实践的迅猛发展,军队内部分工越来越细,官兵所扮演的身份角色不仅越来越多,而且越来越具体;同时,随着改革开放的深入和社会主义市场经济体制的形成,各阶层、各群体的利益呈现多元化,人们的思想觉悟呈现出多层次性。面对这种情况,正确地认识和区分教育对象的身份和思想层次,就成为思想政治教育科学地确定教育目标、选择教育内容和方式方法的基本出发点。

一是根据教育对象的身份特点,分类设置教育目标。对于义务兵而言,教育重在帮助其快速实现从地方青年到军人的转变,着力解决"为谁当兵、为谁打仗"的问题,将其培养为"听党指挥、献身国防、依法服役"合格一兵;对于士官而言,教育重在解决爱岗敬业、岗位成才、牺牲奉献问题,引导他们确立正确的人生观、价值观,使他们"对党忠诚、爱军精武、爱岗敬业、严守纪律";对于基层干部而言,教育重在学习实践习近平新时代中国特色社会主义理论和习近平强军思想、新时代军队使命、新时代政治建军方略和新时代军事战略方针,自觉坚定理想信念,严守政治纪律,强化政治素质、履职尽责能力、廉洁用权意识和模范带头作用。

二是根据教育对象的身份特点,合理设置教育内容。对于义务兵应主要围绕合格军人的基本要求,设置服役观、法纪观、苦乐观、价值观、成才观、消费观、荣辱观、得失观等教育内容,重点帮助他们明确军人职责要求,懂得立身做人的基本道理,打牢履行义务的思想基础。对于士官可围绕爱岗敬业、发挥作用的要求,设置岗位与职责、积极发挥作用、努力成为高素质士官、正确处理婚恋问题、做遵纪守法模范等教育内容,引导士官自觉爱岗敬业、发挥骨干作用。对基层干部可设置党的创新理论、增强事业心责任感、保持共产党员的先进性、努力成为新型复合型军事人才等教育内容,着重提高其思想理论素质和履职尽责能力。

三是根据教育对象的身份特点，采取不同的教育方法。由于义务兵入伍时间不长、文化水平相对较低，加之对部队的规定和要求缺乏了解，可采取讲清道理和规范行为相结合的形式，开展富有青春气息的读书演讲、知识竞赛等生动活泼的方法进行教育引导。士官具有一定的文化水平和接受能力，教育应采取读书指导、谈心交心、讨论交流、岗位竞赛、定期讲评等方法，启发他们提高思想觉悟。而绝大部分干部的政治理论素质、接受能力、文化水平和思想觉悟都比较高，可采用理论辅导、讨论辨析、总结述职、民主评议、领导讲评等方法。总之，军队思想政治教育只有在教育目标的设定、教育内容的设置、教育方法的选择与官兵身份相符时，才会收到较好的效果。

第四节　大力提升基层思想政治教育的获得感

一切信仰、信念、信任、信赖、信心，都源自人的需要，尽管这种需要会有物质的或是精神的、集体的或是个人的、长远的或是眼前的、可行的或是虚幻的、正常的或是变态的诸多分野。人的行为总是自觉或者不自觉、直接或者间接地为了实现某种需要的满足。需要是人类行为的原动力，需要的满足就是所谓的"获得感"。思想政治教育的获得感，就是基层官兵参加教育中在思想上、心理上、行为上产生的持续的、正向的主观体验。这种主观体验，可以是思想上解开扣子，可以是理论上答疑释惑，可以是心理上甩掉包袱，也可以是行为上"见贤思齐，见不贤而内自省之"。思想政治教育的获得感，离不开基层官兵在教育中的被尊重感、参与的愉悦感、结果的实在感和成长需要的满足感。受教育者在教育中的获得感，不仅直接决定教育效果的转化，而且影响受教育者在今后教育活动中的认同感、参与度和积极性。习近平强调："要用信任的眼光、欣赏的眼光、发展的眼光看待基层官兵，探索构建新时代思想政治教育体系,提高教育针对性和实效性。"①大力提升基层思想政治教育的获得感,无疑是构建新时代思想政治教育体系的一种积极探索和有效途径。

一、强化质量意识,把教育效果作为基层思想政治教育的出发点

质量是基层思想教育的生命。一场有质量的教育,就是基层官兵喜闻乐见的教育,就是基层官兵有获得感的教育。基层思想政治教育不能满足于"教育者的秀场""文件的收发""教案的宣读""笔记的摘录""应知应会的备考",而是要基于被教育者的体验。只有基层官兵感觉到"不参加教育是一种损失"时,才能真正把官兵对待思想政治教育的根本态度从"要我学"转变为"我要学"。

(一)理论武装与思想引领相统一

政治上的坚定,来自理论上的清醒。军队思想政治教育,是中国共产党在军队铸魂育人的工作,是党对军队实施思想政治领导的基本途径,是军队政治工作的重要内容,是增强部队凝聚力向心力创造力战斗力,团结动员官兵投身强军实践、履行新时代军队使命任务的中心环节。其中,理论武装和思想引领,是基层思想政治教育车之两轮、鸟之两翼。在现实生活中,理论武装与思想引领"两张皮"现象在一些单位不同程度地存在着。思想政治教育发挥作用、彰显价值离不开受教育者参与的自觉。官兵参加教育的自觉,源于对教育"有用""好用""管用"的朴素认识,同时也源于其履行使命、成长进步的内在需要。因此,一方面,应通过深入细致地再发动、再动员,使基层官兵进一步认识到,只有党的创新理论才能引领中国道路、凝聚中国力

---

① 《习近平在中央军委基层建设会议上强调:发扬优良传统,强化改革创新,推动我军基层建设全面进步全面过硬》,《解放军报》,2019 年 11 月 11 日。

量、实现中国梦和强军梦；习近平新时代中国特色社会主义思想是马克思主义中国化的最新成果，把这一科学理论学习好、贯彻好，是高举旗帜、听党指挥最集中的体现、最现实的要求。另一方面，应着力提高理论武装的质量，从内容到形式都充分考虑对象的特点及需求，使官兵既深刻认识到自觉用党的创新理论武装头脑、指导实践，既是部队建设发展的必由之路，也是个人成长进步的内在需要，而不是"与己无关"；又切实感受到不参加理论学习教育是一种损失，而不是"宁肯出公差，不想去听课"。同时，要坚持学以致用，奔着社会热点、理论难点、心理疑点、现实落点下功夫，使基层官兵切实感受到"真学真管用、多学多收益"。这里面，着力提高理论的张力与理论的黏性，充分发挥理论武装在思想引领中的基础价值和支撑作用，做到有的放矢，是思想政治教育者亟待强化的一项职业素养。要努力做好经常性思想工作，把思想教育、人文关怀、心理疏导结合起来，把解决思想问题和解决实际问题结合起来，有针对性地搞好教育。基层官兵参加思想政治教育有了实实在在的"获得感"，就会变"要我学"为"我要学"，变"要我干"为"我要干"，自觉投身强军实践，担负起自己的责任。

（二）教育任务与教育效果双落实

效果是人的行为所要追求的目标，思想政治教育的一切工作，无疑都应基于效果出发。思想政治教育作为党掌握军队、领导军队的中心环节，主要有主题教育、基础教育、经常性思想教育三种基本形式。思想政治教育说起来重要、形式上抓起来不难，但要真正取得成效就不容易了，关键是要突出其时代性和感召力。基层思想政治教育效果不理想，原因可以从多方面来查找。其中，思想政治教育效果评估的环节出现了"缺位""错位""越位"，是一个不争的事实。在思想政治教育螺旋式上升、波浪式前进的链条中，教育效果评估无疑是承前启后的关键一环。在现实生活中，思想政治教育效果评估中"数人头、看篇数、翻本子、查记录"的现象仍然不同程度地存在着。

这种以"教育搞了多少天、稿子上了多少篇、活动抓了多少个、经验出了多少条"为指标的教育效果评估体系,严重影响了基层思想政治教育的实效性。应当承认,当前影响基层思想政治教育效果的一个重要根源是形式主义。一些单位、部门对教育过程的要求高于对教育效果的要求,致使基层思想政治教育存在着文书性、过程性工作标准"硬化""强化""规范化",效果性检查标准"软化""弱化""随意化"。思想政治教育的对象是人,思想政治教育的效果,归根到底要靠每个官兵思想观念的进步、政治素质的提高、道德品质的修养、战斗精神的培育、使命任务的完成来反映。思想政治教育不是万能的,教育"万能论"恰恰是对思想政治教育地位、作用的最大伤害。要摆脱那种"年初出事,白干一年;年尾出事,一年白干"的评价体系,科学评估思想政治教育效果。在综合衡量官兵精神面貌、部队建设、完成任务等情况的基础上,对组教施教情况进行检查、对官兵教育满意度进行测评,主要看党员领导干部带头参加教育、以身作则和思想政治教育的时间、人员、内容、效果落实情况。应当坚持定性与定量、自评与他评、网上与网下相结合,采取座谈交流、个别交谈、问卷调查、民主测评等方式进行,确保教育任务与教育效果双落实。

(三)部队建设与官兵成长互促进

思想政治教育最伟大的意义就在于,在促进每个人自由而全面发展的同时,促进社会发展进步,最终建立自由人"联合体"。思想政治教育的其他功能、价值、目的、目标、任务,都是由此派生、衍生、滋生的,或为工具性的,或为阶段性的,或为过程性的。故而,思想政治教育一个不言而喻的功能就是唤醒受教育者的主体意识。有了主体意识,受教育者"就明确了自己作为社会的一员所具有的实际自由度和应有自由度"①。换言之,主体意识就是

---

① 杨金海:《人的存在论》,广西人民出版社,1995年,第201页。

使每个人明确自己在社会关系中的地位和作用。

新时代，基层思想政治教育唤醒官兵的主体意识，就是教育引导每名官兵自觉学习强军思想，建功强军实践。这是"四有"新时代革命军人的社会角色定位、职业特色要求和历史使命所在。当然，主体意识的觉醒不仅需要受教育者基于权利、责任的自觉担当，也需要教育者面对受教育者个性差异的尊重与包容。正如我们不能设想大街上千人一面一样，我们也不能要求每个官兵所思所想、一言一行都同频共振。一个简单的常识是，没有个性，就没有共性。天底下，和生万物，同则不继。培养"四有"新时代革命军人，就是强调共性基础上每个官兵个性的充分张扬和展现。《军队基层建设纲要》强调："充分尊重官兵主体地位和首创精神，带着对官兵的深厚感情做工作，着力增强基层内生动力和工作主动性。"尊重个性，包容差异，调动部队建设的每一个细胞的活力，思想政治教育大有可为。通过教育引导，让基层官兵"明白要使自己的个性变为现实就必须使自己的事情成为社会成员都关心和需要的事情"[①]。必须坚持以基层官兵为中心，扬正气、接地气、增底气，讲好红色历史，讲好光荣传统，讲好使命担当，讲好强军故事，通过宣传鲜活具体的人和事，教育引导基层官兵把个人成长同实现强军梦紧密结合起来，争做"四有"新时代革命军人。

二、强化服务意识，把教育内容作为基层思想政治教育的着力点

经毛泽东修改、标志着我军政治工作成熟的《谭政报告》指出："政治工作的任务，只能根据我军的基本任务与当前具体任务去规定，不能在我军基本任务与当前任务以外再有所谓政治工作的独立任务。"[②]党在新时代的强

---

① 杨金海：《人的存在论》，广西人民出版社，1995 年，第 205 页。
② 总政治部办公厅：《中国人民解放军政治工作历史资料选编》（第七册），解放军出版社，2004 年，第 429 页。

军目标和军队政治工作的时代主题,内在地规定了和规范着基层思想政治教育的基本内容。《军队基层建设纲要》强调:"基层单位应当加强对官兵的政治引领,紧紧围绕政治工作时代主题和基本任务,结合本单位实际,扎实做好思想政治工作。"

（一）围绕使命任务

军队首先是个战斗队。坚持从思想上政治上建设部队,是我军建设的一条基本原则,是能打仗、打胜仗的政治保证。新时代,把"能打胜仗"作为军队思想政治教育的主体内容之一,不是为了培养"战争贩子",而是对于"能战方能止战"这一战争与和平辩证法的深刻理解。中国共产党人和中国人民永远是和平的积极倡导者、坚定维护者、自觉推动者,同时也深谙"好战必亡、忘战必危"的道理。历史经验表明,和平必须以强大的实力为后盾,能打赢才能有力遏制战争,才能确保和平。安享和平是人民之福,保卫和平是人民军队之责。当今天下并不太平,和平需要保卫。对于军人而言,只有两种生活样态——打仗和准备打仗,军人就应有军人的样子,军人就应有军人的担当。

在相对和平的环境中,尤其是市场大潮、网络冲击的影响,我军始终面临着精神懈怠的危险,一些官兵危机意识淡薄,甚至产生了"反正现在不打仗,练好练坏一个样"的心态,满足于"过小日子""混小圈子"。美国前驻华海军武官科尔曼 2006 年撰写了一份秘密报告,题目叫"如何影响中国的国家战略和军事战略"。报告把中国军队描述成一支生活型军队,说中国军人"把参军服役仅仅作为一种谋生手段。为了该目的,一门心思谋求个人利益,将国家利益抛在了九霄云外"。科尔曼的"谋生手段"之说固然有偏见和讥讽之意,却也像一针清醒剂,令人警醒和深思。要深入扎实开展我军根本职能和形势战备教育,加强战斗精神培育,不断强化官兵当兵打仗、带兵打仗、练兵打仗思想,坚决防止和克服麻痹松劲情绪。必须纠正和平心态,破除和平积习,突出党中央、中央军委关于备战打仗决策指示的学习教育,马克思主义战争观教育,习近平强军思想学习教育,军队根本职能教育,新时代军队使命任务教育,形势战备教育,战斗精神培育,学习战史战例战将战斗英雄等。通过教育,使官兵心里装着敌情、眼睛盯着对手、脑子想着打仗,自觉枕戈待旦、厉兵秣马,让想打仗、谋打仗、练打仗成为职业本能。

(二)贴近官兵实际

思想政治工作是做人的工作,离开了人,就会沦为"虚功"。我军思想政治教育具有注重从官兵主要思想矛盾出发来解决思想认识问题的优良传统。新时代,官兵是开展基层思想政治教育的依据。基层官兵在日常生活、训练、学习诸方面出现的疑惑、面临的诱惑、存在的困惑,是各单位定期分析思想和教育形势常说常新的重要议题。当前,我军官兵成分结构发生了深刻变化,家庭出身、文化程度、经历阅历、个人追求差异性大。面对意识形态领域斗争尖锐复杂的新形势,面对社会主义市场经济条件下人们价值取向日益多元多样多变的新特点,面对信息网络深刻改变思想舆论环境的新趋势,面对国家和军队全面深化改革带来的新考验,面对军队现代化建设和使命任务拓展的新要求,面对长期相对和平环境给保持部队旺盛斗志提出的新课题,面对官兵成分结构和思想行为方式的新变化,无不需要深入细致分析研究官兵思想观念、价值取向、行为方式、精神文化需求,找准穴位、把准脉搏,有的放矢做好工作。

基层思想政治教育理应彻底克服那种图简单、好省事的"一刀切""大锅饭""大呼隆"式的教育弊端,防止"为教育而教育"的应付心态,逃避现实的"鸵鸟心态","一招鲜、吃遍天"的功利心态,教育中坚持把自己摆进去,把官兵摆进去,把任务摆进去,奔着基层官兵的现实问题和活思想去搞教育。密切关注基层官兵思想动态,及时回答基层官兵关注的重大理论和现实问题,大力强化基层官兵的忧患意识和战斗精神,切实把思想和行动引导到学习强军思想、建功强军实践上来。适应信息网络时代思想文化交流交融交锋加剧,特别是网生一代官兵特点,坚持主题教育与经常性思想教育相融通,课堂教育与随机教育相契合,理论灌输与启发自觉相促进,面对面与键对键相结合,用好全媒体资源和现代信息技术,活跃群众性自我教育,真正走进官兵、引领官兵、赢得官兵。坚持用光荣传统教育基层官兵、用崇高精神塑造基层官兵、用强军伟业感召基层官兵。实现思想政治教育宗旨的复归,把教育的出发点、落脚点和评价标准重新定位为"人"——每一名基层官兵——争当"四有"新时代革命军人,进而为强军伟业提供不竭的精神动力、人才支持。

(三)紧扣时代脉搏

不日新者必日退。一个时代有一个时代的问题,一代人有一代人的使命。随着社会日益信息化和国家不断加大对外开放的力度,社会上各种思想观念泥沙俱下、鱼龙混杂,对基层官兵的影响不容小觑。一些思想政治教育者感叹,"搞了几天的教育,赶不上战士去趟网吧的变化",这是当下基层思想政治教育不得不面临的窘况。网络技术的日新月异,深刻改变着时代的文化记忆、文化建构,也深刻改变着每一个人。军营是社会有机组成部分,基层官兵也不能在外于时代、自闭于社会。尤其是互联网进军营之后,思想政治教育如何建网、用网、管网,已经成为每名官兵必须面对的日常问题。政治工作过不了网络关,就过不了时代关。利用网络舆论即时性强、内容广泛、形式自由、语言活泼的特点,集中基层官兵的注意力、扩大基层官兵的参与度、在潜移默化中引导基层官兵自觉学习强军思想,建功强军事业,争当"四有"新时代革命军人。坚持创新为要,贴近时代脉搏,跟上社会发展,积极探索构建新时代思想政治教育体系,把基层思想政治教育搞得既有时代的高度,又有生命的温度;既有历史的厚度,又有使命的硬度;既有发展的速度,又有思考的角度;既有群体的亮度,又有个人的风度。这是基层思想政治教育的一场凤凰涅槃,一次换羽新飞! 如果教育理念、教育模式、教育内容、教育机制、教育方法等落后于社会发展,落后于基层官兵期盼,教育中就会出现基层官兵不爱听、不爱看、不爱读、不爱记、不爱想的尴尬,就难以起到应有的走心入脑的效果。要积极顺应这个信息时代,走出"为我独尊"的自恋情结,摆脱"本领恐慌"的心理阴影,告别"等靠推托"的思维惯式,以开放、包容的心态拥抱这个时代,看待新兴事物,找寻教育的最佳切入点、新的生长点。既要学会信息时代的迭代思维,又要努力提高信息素养;既要把握信息时代的传播特点,还要跟进信息时代的话语变迁;既要入圈入群成为基层官兵的好友,还要及时准确发声引导舆情,不断夯实基层官兵听党指挥、献身强军事业的思想政治根基。

三、强化主体意识,把官兵参与作为基层思想政治教育的共振点

新时代基层官兵来源多样、阅历迥异、个性鲜明,民主意识、权利意识、参与意识比较强,思想有着鲜明的选择性、流变性、迭代性等特征,并伴有强烈的个人成长成功成才和物质利益诉求。一些干部骨干面对这些变化,存在着畏难情绪和离兵现象,客观上影响和制约了强军兴军征程中的打基础、强基层工作。习近平强调:"各级要把基层官兵放在心上,满腔热忱解决实际困难,增强官兵获得感和归属感。"

(一)走好群众路线

军队政治工作是党掌握军队、领导军队的工作,也是党在军队中的群众工作。群众路线是军队政治工作的根本方法,也是搞好新时代基层思想政治教育的根本路向。回顾我们党和人民军队近百年的奋斗历程,不难发现我们党和人民军队的"政治优势实质上是群众优势。"①素以擅长做政治工作

---

① 姜思毅:《中国共产党军队政治工作七十年史》(第六卷),解放军出版社,1995 年,第 222 页。

而闻名的罗荣桓元帅,反复强调政治工作就是群众工作,没有群众路线就没有政治工作的效力。新时代,基层官兵民主意识增强、信息获取时差消弭、自我教育日益强化,这就要求思想政治教育工作者从"我讲你听""我打你通""我高你低"等"独角戏""主角戏"的单向度思维惯性中摆脱出来,切实把我军政治工作的群众立场、群众观点、群众利益、群众路线贯穿基层思想政治教育的各个方面和全过程,努力实现教育中基层官兵人人参与,个个发挥作用。在革命战争年代,"诉苦三查"运动、王克勤运动、"三视"教育、诸葛亮会等,都是群众路线在思想政治教育领域的伟大创造和光辉典范。毛泽东曾强调:"要联系群众,就要按照群众的需要和自愿。一切为群众的工作都要从群众的需要出发,而不是从任何良好的个人愿望出发。……凡是需要群众参加的工作,如果没有群众的自觉自愿,就会流于徒有形式而失败。"[①]这就启示我们,想要走好群众路线,搞好基层思想政治教育,就不要浮在上面,而是到问题最多的地方去、到困难最大的地方去、到矛盾最突出的地方去。如果干部不密切深入接触群众,只是高高在上地发号施令,思想政治教育无疑会流于形式,毫无实际效果可言。通过面对面与键对键相结合、集体谈心与个别聊天相结合、解决实际困难与解决思想问题相结合,倾听基层官兵心声,了解基层官兵生活、思想状况,和他们交心谈心,使之在闲谈中受到深刻的思想教育。同时,要形成教育合力,构建部队社会家庭"三位一体"、网上网下有机统一、机关基层资源共享、干部骨干协力齐抓的思想政治教育态势。

(二)抓好自我教育

最好的教育是没有教育。思想政治教育的本真状态就是自我教育、自律自强。著名教育学家苏霍姆林斯基认为,只有"促进自我教育的教育才是

---

① 《毛泽东选集》(第三卷),人民出版社,1991年,第1012页。

真正的教育"。前文已经讲到"思想政治教育一个不言而喻的功能就是唤醒受教育者的主体意识"。其实，只有当基层官兵从"受教育者"转变为"自我教育者"，才是他主体性发展的落脚点。"自我教育相对于专门机构或专职人员实施的教育活动而言，是受教育者把作为客体，有目的、有意识地对自己的思想、道德、行为进行转化和调控的实践活动。"①融入一个集体，就选择了一种生活。基层官兵常说的"要么出色，要么出局"，"要么合群，要么出群"，其实就蕴含着自我教育在基层思想政治教育中的地位作用。"解放军是个大学校""军营是座大熔炉"，讲的也是这个道理。毛泽东曾强调："要使群众认识自己的利益，并且团结起来，为自己的利益而奋斗。"②对于军队而言，知道自己为什么而战，是不可战胜的！人民军队忠于党、忠于人民，说到底就是回答了"为谁扛枪，为谁站岗；为谁当兵，为谁打仗"这个根本问题。精神上忠诚于自己，对于一个人的获得感而言，是至为关键的先决条件。中国自古就有"不为五斗米折腰""志士不饮盗泉之水，廉者不受嗟来之食""宁为玉碎不为瓦全"的文化传统。"当一个人一直把内心不相信的东西当作职业信仰，任其腐化着他精神的纯洁，使纯洁堕落为淫荡时，他已经准备好了去践行世间所有的罪恶。"③党的十八大以来，军内外查处的违法犯罪案子就是明证。《关于加强新时代军队基层建设的决定》要求："运用官兵喜闻乐见的方式，用好全媒体资源和现代信息技术，活跃群众性自我教育。"提升基层思想政治教育获得感，就要承认"人人都可以是教育者"。显然，劳动创造财富时的自豪感、成就感，与领取救济金时的"获得感"是不可同日而语。

（三）坚持文化渗透

文化大抵是当下最热络的"关键词"，凡百事都要与文化相勾连。仁者

---

① 印进宝、刘正斌：《军队思想政治教育新论》，解放军出版社，2004年，第122页。
② 《毛泽东选集》（第四卷），人民出版社，1991年，第1318页。
③ ［美］托马斯·潘恩：《理性时代》，田龙飞、徐维译，中国法制出版社，2011年，第5页。

见仁、智者见智的结果,便是有关文化的概念,已经超过四百个。笔者以为,所谓文化,无外乎是一个运用符号、传递价值、形成规范的过程。作为新时代革命军人的价值体系和行为规范,强军文化为基层官兵提供着关于是与非、好与坏、善与恶、美与丑、黑与白、高与下诸方面的评价标准,潜移默化为基层官兵的世界观人生观价值观,并由此衍生出个人和集体的是非感、荣辱感、使命感,从而提高基层官兵的认知水平、道德操守和人生追求,为强军行军凝聚起磅礴力量。历史和现实都告诉我们,只有不仅具备强大物质硬实力,而且具有强大精神软实力的军队,才是真正强大的军队。任何一种文化,都是实践的产物。实践的发展,必然带动文化的发展。党的十八大以来,在以习近平同志为核心的党中央的坚强领导下,人民军队的强军实践日新月异,方兴未艾。一项没有文化支撑的事业难以长久。强军文化是强军的文化建构和文化强军实践的有机统一。强军文化作为彰显军队形象和军人精神的火炬,是一种内化于心、外化于行的无形的强大精神力量,能够创造、支撑、提升军队的凝聚力和战斗力。新《纲要》强调:"坚持以文化人、以文育人,贴近任务、贴近实际、贴近官兵,抓好基层文化建设",既为新时代强军文化在基层落地生根指明了方向,也为进一步加强和改进基层思想政治教育提供了抓手。要贯彻好《传承红色基因实施纲要》,加强党史、新中国史、军史和光荣传统教育,加强战史战例战将研究和战斗精神培育,打造具有我军特色、彰显时代精神、支撑打赢制胜的强军文化。要坚定官兵革命意志、升华官兵思想境界、纯洁官兵道德情操,引导他们争当"四有"新时代革命军人,努力建功强军事业。思想政治教育应在注重思想性、政治性的基础上,遵循教育规律,提升思想政治教育的文化内涵。充分发挥强军文化在凝魂聚气、怡情益智、校正价值取向、激励军人斗志、提升官兵素质等方面的涵养教化作用。

余论：
马克思主义大众化与军队思想政治教育

　　马克思主义大众化的根本要求是以马克思主义武装大众，就这一点而言，是与部队基层政治教育的根本目的相吻合的。作为党绝对领导下的人民军队，基层政治教育的生机与活力就在其对部队官兵成功的理论武装。需要着重指出的是，这里的大众化至少包含三层意思：一是通俗化。就是理论要用老百姓的语言来表达，做到通俗而不庸俗，防止理论"神秘化""玄奥化""简单化"，要么生吞活剥，要么搬弄字眼，令人感到生硬、反感。二是寓教于乐。就是要用老百姓所喜闻乐见的形式来表达，同时防止"娱乐化"，以乐代学。三是联系实际。理论的活力源自对现实的把握和指导。马克思主义只有与我们的国情军情相结合、与时代发展同进步、与广大官兵共命运，才能焕发出强大的生命力、创造力、感召力。基层政治理论教育应坚持以最广大官兵的实践为理论创新的不竭源泉，善于从基层官兵火热的实践中提炼研究成果，善于把基层党组织和官兵在实践中创造的新鲜经验升华为理论成果，努力回答部队建设中亟待解决、官兵普遍关心的重大理论和现实问题，在推动马克思主义大众化进程中促进基层政治理论教育的创新发展。

第一节　推动马克思主义大众化是基层政治教育
改革创新的动力和归宿

　　"理论的'大众化',就是指要用广大人民群众喜闻乐见、容易接受的方式来表达它,同样不能改变其理论本性。"①部队基层政治教育就是通过内容丰富、形式多样的教育活动,把马克思主义的基本原理、基本观点通俗化、具象化,使之更好地为广大官兵所理解、所接受、所认同、所遵循,从而切实使马克思主义成为广大官兵的世界观和方法论。

一、大众化是巩固马克思主义指导地位的需要,与基层政治教育目标一致

　　马克思主义是一个复杂严密而完整的科学理论体系,是人民群众实践经验的总结,是人们认识和改造世界的强大思想武器。它只有被群众理解掌握,才能转化为强大的物质力量,在实践中发挥应有的作用。马克思说过:"理论一经掌握群众,也会变成物质力量。"②只有在我国社会主义意识形态领域,坚持当代中国马克思主义的指导地位不动摇,才能从根本上保证我国社会主义意识形态的性质和发展方向不偏离中国特色社会主义的轨迹,客观上就必然要求推动当代中国马克思主义的大众化。只有将习近平新时代中国特色社会主义思想通过广泛的宣传、普及和教育,使群众理解和掌握,让习近平新时代中国特色社会主义思想深深根植于群众的头脑,渗透于群众的精神生活,群众才能在这一科学理论的指导下,正确地辨别社会意识

---

① 郑又贤:《推进马克思主义中国化研究的辩证思考》,《思想理论教育》,2010 年第 1 期。
② 《马克思恩格斯文集》(第一卷),人民出版社,2009 年,第 11 页。

形态中的主流意识和非主流意识，自觉抛弃消极意识，建设我们民族的精神家园，从而巩固我国社会主义意识形态中马克思主义的指导地位。群众对马克思主义的掌握，离不开马克思主义的大众化普及。如何使抽象深奥、逻辑严密的理论转化为通俗易懂、喜闻乐见的形式，普及落实到基层，让群众"看得明、听得懂、学得进"，这是摆在我们面前的推进当代中国马克思主义大众化的一个重大课题。

马克思主义大众化，究其根本而言，就是马克思主义的基本原理由理论的抽象转化为理论的具体生动、由被少数人理解和掌握转变为通俗易懂，并为广大群众所理解和掌握的过程。军队思想政治教育的目标任务是，培养听党指挥的接班人，立起理想信念，深刻领悟"两个确立"的决定性意义，增强"四个意识"、坚定"四个自信"、做到"两个维护"，贯彻军委主席负责制，确保绝对忠诚、绝对纯洁、绝对可靠；砥砺能打胜仗的战斗队，树牢随时准备打仗的思想，强化忧患意识、打仗意识，培育一不怕苦、二不怕死的战斗精神，确保招之即来、来之能战、战之能胜；塑造作风优良的子弟兵，不忘初心、牢记使命，永葆人民军队政治本色，弘扬优良传统，涵养道德品格，锻造铁的纪律，纯正部队风气，确保红色基因代代相传。让广大官兵对这一目标任务深刻理解、正确认同、自觉践行，正是马克思主义大众化的目标所在，关键所系。正因为如此，基层政治教育改革创新在推进马克思主义大众化进程中大有可为，也理应奋发有为。

二、大众化成效是检验基层政治教育成果的核心标志

中央军委《以实际成效检验思想政治教育办法（试行）》第十四条明确要求："党委（支部）主体责任落实好，统好教育任务、内容力量、资源。督导检查有力；政治工作部门归口管理，其他部门密切配合，形成整体合力；教育时间、人员、内容、制度落实，政治教员队伍作用发挥好，授课施教潜移默化、润

物无声,官兵基本理论知识掌握牢固,对思想政治教育的满意度高。"从以上规定可以看出,基层政治教育的对象是基层官兵,基层政治教育的成效理应由基层官兵来检验,其核心是通过基层政治教育,真正实现用马克思主义理论来武装基层官兵头脑、指导基层官兵生活,推进部队基层建设各项工作。

当前,军队部分基层单位对推进马克思主义大众化存有认识误区:一曰"偏",认为推进马克思主义大众化主要是党委部门尤其是理论研究单位和部门的事,军队有自身特殊使命任务,与之关系不大;二曰"忙",军队训练任务重,战备任务重,没时间和精力来考虑;三曰"代",主要表现在以干代学,认为只要工作干好了,就"一好百好";四曰"软",马克思主义大众化与基层政治教育创新一样,都是软指标,学习好坏、真学假学、多学少学乃至学与不学,对单位建设和干部成长影响不大。正是在这种思想观念之下,才导致当前部分单位基层政治教育"图形式、走过场""事前空喊,事后喊空"。应牢牢树立基层政治教育创新与马克思主义大众化相互促进、互为依托的思想,按照"三个紧贴"的要求,扎扎实实推进基层政治教育改革创新,把马克思主义大众化作为检验基层政治教育成效的主要尺度。

三、推动大众化,基层政治教育改革创新才更现时代价值

马克思主义认为:"随着自然科学领域中每一个划时代的发现,唯物主义也必然要改变自己的形式"[1],同任何真正的哲学一样,马克思主义哲学作为现时代的精神上的精华,"它在不同的时代具有完全不同的形式,同时具有完全不同的内容"[2]。马克思主义从来不是书斋里的学问,而是人民群众实践经验的科学总结,是人们认识世界、改造世界的强大思想武器。它只有

---

[1] 《马克思恩格斯文集》(第四卷),人民出版社,2009年,第281页。
[2] 《马克思恩格斯文集》(第九卷),人民出版社,2009年,第436页。

被广大人民群众所理解、所掌握，才能转化为强大的物质力量，在实践中发挥重大的作用。邓小平曾指出："马克思主义并不玄奥。马克思主义是很朴实的东西，很朴实的道理。"①原因就在于马克思主义理论从来不是教条，而是行动的指南。它要求我们根据它的基本原则和基本方法，不断结合变化着的实际，探索解决新问题的答案，从而也发展马克思主义理论本身。当今世界正在发生广泛而深刻的变化，当代中国正在发生广泛而深刻的变革。现在，基层官兵思维方式和行为方式同过去相比有了很大不同。时代变了，对象变了，教育必须跟着变。时代要求马克思主义大众化，基层思想政治教育改革创新必须适应马克思主义大众化要求。这就要求我们在推动基层思想政治教育改革创新的过程中，决不能脱离具体的时代性，而要想方设法去体现这个时代性，紧扣时代和平与发展的主题，把握国防和军队现代化的时代脉搏，按照"三个紧贴"的时代要求，通过理论思维重新廓清马克思主义基本理论的时代内涵，不断赋予马克思主义鲜明的时代特征，积极推动马克思主义大众化，不断提高官兵运用马克思主义中国化的最新成果洞察新情况、分析新矛盾、掌握新规律、解决新问题、形成新认识、创造新生活的能力。

第二节　基层政治教育改革创新推动马克思主义大众化的着力点

习近平新时代中国特色社会主义思想只有为官兵所掌握，并转化为官兵的一种自觉行动，才能变为认识和改造社会的物质力量。习近平指出："新时代坚持和发展中国特色社会主义，需要大批能把马克思主义中国化讲好的人才，用让人民群众听得懂、听得进的话语，让党的创新理论'飞入寻常百姓家'。"这一重要论述，为我们努力推进当代中国马克思主义大众化指明

---

① 《邓小平文选》（第三卷），人民出版社，1993 年，第382 页。

了方向。

一、整合新内容

精心设计教育内容,是搞好基层思想政治教育的重要前提。《军队思想政治教育规定》明确:听党指挥方面,突出习近平新时代中国特色社会主义思想特别是习近平强军思想学习教育,党的基本理论、基本路线、基本方略教育,军委主席负责制学习教育,人民军队性质宗旨教育,理想信念教育,军魂教育,忠诚教育,时事政策教育等,从而使思想政治教育更好地体现了党的理论创新最新成果,适应了时代发展要求。

在整合教育内容时要突出"五性":一是增强说理的知识性。知识是理性的催化剂。基层政治教育的"知识性",应突出"真""实",知识就是力量缘于"真"知识。信息化智能化战争需要知识型军人,教育中增加内容的知识含量,使教育由虚变实、由远变近,既能增强教育的说服力,又能为青年官兵成为知识型军人搭建平台。

二是突出鲜明的时代性。鲜明的时代特色是马克思主义走进人民大众的"资格证",也是人民大众走近马克思主义的"标示牌"。一方面,要随着时代的发展和历史条件的变化,在继承传统的基础上,不断赋予经验资源以新内涵、新寓意;另一方面,要根据新的形势任务要求和官兵思想出现的新情况,不断创新教育内容。

三是突出官兵需求的针对性。准确了解和把握基层官兵的思想脉搏,有的放矢地进行排解化解、疏导疏通。通过耐心细致、入情入理的教育和引导,做到理为之通,情为之畅,心为之朗,神为之振。强调针对性还要防止就事论事,对问题应着眼于从基本理论上讲清,从世界观、人生观、价值观上升华,从情理交融、标本兼治上解决。

四是突出事例的鲜活性。用崭新视角挖掘官兵实际生活中的教育资源,把官兵在升学、就业、恋爱、婚姻、事业、理想、家庭等方面的生活经历、实践经验,作为生动鲜活的教育素材,用他们中的先进事迹、优良品德教育人、感召人。

五是突出内容的融合性。把思想政治教育的五项基本内容、一项根本内容、四项重点内容有机融合起来,把培育和践行社会主义核心价值观贯穿全过程、实现全覆盖。同时,与学习现代科技、历史、经济、文学艺术、民族宗教、军事外交和心理学、管理学、教育学等知识相结合,增加科技和文化知识含量。坚持要精要管用,一个时期突出一个重点。

二、创建新语系

在文化多元的时代,主流文化不再可能像以往那样以一种垄断强迫的方式让官兵接受,只能遵从文化发展的规律并通过自己独特的风格去赢得官兵。马克思主义大众化要进行话语方式的转换,从政治性的文件语言向日常性的大众语言转换,从抽象向具体转化,从而向官兵说出可理解和信赖的语言,不仅让官兵听到,更重要的是,要让官兵听懂和信服。

首先要学习群众语言,做到通俗易懂。列宁指出:“最高限度的马克思主义＝最高限度的通俗化。”开展基层思想政治教育,如果照本宣科,一味地讲大道理、大理论,对于官兵来说,无异于是促使他们进入梦乡的催眠剂。用大众化的、官兵喜爱的语言来进行讲课,把抽象的理论具体化、深奥的道理通俗化、严谨的表述生动化,就能做到事半功倍。毛泽东曾深刻指出:“什么叫做大众化呢? 就是我们的文艺工作者的思想感情和工农兵大众的思想感情打成一片。而要打成一片,就应当认真学习群众的语言。”①毛泽东的文章和讲话可以说都是通俗化语言的典范:如“放下包袱”说明不要居功自傲;

---

① 《毛泽东选集》(第三卷),人民出版社,1991 年,第 851 页。

"开动机器"说明应该多动脑子思考问题;"洗脸"和"扫地"比喻自我批评;"眼睛向下"说明深入群众,向人民群众学习;"花岗岩"形容那些思想僵化的头脑;"自力更生"说明靠自己的力量变革现状;"两条腿走路"指一种全面兼顾的工作方法;"精兵简政"概括一项极其重要的政策;"一穷二白"说明一无所有的状况;"虎气"代表原则性,"猴气"代表灵活性;"破"指批判,"立"指创建,等等。这种大众化的语言所产生的教育效果,远比晦涩、深奥的理论教育受欢迎、有实效。邓小平的"摸着石头过河""管它黑猫白猫,逮住老鼠就是好猫""不要像小脚女人那样"等经典论述,以及习近平关于生态建设的"绿水青山就是金山银山",关于全面建成小康社会的"小康不小康,关键看老乡",关于党的建设"不变质、不变色、不变味",关于国防和军队建设中"吃鸡蛋与投手榴弹"等形象的比喻,事实上已经成为当代中国马克思主义大众化的典范。

其次区分不同层次的理论需求。无论教育讲什么,首先是让人听的、是让人听得懂且愿意听下去的,否则一切无从谈起。目前基层官兵的文化程度、社会阅历、兴趣爱好千差万别,政治教育不能"一碗水"端平,而必须根据不同的对象选择不同的表达方式和话语体系,以适应不同层次官兵的需求。再次要用感情说话。生动感人的语言,是宣传教育的关键。语言生动的本质是讲话的人自己投入自己的感情。投入真实的感情,投入真情实感讲话的人,用真情实感讲话的人,他的语言听起来肯定是生动的。没有真情实感的人,他无论玩弄什么手段和技巧,他的语言不可能是生动的。因此,教育者的语言一定要生动,才能感染人,才能有效地传递信息,才能把需要教育的内容转化为官兵容易接受的东西。

最后要关注新语言的"生长点"。这里重点要关注"两微一端"里官兵的网言网语、兵言兵语。应当看到,当前基层官兵观察事物本质的能力有了明显提升,参与决策过程的意识不断增强,加上近年来军队民主建设为基层官兵提供了一定的表达空间和渠道,这些新语言的"生长点",不仅是官兵集体情绪的"风向标""温度计",更是基层政治教育创新的现实依据和源头活水。

三、运用新载体

思想政治教育的载体,是指在实施思想政治教育的过程中,能够承载和传递思想政治教育的内容或信息,能为思想政治教育主体所运用,促使思想政治教育主客体之间相互作用的一种活动形式和物质实体。基层思想政治教育实施有效传播,有效推动马克思主义大众化,要在原有载体的基础上,不断挖掘新载体,赋予原有载体新的时代内涵,不断拓宽马克思主义大众化的渠道。

一是管理新载体。将思想政治教育与管理有机结合起来,让各种管理活动承载并传递一定的思想政治教育内容或信息,让思想政治教育渗透到人们的具体工作之中,实现思想政治教育中有管理,管理中有思想政治教育。转变管理理念,树立"以基层官兵为本"的教育管理思想,变管理为服务,注重人文关怀,将传统的刚性管理变为柔性管理,改变过去简单粗暴的管理方式,强调依法办事、以理服人、以德感人、以行助人,切实做到管理育人。

二是文化新载体。文化载体是对各种文化活动和文化建设的一个抽象概括,其表现形式是多种多样的,每一种载体又包含着不同的内容。文化载体的多样性为开展丰富多彩的思想政治教育工作提供了有利条件,但也给思想政治教育工作者在选择与运用文化载体时带来了一定的困惑与挑战。思想政治教育者充分利用各种文化载体并将思想政治教育的内容寓于文化建设之中,借此对官兵进行教育,提高官兵的思想道德素质。

三是活动新载体。生动活泼、丰富多彩的活动载体能对官兵产生潜移默化的影响,实现教育与自我教育的有机统一。有意识地开展各种活动,将思想政治教育内容寓于活动之中,发挥军事训练、座谈讨论、参观访问、评比竞赛等实践活动具有的特殊思想政治教育功能,使官兵在活动的过程中受到教育,提高觉悟。

四是网络新载体。互联网极具传播迅速、影响广泛、交流互动等优势特点,其最大的优势在于可以利用多媒体技术"编织"一张信息网,而将传播受众链接于网点之上。网络作为思想政治教育的载体,对思想政治教育来说是一把"双刃剑",既给思想政治教育带来机遇,又使思想政治教育面临严峻挑战。它既能够拓展和丰富思想政治教育的内容和空间,扩大思想政治教育的覆盖面,及时、有效地加以引导和教育,将大大提高思想政治教育的针对性和实效性。同时,由于网络传播的隐蔽性和开放性等特点,国内外敌对势力将互联网作为对我国进行意识形态渗透的重要工具。因此,当前思想政治教育在以网络为载体的同时,还要强化网络的积极影响,遏制其消极影响。

四、形成新方式

我军历来重视思想政治教育,形成了延续多年的传统思想政治教育模式,对筑牢官兵理想信念,强化官兵精神支柱,起到了积极作用。新的历史时期,一些旧的模式已不适应时代要求,需要赋予其新的时代内涵,不断探索形成新的模式。

一是课堂互动模式。军队思想政治教育带有强烈的意识形态色彩和政治要求,意识形态的规律要求思想政治教育者必须对官兵进行科学理论的灌输,用马克思主义占领思想阵地。但要提高马克思主义大众化效果,既要提高教育者的马克思主义素养,用自己深刻理解了、把握了的理论去讲解,讲出自己的所思、所想、所感、所悟,不断撞出思想火花,启迪官兵思维;又要尊重官兵的主体地位,运用启发式、参与式、研究式和案例式教学,鼓励官兵积极参与教育活动,真正实现使科学理论进官兵头脑的目的。

二是实践培育模式。实践的观点是马克思主义首要的基本的观点。推动马克思主义在基层思想政治教育的大众化,必须加强实践活动培育。加强军营实践活动。在课堂教育的基础上,广泛开展课外读书活动、心理咨询、原著辅导、自学研讨、演讲赛、辩论赛、知识竞赛等丰富多彩、官兵喜闻乐见的形式,在潜移默化中使官兵受到教育。加强社会实践活动。适时组织官兵进行社会调查、专题采访、参观考察,引导官兵在完成任务中培育忠诚品格、战斗精神、优良作风和高尚品质,坚定马克思主义信念。

三是虚拟情景模式。运用"网络+"和融媒体,开展网上学习交流、思想互助、VR训练、文化娱乐、嘉宾访谈和格言征集等活动,增强先进思想影响的覆盖面和实效性。准确把握网络沟通的切入点,研究官兵需求和上网动机,切实了解官兵的思想困惑是什么、理论基础怎么样,准确掌握他们在理论需求上的"第一手信息"。提供满足需求的条件和便利,并对需求进行引导和调整,从而在沟通中达到教育的目的。关注热点话题,适时加以引导。既可以从不同角度设计一些讨论主题来吸引官兵参与讨论,在讨论中实现沟通的目的;也可以主动参与官兵的讨论,发表自己的看法,在讨论中进行引导、教育。突出情感互动,产生共鸣效果。情感互动在网络沟通中处于基础和核心的地位,只有在情感互动的基础上才能使沟通者真正打开心扉;以情动人基础上的以理服人才会更稳固,情理交融的网络沟通才会更有效果。

第三节　努力创设基层政治教育推进马克思主义大众化的环境条件

毛泽东曾强调:"力量的来源是人民群众。不反映人民群众的要求,哪一个也不行。要在人民群众那里学得知识,制定政策,然后再去教育人民群众。"①部队基层思想政治教育应紧贴官兵实际,紧贴使命任务,紧贴时代发展,坚持以科学态度、实事求是的精神、以人为本的思想来实现自身的创新发展,进而推动马克思主义大众化进程。

一、确立科学的改革创新理念

任何教育行为都是以一定的教育理念为指导的,基层思想政治教育也不例外。创新是基层思想政治教育生命力之所在,是提高基层思想政治教育实效性的关键。基层思想政治教育推进马克思主义大众化,必须有创新的思维,创新的理念。

一是主体性理念。官兵是强军的主体。主体教育理念应当是基层思想政治教育环境建设的第一理念。它要求进行基层思想政治教育环境建设中要以环境建设的主体和环境建设的出发点和归宿的基层官兵为根本,确立基层官兵的主体地位,尊重他们独立的人格、自身价值和思想感情,为基层官兵军事训练、日常生活的开展和身心健康发展服务,全面关注、信任、欣赏基层官兵。从基层官兵需要出发,满足不同层次基层官兵的需要,突出基层官兵在教育活动中的主体地位,把教育的目的和基层官兵的需求有机统一起来,使每一基层都能在思想政治教育环境建设过程中受益。

二是开放式的理念。马克思主义理论本身是开放的理论,体现了马克思主义中国化和大众化这一实践过程。基层思想政治教育推进马克思主义大众化也应树立开放的理念。一方面,提高对社会、世界开放性的认识。以勇敢的勇气迎接社会和世界上各种思潮和文化,以非凡的毅力抵抗不良思潮和文化的侵蚀,以卓越的智慧培养和增强基层官兵的判断、选择、适应能

---

① 《毛泽东论教育》(第三版),人民教育出版社,2008年,第309页。

力，以超人的能力辩证吸收借鉴其中的先进成果。另一方面，坚持全员育人、全程育人、全面育人的整体育人理念。将思想政治教育渗透到基层官兵成长的每个环节，做到"训练育人、教育育人、管理育人、服务育人、文化育人"，将思想政治教育渗透到基层官兵成长的每个时段，形成"经常化、制度化、系统化"的育人体系，将思想政治教育渗透到基层官兵成长的每个方面，培育"四有"新时代革命军人。

三是体验式的理念。与时俱进是马克思主义的理论品质。马克思主义在与中国革命实践结合的过程中，形成了毛泽东思想、邓小平理论、"三个代表"重要思想、科学发展观和习近平新时代中国特色社会主义思想，结合全社会开展党史、新中国史、改革开放史、社会主义发展史宣传教育，搞好人民军队历史宣传教育。基层思想政治教育推进马克思主义大众化，必须树立与时俱进的理念，积极践行社会主义核心价值观，并在实践中不断赋予其新的时代特色、军事特色。

二、营造宽松的改革创新氛围

新时期青年官兵普遍学历层次高，个人阅历和社会经历丰富；思想活跃，民主意识强，勇于进取，具有较强的自尊心和自信心；天性活泼，个性张扬，有强烈的好奇心、想象力和求知欲。基层思想政治教育推进马克思主义大众化，必须遵循青年官兵的特点和教育规律，创设宽松、和谐的改革创新氛围。

一是民主的教育氛围。马克思主义理论进入青年官兵头脑，必须经过由外化到内化的过程，达到入耳、入脑、入心。要求教育者创设民主的教育氛围，一方面，讲基层官兵喜听易懂的话。运用简短的理论概括、简明扼要的经典话语、贴近实际的析事明理、有分析、有归纳、有启迪的快节奏，讲出新理论、新观点、新思路。另一方面，尊重基层官兵的人格，真正与官兵平等交流,虚心倾听官兵的不同见解,鼓励和启发官兵敢想、敢说、敢做。

二是和谐的官兵关系。"爱其生,才能倾其力;亲其师,才能信其道。"在任何一种学习活动中,认知活动与情感活动始终交织在一起,相互影响、相互制约。青年官兵是最富情感的群体,他们内心具有"全方位情感",基层官兵之间感情如何,关系怎样,直接影响基层思想政治教育的效果。教育者在营造和谐官兵关系时,应注重培养有利于创新的"情感场",使官兵之爱形成一种有序的、和谐的、能量巨大的"情感场",官兵共处于这种情感场中,会感觉到融洽、自由、自在,产生强烈的创造欲望和创新激情,自觉接受教育。

三是健全的教育制度。"没有规矩,不成方圆。"基层思想政治教育是靠各项规章制度的约束而有序地进行的,思想政治教育的制度化建设是十分重要的。目前,个别基层单位思想政治教育的实效性不强的主要原因是没有按照教育制度实施教育,"土政策"多,随意性大,效果较差。必须树立制度就是法规的意识,按照中央军委《关于构建新时代人民军队思想政治教育的意见》,坚持用党在新时代的强军目标统领思想政治教育,坚持不懈用习近平强军思想铸魂育人,强化思想政治教育服务保证强军打赢的指向,对相关政策、制度、规定进行整合,废除不科学的教育制度,修订、完善不合时宜的教育制度,建立健全适合本单位实际的科学的教育制度。

三、构建实在的物质保障体系

基层思想政治教育的效果在一定程度上受物质条件的制约。《军队思想政治教育规定》专门用一章对教育保障作出明确规定。

一是加强基层思想政治教育基本设施建设。各级党委应当坚持平战一体,把思想政治教育条件建设纳入部队建设整体规划部,配套完善学习教育场地、设施、器材,保证教育有场所、上课有桌椅、学习有资料、教学有设备、活动有经费。

二是加大基层思想政治教育的科技含量。随着生产力水平的提高,社会为思想政治教育提供的物质条件越来越丰富,思想政治教育方法的选择范围也会不断拓展,思想政治教育的方法体系也不断完善,新的思想政治教育方法(如思想信息的获取方法、思想信息的分析方法、思想政治教育的检测评估方法、运用网络实施思想政治教育的方法、运用多媒体实施思想政治教育的方法等)也大量产生,要改进广播、音视频、网络系统,推进军史场馆数字化、开放化。

三是基层政治教育设施列装管理,真正实现基层政治教育设施发展有规划、使用有计划、维修维护有筹划,按照规定及时足额保障思想政治教育所需经费,坚持专款专用,提高经费使用和思想政治教育设施设备的效益。

参考文献

1.《马克思恩格斯选集》(第一至四卷),人民出版社,1995年。

2.《马克思恩格斯文集》(第一至十卷),人民出版社,2009年。

3.《毛泽东选集》(第一至四卷),人民出版社,1991年。

4.《毛泽东文集》(第一至八卷),人民出版社,1993—1999年。

5.《邓小平文选》(第一、二卷),人民出版社,1994年。

6.《邓小平文选》(第三卷),人民出版社,1993年。

7.《习近平著作选读》(第一、二卷),人民出版社,2023年。

8.《习近平谈治国理政》(第一卷),外文出版社,2018年。

9.《习近平谈治国理政》(第二卷),外文出版社,2017年。

10.《习近平谈治国理政》(第三卷),外文出版社,2020年。

11.《习近平谈治国理政》(第四卷),外文出版社,2022年。

12.习近平:《论坚持党对一切工作的领导》,中央文献出版社,2019年。

13.习近平:《论中国共产党历史》,中央文献出版社,2021年。

14.习近平:《论党的宣传思想工作》,中央文献出版社,2020年。

15.习近平:《论坚持全面依法治国》,中央文献出版社,2020年。

16.《习近平论强军兴军》(团以上领导干部使用),解放军出版社,2017年。

17.《习近平论强军兴军》(二)(团以上领导干部使用),解放军出版社,

2019 年。

18. 中共中央宣传部:《习近平新时代中国特色社会主义思想学习纲要》(2023 年版),学习出版社、人民出版社,2023 年。

19. 中共中央宣传部:《习近平新时代中国特色社会主义思想学习问答》,学习出版社、人民出版社,2021 年。

20. 中央军委政治工作部:《习近平强军思想纲要》(2023 年版),解放军出版社,2023 年。

21. 中共中央党史和文献研究院:《习近平关于全面从严治党论述摘编(2021 年版)》,中央文献出版社,2021 年。

22. 中共中央党史和文献研究院:《习近平关于社会主义文化建设论述摘编》,中央文献出版社,2017 年。

23. 中共中央党史和文献研究院:《习近平关于网络强国论述摘编》,中央文献出版社,2021 年。

24. 中共中央宣传部干部局:《新时代宣传思想工作》,学习出版社,2020 年。

25. 教育部课题组:《深入学习习近平关于教育的重要论述》,人民出版社,2019 年。

26. 中共中央党校哲学教研部:《习近平关于读经典学哲学用哲学论述摘编》,中共中央党校出版社,2015 年。

27. 本书编写组:《习近平总书记教育重要论述讲义》,高等教育出版社,2020 年。

28. 曹洪军:《主体间性思想政治教育问题研究》,南京大学出版社,2016 年。

29. 曹清燕:《思想政治教育目的研究》,中国社会科学出版社,2011 年。

30. 陈飞:《回归生活世界——思想政治教育研究的一个视角》,人民出版社,2014 年。

31. 陈先达:《文化自信中的传统与当代》,北京师范大学出版社,2017 年。

32. 陈学明:《中国道路为世界贡献了什么?》,天津人民出版社,2017 年。

33. 邓卓明:《改革开放以来中国共产党引领社会思潮研究》,人民出版社,2017 年。

34. 董娅:《当代思想政治教育方法发展新论》,社会科学文献出版社,2012 年。

35. 段建斌:《思想政治教育的本体维度——基于人的存在与发展》,社会科学文献出版社,2013 年。

36. 冯刚:《探索思想政治教育发展的内生动力》,人民出版社,2017 年。

37. 高鑫:《思想政治劝服论》,中国社会科学出版社,2016 年。

38. 龚举善:《文化境遇与文论选择》,人民出版社,2012 年。

39. 顾友仁:《中国传统文化与思想政治教育的创新》,安徽大学出版社,2011 年。

40. 韩民青:《文化论》,广西人民出版社,1989 年。

41. 韩震:《社会主义核心价值观与中国文化国际传播》,中国人民大学出版社,2017 年。

42. 洪波:《思想政治教育话语范式转换研究》,浙江大学出版社,2012 年。

43. 蒋乾麟:《军队政治工作重大现实问题研究》,解放军出版社,2017 年。

44. 雷红、李书吾:《聚力生命线——谭政军队政治工作理论与实践贡献研究》,上海人民出版社,2018 年。

45. 雷骥:《思想政治教育的文化自觉研究》,中国社会科学出版社,

2018 年。

46. 李超民：《新时代提升网络思想政治教育话语权研究》，人民出版社，2019 年。

47. 李合亮：《解析与建构：当代中国思想政治教育的哲学反思》，人民出版社，2010 年。

48. 李维昌：《当代中国思想政治教育主导性建设的利益分析》，中国社会科学出版社，2011 年。

49. 李岩：《思想政治教育的人文本性》，人民出版社，2017 年。

50. 李征：《马克思恩格斯思想政治教育理论与实践研究》，北京大学出版社，2011 年。

51. 梁庆婷：《大众传媒的思想政治教育功能研究》，电子科技大学出版社，2012 年。

52. 廖志诚：《思想政治教育创新动力论》，社会科学文献出版社，2012 年。

53. 刘华丽、王喜荣：《新媒介环境下高校思想政治教育效果研究》，知识产权出版社，2016 年。

54. 刘建军：《寻找思想政治教育的独特视角》，中国人民大学出版社，2017 年。

55. 刘振忠：《军队思想政治教育学》，黄河出版社，2001 年。

56. 柳恩铭：《思想政治教育的文化传承与创新研究》，广东人民出版社，2009 年。

57. 卢岚：《断裂处的光缆——现代思想政治教育社会生态论》，湖北人民出版社，2010 年。

58. 鲁力：《中国传统文化的思想政治教育价值研究》，中国社会科学出版社，2017 年。

59. 吕艳华：《思想政治教育公众参与研究》，中国文史出版社，2014 年。

60. 罗剑明：《军队思想政治教育文化研究》，解放军出版社，2012 年。

61. 罗仲尤：《思想政治教育属性究》，知识产权出版社，2017 年。

62. 骆郁廷：《思想政治教育原理与方法》，北京师范大学出版社，2019 年。

63. 闵绪国：《思想政治教育价值研究》，人民出版社，2017 年。

64. 倪愫襄：《思想政治教育元问题研究》，中国社会科学出版社，2014 年。

65. 平章起、梁禹祥：《思想政治教育基本理论问题研究》，南开大学出版社，2010 年。

66. 戚如强：《思想政治教育社会整合论》，上海三联书店，2015 年。

67. 邱仁富：《思想政治教育话语论》，上海交通大学出版社，2013 年。

68. 裴克人：《军队政工十二问》，蓝天出版社，2008 年。

69. 裴克人、陆春炎、朱少华：《老一辈无产阶级革命家创造的我军政治工作优良传统》，蓝天出版社，2003 年。

70. 沈壮海：《思想政治教育的文化视野》，人民出版社，2005 年。

71. 宋锡辉：《思想政治教育学元理论研究》，中央编译出版社，2012 年。

72. 粟国康：《思想政治教育功能研究》，中国社会科学出版社，2019 年。

73. 孙其昂：《思想政治教育学前沿研究》，人民出版社，2013 年。

74. 谈志兴：《生命线——能打胜仗的政治指挥大计》，华文出版社，2020 年。

75. 唐震：《接受与选择》，中国社会科学出版社，2009 年。

76. 王晓菲：《开放环境下的选择教育》，人民出版社，2014 年。

77. 吴东莞：《思想政治教育机制论》，军事科学出版社，2008 年。

78. 夏锋：《新时代思想政治教育的文化生态构建研究》，中国社会科学出版社,2020 年。

79. 谢晓娟:《当代思想政治教育若干问题研究》,中共中央党校出版社,2012 年。

80. 邢晓红:《构建与超越:思想政治教育现代性研究》,中国社会科学出版社,2014 年。

81. 熊建生:《思想政治教育内容结构论》,中国社会科学出版社,2012 年。

82. 徐永春:《中国传统文化与思想政治教育》,光明日报出版社,2016 年。

83. 闫艳:《交往视域中的思想政治教育》,人民出版社,2011 年。

84. 杨威:《思想政治教育发生论》,中国社会科学出版社,2009 年。

85. 杨业华:《思想政治教育新视野》,中国社会科学出版社,2013 年。

86. 尹正业、李春林、高利民:《马克思主义中国化与民族精神的重塑研究》,人民出版社,2018 年。

87. 于泉蛟:《思想政治教育接受结构研究》,人民出版社,2015 年。

88. 云德:《全球化语境中的文化选择》,人民文学出版社,2008 年。

89. 张耀灿、郑永廷、吴潜涛、骆郁廷:《现代思想政治教育学》,人民出版社,2006 年。

90. 张哲:《思想政治教育空间论》,中国社会科学出版社,2019 年。

91. 赵环秀:《教育与思想政治教育》,中国社会科学出版社,2016 年。

92. 周书俊:《选择论》,中央编译出版社,2006 年。

93. 邹绍清:《当代思想政治教育方法论发展研究》,人民出版社,2013 年。

94. 钟启东:《思想政治教育理念创新逻辑论》,人民出版社,2016 年。

后　记

　　坚持从思想上、政治上建设部队,是我军建设的一条基本原则,是能打仗、打胜仗的政治保证。习近平指出:"一个没有精神力量的民族难以自立自强,一项没有文化支撑的事业难以持续长久。"作为党掌握军队和领导军队的"中心环节",军队思想政治教育如何彰显其"政治性""思想性"?如何才能在符合教育一般规律的前提下独具军事特色?显而易见的是,在军队思想政治教育中,时时、事事、处处乃至人人都离不开选择。这种选择,自然不可能"中立"或是"价值无涉","军队思想政治教育"这个概念,已经对其文化选择有着内在的规定和要求。

　　随着社会日益信息化和国家不断加大对外开放的力度,社会上各种思想观念泥沙俱下、鱼龙混杂,对军队及其思想政治教育的影响不容小觑。任何一个阵地,我们不去占领,敌对势力、错误思潮和一些负面的东西就会乘虚而入。只有让正面的东西去占领了,才能让负面的东西失去生存的土壤。新时代,军队思想政治教育凸显魅力、"魔力"和活力的关键,就是要通过正确的、积极的文化选择,让正面的东西最大限度地占领阵地、巩固阵地、拓展阵地。习近平强调:"要巩固部队思想文化阵地,坚定官兵革命意志、升华官兵思想境界、纯洁官兵道德情操,引导他们努力成长为有灵魂、有本事、有血性、有品德的新一代革命军人。"好风凭借力。站在迈向实现第二个百年奋斗目标的新的历史起点上,深化军队思想政治教育文化选择的理论研究和实践探索,可谓适逢其时。

　　本书是我的博士学位论文 2.0 版。要感谢我的授业恩师、原《军队政工理论研究》杂志主编朱少华教授二十年如一日的教导、包容和鞭策。从 2010 年获得全军优秀博士学位论文奖起,导师就一直鼓励我把论文修改完善,择机出版。2016 年,我作为课题组成员申报的"马克思主义军事理论中国化视野下的强军理论与实践"获得国家社会科学基金项目资助(项目编号: 16BKS113),课题组同志督促我在完成课题研究任务的同时,把思想政治教育部分也认真梳理一下,以期为强军实践中的军队思想政治教育创新发展尽绵薄之力。本书最终成稿,要感谢国防大学政治学院首长、机关和战友的关爱和理解,感谢课题组组长时刚教授和课题组其他同志的鼓励和支持。我那年届八旬的文盲母亲,用自身的坚毅教我砥砺前行;孩子们用成长的欢愉,给我助力;老家诸亲更是用对我父母及家人关爱的形式,为我加油。天津人民出版社总编辑王康老师和本书责任编辑王佳欢老师为本书付梓做了大量细致、辛苦的工作。当代魏碑泰斗孙伯翔先生的高足苏天会同志欣然题写书名,令拙著增色颇多。谨此一并致谢!

　　囿于本人学识、阅历,书中错讹之处在所难免,敬祈赐正。

李书吾

2023 年 5 月于高原戍边模范营